쿠오 바디스 한국경제

이준구 교수의
쿠오 바디스 한국 경제

이념이 아닌 합리성의 경제를 향하여

푸른숲

마지못해 사회비평의 붓을 들다

4 　젊었던 시절 저는 사회적 문제에 대한 글을 별로 쓰지 않았습니다. 어디서 원고 청탁이 오면 두 번 생각하지 않고 그대로 거절해버리고는 했습니다. 그렇게 한 데는 존경하는 선배 선생님의 충고도 한몫을 했습니다. 그분에게서 젊었을 때부터 신문에 글 쓰기 시작하면 공부에 지장이 많다는 말씀을 들었기 때문입니다. 연구와 교육에 몰두하다 보면 원고 쓰는 일이 무척 성가시게 느껴지는 것이 사실이기도 했습니다.

　그러나 제가 사회적 문제에 대해 글을 쓰지 않은 더 큰 이유는 다른 데 있었습니다. 교수가 사회적 문제에 관심을 갖는 것은 당연한 일이지만, 반드시 언론을 통해 자신의 의견을 밝힐 필요는 없다고 생각했습니다. 교수는 자신의 강의실에서 사회적 문제에 대한 의견을 밝히는 것이 정도(正道)라는 믿음을 갖고 있었습니다. 바로 이런 믿음 때문에 심심치 않게 들어오는 원고 청탁을 서슴없이 뿌리칠 수 있었습니다.

　교수의 사회적 기여에 대해 제가 생각했던 바는 대략 이랬습니다. '강의실에서는 학문적 지식의 전달뿐 아니라, 인생과 사회에 대한 폭넓은 의견 교환이 이루어져야 한다. 교수가 강의실에서 한 말은 학생들에게 영향을 미치고, 사회활동을 할 단계에 이르러 그들의 행동에 반영된다. 따라서 교수는 자신이 옳다고 생각하는 길로 학생들을 이끌어 감으로써 사회에 기여할 수 있다.' 이런 생각을 갖고 있었으니 신문에 글 쓰는 일에 그리 큰 보람을 느낄 수 없었습니다.

그런데 재미있는 것은 원고 청탁을 한 번, 두 번 거절하고 나면 그 뒤로는 청탁이 전혀 들어오지 않게 된다는 사실입니다. "아, 그 교수는 원고 청탁해도 바로 거절해버려"라는 말이 돌면 구태여 청탁을 하려 들지 않나 봅니다. 아마 그때 저에 대해서도 그런 평판이 났던 것 같습니다. 그래서 그런지 중년에 이르렀을 때는 원고 청탁을 받은 기억이 거의 없습니다.

저에게는 이런 상태가 그리 답답하게 느껴지지 않았습니다. 사회적 문제에 대해 하고 싶은 말이 그리 많지 않았기 때문입니다. 저는 대학에서 연구하고 가르치는 일만으로도 충분히 만족하고 살 수 있었습니다. 여러 가지 책을 써낸 바람에 그것들을 개정하는 데만도 꽤 많은 시간을 써야 했습니다. 간혹 꼭 하고 싶은 말이 생기면 한두 개의 글을 써서 신문에 기고하는 것이 고작이었습니다.

이런 제 심경에 큰 변화가 오기 시작한 것은 3년 전쯤이었습니다. 갑자기 보수의 물결이 우리 사회를 휩쓸게 되면서 오직 한 가지 소리만 들려오기 시작하는 게 아닙니까? "시장은 좋고 정부는 나쁘다. 환경규제든 부동산규제든 모두 풀어버려야 한다. 기업의 기를 살려줘야 우리 경제가 살아난다. 부자를 못살게 굴면 안 된다." 어디를 가든 이런 소리만 들릴 뿐 이와 다른 소리는 전혀 들을 수 없었습니다.

신문을 펴들고 그 안을 들여다볼 필요도 없었습니다. 어느 신문인지만 알면 그 안에 무슨 얘기가 씌어 있을지 뻔히 짐작할 수 있었기 때문입니다. 기사뿐 아니라 칼럼도 마찬가지였습니다. 누가 쓴 칼럼인지 구별할 필요조차 없었습니다. 이름을 가려놓으면 누가 쓴 글인지 전혀 분간이 가지 않을 정도로 천편일률적인 말만 늘어놓고 있었기 때문입니다. 경제학자가 쓴 글과 신문사 논설위원이 쓴 글도 구별할 수 없을 정도였습니다.

이런 상황이 한편으로 짜증스럽기도 했고 다른 한편으로 걱정스럽기도 했습니다. 아까운 시간을 들여가며 그런 뻔한 글을 왜 쓰느냐는 생각이 저를 짜증나게 만들었습니다. 그런 얘기는 이미 수없이 많이 나와 있는데 구태여 또 쓸 필요가 어디에 있는지 이해하기 힘들었습니다. 그런데 똑같은 얘기를 반복해서 듣게 되면 엉터리도 진리처럼 들리는 법입니다. 이 사람이 말하고 또 저 사람도 똑같은 말을 하니 사람들이 정말로 그런가 보다 하고 믿기 시작한 것입니다.

그 결과 여론이 무작정 한쪽으로만 쏠리는 걱정스러운 현상이 나타났습니다. 지금 우리 사회는 온통 보수의 회오리바람에 휩싸여 있습니다. 그것도 합리적 보수가 아닌 거의 도그마에 가까운 보수가 막강한 영향력을 발휘하고 있습니다. 이 거센 기세에 눌려 다른 생각을 갖고 있는 사람들은 목소리조차 변변히 내지 못하고 있습니다. 그것이 옳은 말이든 틀린 말이든 조금이라도 진보의 색채가 내비치면 가차없이 매도당하고 있는 실정입니다. 이렇게 보수 일변도로 치닫는 사회 분위기에 제동을 걸지 않으면 안 된다는 절박감을 느꼈습니다.

누군가 나서서 목소리를 내주지 않으면 사회적 균형이 여지없이 무너져 내릴 것 같은 위기감마저 감돌았습니다. 저는 더 이상 상아탑에 안주해 입을 닫고 살기 힘들다는 것을 느꼈습니다. 많은 사람들이 진실이라고 알고 있는 것이 실제로는 진실이 아니라는 것을 밝혀주어야만 했습니다. 바로 이런 심경의 변화가 저로 하여금 마지못해 사회비평의 붓을 들게 만들었습니다.

저는 보수와 진보 어느 편에도 속하지 않는다고 스스로를 평합니다. 이념적인 입장을 떠나 객관적으로 무엇이 옳고 그른지를 따져야 한다는 신념을 갖고 있습니다. 보수에 대한 비판은 저 스스로 만든 기준에 의한 것일 뿐 어떤 이념적 잣대로 비판하는 것이 아닙니다. 보수든 진보든 옳은 것은 옳고 그른 것은 그르다고 말해야 마땅한 일 아닙니까? 지금 보수가 우리 사회를 쥐락펴락하고 있기 때문에 비판의 화살이 주로 그들을 겨냥하게 될 뿐입니다.

예를 들어 '한반도 대운하사업' 문제는 이념과 아무 관련이 없습니다. 그것을 구상한 측이 보수든 진보든 관계없이, 그 자체로 경제적 타당성이 전혀 없는 사업입니다. 그런데 이 사업을 반대했다는 이유로 저는 하루아침에 '좌빨'이 되고 말았습니다. 보수 정권이 정력적으로 추진하는 사업에 훼방을 놓았으니 너는 좌빨이라는 어처구니없는 논리입니다. 이런 허황된 논리가 판치고 있는 것이 바로 우리 사회입니다.

종합부동산세나 부동산, 혹은 교육과 관련한 현 정부의 정책을 비판하는 것도 이념과 무관한 일입니다. 그 정책들이 합리성을 결여하고 있어 그렇게 하면 안 된다고 지적하고 있을 뿐입니다. 그런데 그 정책들이 우파적 성격을 갖고 있기 때문에 그것을 비판하는 저는 저절로 좌파가 되어버립니다. 그동안 현 정부의 정책에 대한 제 비판에 정당한 근거를 들어 반박하는 사람을 한 번도 본 적이 없습니다. 레드 콤플렉스를 자극하는 표현으로 저를 매도하는 사람들만 많이 보았습니다.

최근에 안 사실이지만, 예전에 저에게 배웠던 학생들은 저를 상당히 보수적인 사람으로 기억하고 있더군요. 솔직히 말해 저는 그런 얘기를 듣고 상당히 놀랐습니다. 저 스스로는 그렇게 보수적인 사람이 아니었다고 생각해왔기 때문입니다. 그래도 명색이 소득분배이론으로 박사학위 논문을 쓴 사람인데, 어떻게 보수파가 될 수 있겠느냐는 것이 제 심정이었습니다.

제가 미시경제이론을 주로 가르쳤기 때문에 그런 인상을 주었을지도 모른다는 생각이 듭니다. 미시경제이론을 배워본 사람은 잘 알겠지만, 그것은 가치판단이 완전히 배제된 채 순수한 경제적 논리로만 구성된 이론입니다. 그런 이론을 가르치다 보니 자연히 보수적이라는 인상을 주었을 가능성이 있습니다. 문학을 가르치는 사람은 문학적이라는 인상을 주고, 예술을 가르치는 사람은 예술적이라는 인상을 주는 것처럼 말입니다.

1980년대에 제가 운동권 학생과 '끝장토론'을 한 적이 있다는 한 일간지의 보도는 과장된 측면이 있습니다. 운동권 학생과 설전을 벌였으니 보수적이라는 말인데, 그런 일이 실제로 있었던 것은 아닙니다. 다만 제가 가르치는 주류경제학에 대한 비판에는 결코 물러서지 않고 반박했던 것이 사실입니다. 그때나 지금이나 비주류경제학보다 주류경제학의 현실설명력이 더 크다는 제 믿음에는 변함이 없습니다.

사실 주류경제학을 공부한 사람은 어느 정도 보수적일 수밖에 없습니다. 자기가 배운 것을 모조리 부정하지 않고서야 시장이 효율성을 가져다준다는 믿음을 버릴 수 없기 때문입니다. 이런 의미에서 본다면 주류경제학을 공부한 사람은 정도의 차이가 있을지언정 모두 보수적 색채를 갖는다고 말할 수 있습니다. 저도 예외가 아님은 두말할 나위도 없습니다. 저는 다만 시장이 만능이라는 생각을 거부하고 있을 뿐입니다.

스스로 판단하기에 1980년대의 저와 지금의 저 사이에 기본 입장에서는 아무런 차이가 없습니다. 그런데 그때 보수적이라는 평가를 받던 사람이 지금은 진보적이라는 평가를 받는 이유가 무엇일까요? 사회 전반의 분위기가 보수화된 데 그 이유가 있다는 것이 제 믿음입니다. 저는 예전의 위치를 그대로 지키고 있는데 사회가 오른쪽으로 움직이다 보니 제 위치가 왼쪽에 있는 것처럼 보인다는 말입니다.

그렇다면 이런 사회 분위기의 변화에 편승하지 못하고 예전의 위치를 그대로 고수하고 있는 저는 시대에 뒤떨어진 사람일까요? 저는 절대로 그 말에 동의하지 않습니다. 비록 지금은 시대에 뒤떨어진다는 인상을 줄지 몰라도 시간이 흐르면 상황이 달라지리라고 믿기 때문입니다. 이 시점에서 거세게 몰아치고 있는 보수화의 바람이 결국 한때의 유행이었음이 머지않아 밝혀질 것을 믿어 의심치 않습니다.

이미 그 전조가 서서히 드러나고 있지만, 우리 사회의 보수는 스스로가 판 구덩이에 떨어지는 신세를 면치 못할 것이라고 봅니다. 현 정부가 온 사회를 대상으로 실험하고 있는 신자유주의적 정책 프로그램의 문제점이 속속 드러날 것이기 때문입니다. 참여정부에 실망한 국민은 무언가 다른 것을 실험해본다는 데 솔깃한 심정이 되었을 수 있습니다. "설마 더 나빠지랴?"는 심정으로 보수적 정책 프로그램에 손을 들어주고 있을 것이라고 생각합니다.

그러나 더 나빠질 수 있는 것이 엄연한 현실입니다. 나빠져도 크게 더 나빠질 수 있습니다. 정책을 공부한 사람은 소위 '개혁'을 한다는 것이 얼마나 힘든 일인지 잘 압니다. 개혁을 한답시고 추구한 변화가 결국 개악이 되고 마는 사례가 셀 수 없을 만큼 많습니다. 아무리 아이디어가 좋고 계획이 치밀하다 하더라도 진정한 개혁으로 이어지기는 무척 어려운 것이 현실입니다. 정책에 대해 아무것도 모르는 아마추어만이 이것저것 바꿔놓기만 하면 개혁이 된다고 믿을 따름입니다.

제가 보기에 정부는 지금 위험한 실험을 하고 있습니다. 그러면서도 그 실험이 얼마나 위험한지 잘 모르고 있는 것 같습니다. 정부가 추진하고 있는 신자유주의적 정책 프로그램은 검증되지 않은 소박한 아이디어에 불과할 따름입니다. 그 정책을 실행에 옮겼을 때 나타나는 결과는 그들의 기대와 판이하게 다를 가능성이 큽니다. 설익은 아이디어의 섣부른 실험은 예기치 못한 재앙을 가져올 수 있습니다.

우리 사회의 보수, 그리고 그들을 대변하는 현 정부는 거의 우파 이념의 포로가 되어 있는 듯 행동하고 있습니다. 제가 보기에 그 어느 나라의 보수도 우리나라처럼 이념적으로 경직되어 있지 않습니다. 스스로 변명하듯, 10년 동안의 좌파정부하에서 그런 태도를 갖게 되었는지도 모릅니다. 그때 쌓였던 분노가 우리 사회에서 좌파의 잔재를 모두 쓸어내야 한다는 과격한 주장으로 이어졌을 가능성이 큽니다. 그러나 그 동기야 어찌 되었든, 그들은 유연성을 상실한 과격 이념가가 되어버리고 말았습니다.

바로 이 유연성의 상실이 현 정부가 안고 있는 가장 심각한 문제점입니다. 이념을 떠나 유연한 자세로 정책을 평가하면 바람직한 것과 그렇지 않은 것을 제대로 구별할 수 있습니다. 그러나 이념의 색안경을 끼고 있는 사람에게는 모든 것이 오직 한 가지 색으로만 보일 뿐입니다. 제가 가장 우려하고 있는 것은 바로 이 점이며, 그 때문에 현 정부 출범 이후 줄곧 비판적 자세를 유지해온 것입니다.

이념과 관계없이 현 정부가 갖고 있는 또 다른 심각한 문제점은 잘못된 믿음의 포로가 되어 있다는 사실입니다. 잘못된 믿음의 대표적 사례를 소위 '747공약'(7% 경제성장, 1인당 국민소득 4만 달러, 7대 강국)에서 찾을 수 있습니다. 우리 경제의 전반적 상황을 생각해볼 때, 연평균 7%대의 성장률을 달성한다는 것은 거의 불가능한 일입니다. 그것은 해외에서 자본을 들여와 공장을 짓기만 하면 되던 때나 가능할 법한 성장률입니다. 지금처럼 경제가 성숙한 단계에서는 무리수를 두지 않는 한 그런 높은 성장률을 계속 유지할 수 없습니다.

미국발 금융위기로 인해 이제는 성장률이 마이너스로 내려앉는 것을 걱정해야 하는 상황이 되었습니다. 그러나 금융위기가 없었다 하더라도 7%대의 성장률은 허황된 꿈에 지나지 않습니다. 선거 때 민심을 끌기 위해 그런 공약을 한 것은 너그럽게 눈감아줄 수 있습니다. 어느 나라를 막론하고 정치인의 허풍은 그러려니 하고 받아들이는 것이 보통입니다. 문제는 선거에 이긴 후에도 마치 그것이 가능한 목표인 양 행동하고 있는 데 있습니다. 이런 잘못된 믿음이 수많은 무리수의 원인이 되었다는 것을 이미 똑똑히 목격한 바 있습니다.

또 하나의 잘못된 믿음은 토목공사로 우리 경제를 일으킬 수 있다는 것입니다. 이 잘못된 믿음 때문에 그렇게도 물의가 많은 '한반도 대운하사업'에 대한 미련을 버리지 못하고 있습니다. 대운하사업에 대한 국민의 반대 의사가 분명하지 않기 때문에 "운하를 하지 않겠다"는 말을 하지 않는다는 것은 구차한 변명에 지나지 않습니다. 상식이 있는 사람이면 대운하에 대한 여론의 향방이 무엇인지 모를 리 없습니다. 귀를 틀어막고 있기 때문에 국민 대다수가 내는 반대의 소리를 듣지 못하고 있을 뿐입니다.

적어도 국민의 반수 이상이 반대하는 사업을 강행하는 것은 엄청나게 위험한 도박입니다. 설사 반대하는 사람들의 입을 틀어막고 첫 삽을 뜨는 데 성공했다 하더라도 그것으로 문제가 끝나는 것이 아닙니다. 틀림없이 나타날 극심한 국론 분열과 이로 인한 사회적 혼란은 정부가 감당하기 힘든 정치적 부담을 가져다줄 것이 분명합니다. 그런데도 대운하사업에 대한 미련을 버리지 않는 것을 보면 잘못된 믿음이 얼마나 위험한 것인지 새삼 깨닫게 됩니다.

이 책에서 선보이는 사회비평은 우리 사회의 갖가지 현안 문제를 논의 대상으로 삼고 있습니다. 평소 경제학자로서 제가 갖고 있던 문제의식을 모두 쏟아 놓은 것이라고 보면 됩니다. 그렇지만 제 비판의 주요한 표적이 현 정부의 정책이라는 사실은 감추기 어렵습니다. 지금 이 순간 우리 삶에 지대한 영향을 미치고 있는 것이 바로 그 정책이기 때문에 어쩔 수 없는 일입니다.

이렇게 어려운 상황에서는 대통령과 정부를 도와야지 비판만 하면 어떡하느냐는 말을 하는 사람이 있습니다. 그러나 잘못된 일을 잘된 일이라고 말하면서 비위를 맞춰주는 것이 진정으로 돕는 길은 아니라고 생각합니다. 친구의 잘못을 무조건 덮어주는 것이 진정한 우정은 아니지 않습니까? 충심이 담긴 비판이야말로 진정으로 대통령과 정부를 돕는 길이라는 데 한 점 의심이 없습니다.

제 말만 옳다고 주장할 생각은 꿈에도 없습니다. 그럴 수 없다는 것을 너무나도 잘 알고 있기 때문입니다. 다만 저는 학자적 양심을 걸고 제 개인적 의견을 말하고 있을 뿐입니다. 어떤 문제에 대해 결론을 내는 것이 아니라, 논의의 출발점을 제시하는 것이 제 목표라고 말할 수 있습니다. 독자 여러분이 이 책을 읽고 무언가 생각해볼 거리를 얻었다고 느낀다면 저로서는 더 이상의 기쁨이 없습니다.

차례

2. 언론매체에 기고했던 글들은 끝에 매체명을 표기했다. 매체명이 없는 글은
   홈페이지에 썼거나 이 책을 위해 새로 쓴 글이다.

3. 본문 중 '정부'는 각각 '참여정부', '이명박 정부'로 주(註)를 달아 구분했다.

일러두기

1. 각 글 끝에 작성일자를 표기했다.

2. 언론매체에 기고했던 글들은 끝에 매체명을 표기했다. 매체명이 없는 글은
   홈페이지에 썼거나 이 책을 위해 새로 쓴 글이다.

3. 본문 중 '정부'는 각각 '참여정부', '이명박 정부'로 주(註)를 달아 구분했다.

대운하, 토목입국의 신기루

1

Quo Vadis

독자에게
드리는 글

2008년 1월 15일 아침, 여느 때처럼 홈페이지를 열려고 하던 저는 평소와 다른 초기화면을 보고 깜짝 놀랐습니다. 거기에는 '1일 트래픽 용량 초과로 홈페이지 서비스가 일시 중단되었다'는 메시지가 떠 있었습니다. 2006년 4월 처음 홈페이지를 개설한 이래 처음 보는 메시지였습니다. 한동안 어리둥절해 있던 저는 인터넷 검색을 통해 그동안 무슨 일이 있었는지 겨우 알아낼 수 있었습니다.

저는 그 전날 저녁 6시쯤 한반도 대운하사업을 강하게 비판하는 글(《걱정이 앞서는 대운하사업》)을 홈페이지에 올려놓고 퇴근했습니다. 그때도 홈페이지 방문자들이 제법 많았기 때문에, 이들에게라도 우선 제 생각을 알리자는 취지였습니다. 나중에 알게 된 일이지만, 그날 밤 전혀 생각지도 못한 일이 벌어졌습니다. 네티즌들이 밤새 그 글을 퍼나르는 바람에 제 홈페이지에 방문자들이 한꺼번에 몰려 트래픽 초과 사태를 빚은 것입니다.

15일 오후가 되자 거의 모든 일간지의 인터넷판이 제 글에 대한 기사를 싣기 시작했습니다. 다른 언론매체에서도 보도를 시작해 하루아침에 대운하사업이 중대한 사회적 문제로 떠오르게 되었습니다. 사실 그 전까지만 해도 대운하사업에 대한 공공연한 논의는 이루어지지 않고 있었습니다. 이명박 당선자 측은 첫 삽을 뜨기 위한 준비를 착착 진행하고 있었던 반면, 대부분의 국민은 방심 상태에 있었기 때문입니다.

저 역시 대선기간 중에는 대운하사업이란 말이 나와도 별로 신경을 쓰지 않았습니다. 표를 얻기 위한 책략일 뿐, 막상 선거가 끝나면 흐지부지되고 말 것이라고 생각했습니다. 상식적으로 생각해보아도 한반도를 세로로 길게 뚫는 운하는 전혀 말이 되지 않으니까요. 그런데 당선되고 나서도 대운하를 팔 뜻을 조금도 굽히지 않는 게 아닙니까? 그냥 놓아두었다가는 큰일이 날 것 같았습니다.

제 글을 읽은 사람들의 반응을 보면, 저만 그런 걱정을 하고 있었던 것이 아니었습니다. 모두들 걱정은 되지만 이러지도 저러지도 못한 채 속만 썩이고 있던 상황이었습니다. 그런 차에 제가 "절대 안 된다"고 외치자 "맞아, 안 돼"라고 맞장구를 치고 나온 것입니다. 그즈음 여기저기에 올라온 글들을 보면 사람들 마음속에 응어리져 있던 걱정이 얼마나 깊었는지 잘 알 수 있습니다.

저는 그때 상당히 화가 나 있는 상황에서 그 글을 썼습니다. 유력 일간지가 대운하사업에 대한 심층분석을 한다며 써놓은 글을 읽고 화가 머리끝까지 치밀었습니다. 교묘하게 왜곡한 논리로 대운하사업을 두둔하는 모습이 너무나도 비양심적으로 보였습니다. 그런 심리 상태 때문에 거친 표현이 많이 섞여 들어가게 되었습니다. 일부 선정적인 언론매체는 일부러 격한 표현을 골라 기사 제목으로 뽑기도 했습니다.

저는 그런 거친 표현을 쓴 것을 후회하지 않습니다. 당시의 제 심리 상태를 솔직하게 표현하자면 그 길밖에 없었기 때문입니다. 그러나 냉정을 되찾은 지금 생각이 조금 바뀌었습니다. 구태여 거친 표현을 쓰지 않아도 의사 전달에 큰 문제는 없을 것 같다는 생각을 하게 된 것입니다. 그래서 원래의 글에서 너무 거칠다고 생각되는 부분을 약간 손질해 이 책에 싣게 되었습니다.

제 글은 대운하사업에 대한 본격적 논란에 불을 붙이는 기폭제 역할을 했습니다. 이를 계기로 대운하를 반대하는 사람들이 차츰 목소리를 높여가기 시작했습니다. 촛불시위까지 겹쳐 위기의식을 느낀 정부는 국민이 반대하면 대운하사업을 하지 않겠다는 선으로 물러나게 되었습니다. 그러나 대운하사업에 대한 집착을 선선히 버린 것은 결코 아니었습니다.

대운하사업에 대한 미련은 '4대강 정비사업'이라는 또 다른 거대 토목사업을 낳게 되었습니다. 대운하를 다시 시작하려는 의도가 아니냐고 물어도 속 시원한 대답 한마디 없습니다. "국민이 반대하면 대운하사업을 하지 않는다는 방침에 변화가 없다"는 애매한 말로 얼버무릴 뿐입니다. 과연 정부의 속마음은 어디에 있는 것일까요? 정부의 정직한 대답을 촉구하는 뜻에서 〈"안 한다"는 한마디가 그렇게 어려운가?〉를 쓰게 되었습니다.

저는 정부의 이 같은 애매한 태도가 국민의 불신을 사는 요인이라고 믿습니다. 그렇지 않아도 국민의 신뢰를 잃어 문제가 많은 터에 이런 일이 자꾸 거듭되면 걷잡을 수 없는 상황으로 번질 수 있습니다. 의심 받을 만한 언행을 일삼으면서 정부 말을 믿어달라고 애원해보았자 누가 선뜻 믿어주겠습니까? "안 한다"는 똑부러진 한마디를 하지 않으니 의심을 거둘 수 없는 것입니다.

최근 정부가 야심작이라고 내놓은 소위 '녹색 뉴딜'이라는 것도 의심스럽기는 마찬가지입니다. 녹색 뉴딜의 주축인 4대강 정비사업은 물론, 그 안에 포함되어 있는 대부분의 사업들이 환경친화와 거리가 멉니다. 무늬만 녹색인 것이 분명한데, 대운하사업의 직접적 추진이 어려우니까 에돌아 그 목표를 향해 달려가려는 기색입니다. 하여튼 이 정부의 토목공사 사랑은 알아줘야 합니다.

토목공사를 통해 경제를 살린다는 생각은 누가 보아도 시대에 뒤떨어진 사고방식입니다. 경기 부양을 위해 정부 돈을 쏟아부을 바에야 이보다 훨씬 더 가치 있는 사업들이 많을 텐데요. 〈웬 녹색 뉴딜?〉은 낡은 사고방식을 벗어던지고 시대에 맞는 참신한 아이디어로 경제위기에 대처해 나가야 한다는 점을 강조하고 있습니다.

이 장의 세 글에는 하루라도 빨리 대운하의 망령에서 벗어나고 싶다는 제 간절한 소망이 담겨 있습니다. 그러나 제 소망이 그리 쉽게 이루어질 것 같지는 않습니다. 대운하사업에 대한 정부의 끈질긴 집착이 또 어떤 새로운 국면을 불러오게 될지 예측하기 어려운 상황입니다. 한시라도 마음을 놓지 말고 상황을 예의주시할 수밖에 없는 이유가 바로 여기에 있습니다.

걱정이 앞서는 대운하사업

머리말

정치인에게 가장 중요한 덕목이 바로 신의라는 것은 두말할 나위도 없다. 약속 어기고 말 뒤집기를 밥 먹듯 하는 정치인은 경멸의 대상이 될 수밖에 없다. 그렇기 때문에 선거 전에 내건 공약은 반드시 지키도록 노력하는 것이 정치인의 올바른 자세다. 당선되었다고 마음이 바뀌어 약속을 지키지 않는 사람은 정치인이 될 자격조차 없다. 국민과 정치인 사이의 신뢰관계가 대의민주제의 가장 핵심적인 요소라는 것은 지극히 평범한 상식이다.

그런데 한 가지 역설적인 점은 당선된 정치인이 선거 전에 내건 공약을 '모두' 지키는 것이 바람직하지 않다는 사실이다. 다시 말해 마지막 하나의 공약까지 모두 지키는 것이 최선의 결과를 가져오지는 않는다는 뜻이다. 그렇다고 해서 당선자가 공약을 적당히 무시해버리는 것이 바람직하다는 말은 결코 아니다. 꼭 지켜야만 할 공약이 있는 반면, 지키지 않는 것이 오히려 바람직한 공약도 있을 수 있음을 지적하는 것이다.

요즈음 새 정부가 출범을 준비하는 과정에서 나타나는 징후를 관찰해보면 이 점에 대한 이해가 결여되어 있다는 느낌을 받는다. 표를 얻기 위해 끼워 넣은 선심성 공약, 예컨대 신용불량자 구제나 이동통신료 인하 약속을 지키겠다고 부산을 떨다가 여론의 포화를 맞고 주춤거리는 모습이 그 단적인 예다. 그 선심성 공약들은 자신들이 전가의 보도처럼 내세우는 시장주의와 상반되는 성격의 것들이다. 스스로 그 사실을 잘 알고 있으면서 공약이니 지켜야 한다고 말하는 모습을 보면 안타깝다는 생각이 든다.

이 점과 관련해 한층 더 염려스러운 것은 소위 '한반도 대운하사업'이라고 부르는 공약이다. 수에즈 지협이나 파나마 지협에 운하를 판다면 아무도 이상스럽게 생각하지 않는다. 그러나 길쭉한 반도의 지형을 가진 나라에서 긴 쪽을 따라 운하를 판다면 정말로 우스꽝스럽기 짝이 없는 일이다. 그동안 서울과 부산을 잇는 육로, 해로가 없어 국민이 엄청난 고통을 겪고 있기라도 했다는 말인가. 이 공약 덕에 표를 얼마나 얻었는지 모르지만, 한마디로 상식을 벗어난 발상임에 틀림없다.

대운하사업이 핵심적 공약 중 하나인 것은 분명하지만, 국민 대다수가 이것을 원하는 것은 분명 아니다. 사태의 진전 여부에 따라 심각한 국론 분열까지 초래할 수 있는 상황이라는 생각이 든다. 다수의 반대세력이 존재한다는 명확한 사실을 부정하려 든다면 대단한 만용이 아닐 수 없다. 이들을 제대로 설득하지 않고 힘으로 밀어붙인다면 우리 사회는 또 한 번 엄청난 분열과 갈등의 소용돌이로 빠져들 것이 분명하다.

지금의 민심에 비추어 볼 때, 대운하 반대론자들을 설득하는 일이 그리 쉬울 것 같지 않다. 대운하를 만들어야 한다는 당위성이 그리 절박해 보이지 않을 뿐 아니라, 그것이 가져올 부작용에 대한 우려가 매우 크기 때문이다. 국론 분열이란 도박을 하지 않고 이 문제를 해결하는 유일한 길은 적절한 구실을 붙여 차후의 과제로 미루는 모양새를 갖추는 일이다. 그렇게 하려면 퇴로를 마련해놓고 있어야 하는데, 그 반대로 스스로 퇴로를 막고 덤비는 모습을 보이니 걱정이 클 따름이다.

24 이 당선자와 주위 사람들이 과거에는 야당이었으니 아무 말이나 해도 되었을지 모른다. 그러나 이제 국정을 책임지게 된 상황에서 체면이나 사소한 이득을 위해 위험스런 도박을 감행하는 것은 합당한 일이 아니다. 냉철한 자세로 돌아가 대운하사업이 정말로 국익에 도움이 되는지를 다시 한 번 짚어보아야 한다.

다수결에 기초한 대의민주제의 문제점

우선, 당선된 정치인이 선거 전에 내건 공약을 모두 지키는 것이 바람직하지 않다는 점에 대해 논의해 보기로 하겠다. 어떤 후보가 내건 공약의 모음을 정강(platform)이라고 부르는데, 정강은 가장 많은 표를 끌어 모으려는 관점에서 만들어진다. 쉽게 말해 가장 많은 표를 얻을 수 있는 정강이 가장 성공적인 정강이 된다. 투표자가 이 정강에 대해 어떤 태도를 취하고 있는지를 살펴보면 공약을 모두 지키는 것이 과연 바람직한지의 여부를 판단할 수 있다.

일반적으로 투표자가 어느 한 후보에게 표를 던질 때 그의 공약 전체를 완벽하게 지지하는 경우는 그리 흔치 않다. 흔치 않은 정도가 아니라 현실적으로 그런 경우는 거의 없다고 보아도 좋다. 어떤 공약은 마음에 들지 않지만 더 중요한 다른 공약을 지지하기 때문에 표를 준다는 차원에서 투표하는 것이 일반적이다. 정치인은 투표자들의 성향을 미리 짐작하고 가장 많은 표를 끌어 모을 수 있는 공약의 조합을 만들려고 노력하게 된다.

따라서 어떤 후보가 전 국민의 50% 이상 지지를 얻어 당선되었다 하더라도 개별 공약에 대한 지지도는 50% 수준을 훨씬 더 밑돌 수 있다. 그런 공약이 한두 개에 그치는 것이 아니라 경우에 따라서는 상당히 많을 수도 있다. 반대로 선거에서 진 후보의 공약 중에도 지지도가 50%를 넘는 것이 포함되어 있을 가능성이 있음은 두말할 나위도 없다. 따라서 선거에서 이겼다는 사실이 모든 공약을 그대로 실천해도 좋다는 백지수표가 발행되었다는 뜻은 아니다.

더군다나 우리가 채택하고 있는 대의민주제는 대통령이 되는 데 국민 50% 이상의 지지를 요구하지도 않는다. 몇 명이 투표하든 다른 후보보다 한 표라도 더 많이 얻으면 대통령으로 뽑히게 되어 있다. 국민 중 아주 적은 비율의 지지를 얻고서도 대통령으로 뽑힐 수 있는 길이 열려 있는 것이다. 지난 선거에서 이 당선자가 압도적인 표차로 당선되었다고 하지만, 투표율까지 감안해 생각해보면 고작 전 국민 30% 내외의 지지를 받았을 뿐이다.

그나마 이 30%라는 지지율도 이 당선자에게 투표한 사람들이 100% 흔쾌한 마음으로 표를 던졌다는 것을 전제로 한 수치다. 다른 대안이 없기 때문에 할 수 없이 찍었다는 사람이 섞여 있다면 실질적인 지지율은 더 내려갈 수 있다. 전문가가 아니라 이런 사람의 비율이 얼마나 되었는지 자신 있게 말할 수는 없다. 그러나 일반인의 상식으로 생각해보아도 그 비율이 아주 낮지는 않았으리라는 짐작이 간다.

그렇다면 이 당선자가 내건 공약 전반이 국민의 압도적인 지지를 받았다고 말하기는 힘든 형편이다. 개별 공약의 차원으로 내려가면 국민의 지지도가 정말로 낮은 수준일 가능성도 충분히 있다. 이 상황에서 선거에 이겼기 때문에 모든 것을 우리가 말한 대로 실행에 옮기겠다는 태도를 취하는 것은 무책임한 일이다. 책임 있는 정치인이라면 각 개별 공약에 대한 지지도를 정확하게 파악하고 그 결과에 기초해 정책 수행의 우선순위를 정해야 한다.

지난 선거의 결과에 대해 거의 모든 사람이 동의하는 점 한 가지가 있다. 그것은 이 당선자의 '경제 살리기' 공약에 대한 기대가 선거 결과에 결정적인 영향을 미쳤다는 사실이다. 그 밖에도 사회, 경제, 교육의 측면에서 보수적인 입장을 대변하는 공약도 상당한 영향을 미쳤으리라는 짐작을 할 수 있다. 이에 비해 대운하사업에 대한 기대가 미친 영향은 지극히 작았을 것이 분명하다. 예컨대 서울 강남구와 서초구에서의 표 쏠림 현상이 대운하사업과 깊은 관련을 갖고 있으리라고 믿는 사람은 아무도 없으리라고 생각한다.

나는 대운하사업이 이 당선자의 공약에서 지지도가 가장 낮은 것 중 하나라는 심증을 갖고 있다. 짐작일 뿐이지만 진상을 모르기는 이 당선자 측도 마찬가지일 것이다. 내가 요구하는 것이 대운하사업의 즉각적인 포기는 아니다. 국민의 소리에 겸허히 귀를 기울여 어떻게 하면 좋을지 답을 얻도록 노력하기를 촉구하는 것이다. 일부 인사들이 대운하사업에 대한 국민적 승인이 이미 난 것이라도 되는 듯한 언행을 보일 때마다 불안한 마음을 떨치기 힘들다.

경제적 타당성 평가의 문제

요즈음 언론의 대운하사업에 대한 토론을 보면서 한 가지 중요한 점이 잘못되어 있다는 생각을 한다. 그것은 사업의 경제적 타당성에 대한 논의가 이 당선자 측이 선거 전에 작성한 평가보고서에 주로 기초해 진행되고 있다는 사실이다. 한 후보의 선거 캠프에서 선전용으로 만든 평가보고서가 객관성을 담보하고 있으리라고 기대할 수 없다. 자신에게 유리한 자료만으로 평가가 이루어졌을 것임을 짐작하기는 그리 어렵지 않다. 이런 평가보고서가 대운하사업 관련 찬반논쟁의 기초로 사용된다는 것은 어불성설이다.

이 당선자 측의 평가에 따르면 대운하사업에서 기대되는 편익이 소요 비용의 2.3배에 이른다고 한다. 만약 이것이 사실이라면 망설이지 말고 지금 당장 땅을 파기 시작해야 마땅한 일이다. 이렇게 수익성이 좋은 공공사업을 즉각 시작하지 않는 것은 범죄적 행위에 해당할 수 있으니까 말이다. 그러나 평가 결과가 이렇게 좋게 나온다는 사실 그 자체가 그 평가의 신빙성을 떨어뜨리는 요인이 된다. 온갖 방법을 동원해 편익을 부풀리고 비용을 줄여서 계산했으리라는 것을 짐작하기는 그리 어렵지 않다.

만약 대운하사업에 관한 논의를 진지하게 시작하기를 원한다면 이해관계를 갖지 않은 전문가들로 구성된 팀에 평가 작업을 다시 맡겨야 한다. 객관적인 입장에서 작성한 평가보고서 없이 찬반토론을 시작한다는 것은 말이 되지 않는 일이다. 미안한 말이지만, 선거가 모두 끝난 이 시점에서 선거용으로 작성한 보고서가 갈 곳은 휴지통밖에 없다. 지금은 생산적인 찬반토론 그 자체가 이루어질 수 없는 상황임을 잊어서는 안 된다.

전문가들이 구체적인 타당성 검토에 들어간다고 해도 과연 그 평가 결과가 얼마나 신빙성을 가질 것이냐는 계속 의문으로 남는다. 경부고속철이나 새만금 같은 과거의 굵직한 국책사업들의 타당성 평가 결과를 보면 그런 의문을 갖는 것이 그리 이상한 일은 아니라는 것을 알 수 있다. 그동안 내가 그와 같은 사업의 평가 과정에 간여하면서 알게 된 한 가지 사실이 있다. 그것은 정부가 원하는 사업이면 반드시 경제적 타당성이 있다는 쪽으로 결론이 날 수밖에 없다는 사실이다.

경제학자인 내가 이런 말을 하면 이상할지 모르지만, 비용 – 편익분석(cost-benefit analysis)은 그다지 과학적인 분석 방법이 아니다. 편익과 비용을 제 맘대로 조작할 수 있는 수많은 편법이 존재하기 때문이다. 명백하게 드러나는 수법을 쓴다면 모를까 교묘한 방법으로 편익과 비용을 조작하면 아무리 전문가라도 쉽게 잡아내기 힘들다. 그렇기 때문에 어떤 사업이 타당성을 갖는다는 결론이 나오도록 유도하는 것은 식은 죽 먹기처럼 쉬운 일이다.

경부고속철사업의 경우, 나를 포함한 많은 전문가들이 그 사업의 타당성을 의심하고 있었다. 내가 그 사업의 심의 과정에 참여할 때는 모든 것을 원점에서 다시 시작할 테니 제발 심의에 참여해달라는 부탁을 받았다. 그러나 첫 번째 회의에서부터 정부가 그 사업의 추진을 강력하게 원하고 있다는 낌새를 받았다. 전문가들이 지적한 문제점은 번번이 묵살되었고, 모든 것은 정부가 원하는 방향으로 흘러갔다. 이런 과정을 통해 적자투성이 경부고속철이 탄생하게 되었다.

새만금사업의 경우에는 왜곡 평가의 정도가 그보다 한층 더 심했다. 정부가 주도해 작성한 평가보고서는 수많은 문제점을 명백하게 드러내고 있었다. 왜곡 평가에 사용되는 수법의 전형적 사례로 교과서에 실릴 만한 것들도 상당히 많이 발견할 수 있었다. 그럼에도 불구하고 사법부는 그 타당성 평가가 적합하다고 최종 판결을 내렸다. 불행하게도 비용 – 편익분석을 둘러싼 싸움은 누가 진리에 가까이 있느냐가 아니라 누가 힘이 세냐에 의해 그 승부가 결정된다.

대운하사업의 타당성을 평가하는 과정에서도 겉으로는 전문가들의 의견을 존중하겠다고 말하면서도 내막에서 평가 결과에 영향을 주는 행위를 하지 않는다는 보장이 없다. 경부고속철사업이나 새만금사업의 전철을 밟지 않으리라는 확신이 없기 때문에 벌써부터 불안한 마음을 금할 수 없다. 쓰레기통에 버려져야 할 평가보고서의 망령이 두고두고 발목을 잡는 일이 생길 수 있음에 유념해야 한다.

대운하는 시대착오적인 발상이다

대운하사업에 대한 국민의 여론이 어떻든 간에, 나 자신은 이 사업에 절대 반대하는 입장을 갖고 있다. 내가 반대하는 핵심적인 이유는 대운하를 만든다는 것이 기본적으로 시대착오적인 발상이라는 데 있다. 과거에 산을 깨부수고 물길을 돌려 국토를 개조하겠다고 난리법

석을 치면서 그것이 바로 경제개발이라고 떠들어대던 적이 있었다. 이렇다 할 공장 몇 개도 변변히 없던 나라에서 급격한 산업화를 추진하다 보니 불가피한 측면도 있었을 것이다.

또한 하천의 물길을 똑바로 만들고 시멘트 둑을 쌓는 것이 개발이라고 여겼던 때도 있었다. 여기저기에 인공시설물을 만들어놓고 이제는 여기까지 문명의 손길이 뻗치게 되었다고 자축하던 때도 있었다. 한마디로 자연 상태를 파괴하는 것이 바로 개발이라고 생각했던 때가 있었던 것이다. 청계천을 복개하고 그 위에 고가도로까지 건설한 장면을 찍은 사진을 서울의 발전상으로 선전하던 때를 기억하는 사람이 많으리라고 생각한다.

그러나 이제 자연환경을 바라보는 관점은 개발의 대상이 아니라 보존의 대상이라는 것으로 바뀌었다. 자연은 원래의 상태 그대로 놓아두는 것이 가장 바람직하다는 생각이 새로운 주류를 이루게 되었다. 사람의 손길이 닿은 모습이 아름답다는 생각을 버리고, 사람의 손길이 닿지 않는 자연 그대로의 모습이 아름답다는 생각을 갖게 된 것이다. 이 당선자 자신이 서울시장 시절 청계천의 뚜껑을 벗겨냄으로써 시민들의 열광적인 갈채를 받았다는 사실이 바로 이와 같은 패러다임의 변화를 입증해주고 있다.

멀쩡한 강에 갑문을 만들고 멀쩡한 산에 수로 터널을 만들겠다는 발상은 시대착오의 극치가 아닐 수 없다. 강은 자연 그대로 흐르게 놓아둘 때 가장 건강할 수 있음을 모르는 사람이 있을까. 홍수 조절이나 용수 확보를 위해 부득이 손을 댈 수는 있겠지만, 그것마저도 건강한 자연에 위협이 될 수 있다. 화물선이 통과할 수 있을 정도로 강폭을 넓히고 수심을 깊게 만드는 것이 생태계에 얼마나 심각한 영향을 줄 것인지는 구태여 말할 필요조차 없다.

대운하사업이 구상하고 있는 정도의 대규모 개조가 주변의 자연환경에 어떤 영향을 미칠지는 아무도 자신 있게 예측할 수 없다. 과거라면 운하에서 나오는 경제적 이득만을 따져 그것을 건설할지 여부를 결정했을지 모른다. 그러나 이제는 그 사업이 자연환경에 미치는 영향을 경제적 이득 못지않게 중요하게 생각하는 분위기로 바뀌었다. 이런 변화의 추세에 역행하고 있기 때문에 대운하사업은 시대착오적이라는 오명을 벗기 힘든 것이다.

이 당선자 측의 평가보고서에서 편익-비용 비율이 2.3이나 되는 높은 수치로 계산되어 나온 이유는 간단하다. 이 사업이 환경에 미칠 예기치 못한 악영향을 과소평가했기 때문에 그런 장밋빛 전망을 할 수 있었을 것임에 틀림없다. 과거 개발제일주의 시대에는 환경에 미치는 악영향을 안중에도 두지 않고 이런저런 사업을 밀어붙인 사례가 많았다. 그러나 개발에서 보존으로 패러다임이 바뀐 지금 그와 같은 시대착오적인 접근 방법은 국민의 지지를 받을 수 없다.

대운하사업을 통해 환경이 더욱 개선될 것이라는 이 당선자 측의 주장은 나를 어이없게 만든다. 자연은 사람의 손길이 닿지 않은 그대로의 상태에서 가장 건강하다. 대운하사업이 하수도 처리장을 건설하는 일이라도 되는 듯 생각한다면 큰 오산이다. 없던 물길을 새로 만들고 멀쩡한 산을 깎아내는 일일 뿐 아니라, 그 주변에 건물이나 도로 등 수없이 많은 인공구조물을 새로 만들어야 하는 일이다.

대운하사업이 주변 생태계에 심각한 교란을 가져오리라는 것은 의심의 여지가 없는 사실이다. 그곳에 살고 있는 동물과 식물은 새로운 여건에 적응하기 위해 엄청난 비용을 치러야 할 것이다. 교란된 생태계가 새로운 균형을 이루었을 때 과연 어떤 모습이 될지는 아무도 자신 있게 예언할 수 없는 일이다. 심지어 기상이변 같은 예기치 못한 사태까지 겹치는 경우에는 주변 생태계에 미증유의 대재앙이 닥칠 가능성까지 있다. 강 밑바닥을 준설하고 육상 물동량을 운하로 돌림으로써 환경 개선효과를 거둘 수 있다고 태연스럽게 말하는 사람을 보면 정말로 한심하다는 생각이 든다.

경제구조의 변화라는 관점에서 볼 때도 대운하를 만든다는 것은 지극히 시대착오적인 발상이다. 이제는 경제의 무게 중심이 제조업에서 서비스업으로 점차 옮아가고 있다. 물건을 만들어 돈을 벌던 시대는 저물어가고 지식의 창출과 유통이 새로운 부의 원천으로 떠오르는 시대가 온 것이다. 제조업 내부에서도 반도체처럼 작고 가벼운 물건의 생산 비중이 점차 높아지는 것을 볼 수 있다. 그 결과 물자의 유통이 거북이걸음으로 늘어나는 반면, 지식과 정보의 유통은 토끼걸음으로 늘어나는 추세를 보이고 있다.

또한 물류 그 자체의 성격도 비용보다 시간이 점차 중요한 요소가 되어가는 추세라는 점에 주목해야 한다. 국제무역의 경우에도 운임이 해상운송보다 몇 배나 더 비싼 항공운송 쪽을 선택하는 사례가 점차 늘어나고 있다. 대운하사업을 추진하는 측이 아무리 애를 써도 감출 수 없는 하나의 분명한 사실이 있다. 그것은 운하를 이용할 경우 다른 운송 수단에 비해 시간이 훨씬 더 걸린다는 사실이다. 시간을 중요하게 여기는 업체들의 입장에서 볼 때 운하로 인한 비용 절감효과는 아무런 의미를 갖지 못한다.

물류 촉진을 위해 운하를 판다는 것은 이와 같은 시대적 흐름에 역행하는 일이다. 또한 운하를 파는 토목사업은 그 자체로 구시대의 냄새를 풍긴다. 경제에 새 바람을 불러일으키겠다고 나선 사람들이 역점 사업 중의 하나로 이런 구시대적인 토목사업을 들고 나오는 것은 보기에 좋지 않다. 경제구조 선진화를 위해 우선적으로 착수해야 할 일이 너무나도 많은 상황에서 운하 파는 일에 집착하는 것은 경제의 시곗바늘을 거꾸로 돌리겠다는 말이나 다름없다.

민자유치의 허구성

대운하사업의 경제적 타당성에 대한 의문이 제기되자 이 당선자 측에서는 '민자유치'라는 편법으로 예봉을 피해가려 하는 움직임을 보이고 있다. 이윤을 추구하는 민간부문의 기업들이 자발적으로 운하사업에 참여하려고 한다는 것은 그만큼 수익성이 좋다는 뜻이라는 논리를 내세우고 있는 것이다. 정부 돈은 한 푼도 들이지 않고 전부 민간 자금으로 사업을 수행할 수 있으니 국민이 염려할 바 아니라는 말도 나온다. 보수 언론도 여기에 가세해 대운하사업의 경제적 타당성에 대한 궁극적 평가는 민자유치의 성공 여부에 달려 있다는 논조를 보이고 있다.

한마디로 말해 일고의 가치도 없는 엉터리 논리다. 대운하사업을 반대하는 사람이 가장 우려하는 부분은 그것이 가져올 환경 피해다. 그러나 대운하사업에 참여하는 민간업자의 입장에서 볼 때는 환경 피해가 발생해도 자신의 수익성에 아무런 영향이 없다. 그렇기 때문에 그 사업으로 인해 아무리 큰 환경 피해가 날 것이 예상된다 해도 민간 업자의 참여 여부의 결정에는 아무 상관이 없는 것이다. 민간업자가 자발적으로 참여한다고 해서 그 사업이 사회적 이득을 가져온다는 점이 자동적으로 입증되는 것은 결코 아니다.

민간업자가 대운하사업에 참여하기로 결정할 때는 그 사업의 수행을 위해 자신이 직접 지불해야 하는 비용만을 고려한다. 아무리 사회적 의식이 높은 기업이라도 자신이 직접 지불하지 않는 비용에 대해 관심을 가질 이유가 없다. 그러나 대운하사업으로 인해 환경 피해가 발생한다면 누군가는 이와 관련된 비용을 지불해야 한다. 그렇기 때문에 사회적 관점에서 본 비용은 민간업자가 인식하는 비용보다 훨씬 더 클 수밖에 없다. 대운하사업이 공공사업의 성격을 가진 것이 분명하다면 당연히 사회적 관점에서 파악한 비용에 기초해 그 사업의 시행 여부를 결정해야 한다.

민간업자가 이 사업에 참여하기로 결정했다는 것은 그들의 개인적 관점에서 볼 때 이득이 예상된다는 것을 뜻하는 데 지나지 않는다. 사회적 관점에서 볼 때 그 사업을 수행할 가치가 있는지의 여부는 전혀 알 수 없다. 만약 개인적 비용과 사회적 비용 사이의 격차가 그리 크지 않다면 관점의 차이에서 오는 문제가 상대적으로 덜 심각할 수 있다. 그러나 대운하사업 같은 대규모 토목사업은 그 본질상 개인적 비용과 사회적 비용 사이의 격차가 엄청나게 클 수밖에 없다. 그렇기 때문에 민간업자의 참여 여부로 사업의 타당성을 평가할 수 있다는 것은 매우 위험한 발상이다.

다음과 같은 예를 생각해보면 좀 더 잘 이해할 수 있을 것이다. 정부가 수도권의 상수원으로 쓰는 저수지를 유료 낚시터로 개발하는 사업을 구상하고 있다 하자. 이 사업의 경제적 타당성이 문제된다는 지적이 나오자 100% 민자사업으로 진행하겠다는 식으로 대응했다. 이 사업에 참여하는 민간업자는 낚시터로 개발하는 데 드는 비용만 부담하면 되고 수질오염에 대한 책임은 지지 않아도 된다는 조건이 제시되었다.

이 상황에서 수많은 민간업자가 그 낚시터 사업을 하겠다고 나섰을 것이 분명하다. 그러나 이 사실 하나만으로 그 사업이 사회적 이득을 가져온다고 결론 내리는 것은 아주 위험한 일이다. 대운하사업과 지금 예로 든 유료 낚시터 사업이 그 기본 골격에서는 아무런 차이도 갖지 않는 쌍둥이 사업이라는 점에 주의하기 바란다. 유료 낚시터 사업의 민자유치가 갖는 의미를 대운하사업의 민자유치에 대입해보면 내가 우려하는 바가 무엇인지 잘 알 수 있으리라고 믿는다.

사실은 그 저수지를 유료 낚시터로 개발하자는 아이디어를 민간업자가 먼저 냈다 하더라도 정부가 이를 말려야 한다. 정부는 사회적인 관점에서 개인적인 이익만을 따지는 민간업자의 행동을 감시하고 규제할 책임을 갖고 있기 때문이다. 경제학원론 책을 보면 외부성(externalities)이 존재할 때 시장의 실패가 일어난다는 설명이 나온다. 이어서 환경을 오염시키는 물질을 방출하는 행위가 해로운 외부성을 만들어내는 행위의 대표적 사례라는 설명이 이어진다.

대규모의 환경 피해를 일으킬 가능성이 높은 사업을 정부가 앞장서 추진한다는 것은 본말이 전도된 일이다. 외부성으로 인한 시장의 실패를 교정해야 할 책임을 맡은 정부가 스스로 외부성의 존재를 무시하는 행태를 보이고 있기 때문이다. 더군다나 민간업자의 참여 여부로 그 사업의 경제적 타당성을 평가하자는 제의는 무지와 무책임을 그대로 드러내고 있다. 경제학의 기초가 조금이라도 있는 사람이라면 감히 이런 터무니없는 제의를 하지 못할 것이라고 믿는다.

지금의 상황을 관찰해보면 대운하사업에 참여하겠다고 나서는 업자들은 '젯밥'에 더 군침을 흘리고 있는 것 같다. 운하를 건설하고 주변 지역의 개발권을 따내 돈을 벌겠다는 심산인 모양이다. 이것은 운하 자체의 수익성이 별로 좋지 않다는 무언의 증거일 수 있다. 지금까지 주장해온 것처럼, 민간업자에게 운하사업이 수익성 있는 사업이라 할지라도 그 타당성이 의심되는 터다. 주변 지역 개발권이나 수익성 보장 같은 당근으로 민간업자를 꼬드길 수밖에 없는 상황이라면 그야말로 일고의 가치조차 없는 사업이 아닐까.

이 당선자 측 사람들은 기회만 있으면 행정도시, 혁신도시 등을 건설한다는 명분으로 전국의 지가를 올린 참여정부를 비난해왔다. 그러나 대운하사업을 추진하는 그들의 행태를 보면 그런 비난을 할 자격이 없는 사람이라는 느낌이 든다. 그들이 관광진흥이나 지역개발 같은 젯밥에 군침을 흘리는 모습을 보면 대운하사업을 계기로 전국의 지가가 또 한 번 크게 뛰어오를 것 같다는 불길한 예감에 휩싸이게 된다. 그 예감은 전혀 근거 없는 것이 아닌데, 사업에 참여할 민간업체의 수지타산을 맞출 수 있는 유일한 방법이 지가 상승인 것처럼 보이기 때문이다.

다시 한 번 강조하지만 민자유치에 성공했다고 대운하사업의 타당성이 자동적으로 입증되는 것은 절대 아니다. 오히려 민자유치는 사업의 진정한 타당성을 평가하기 어렵게 만드는 가림막이 될 수도 있다. 더군다나 민자유치에 급급해 주변 지역의 개발권을 주는 방식으로 대운하사업을 추진한다면 우리 경제에 치유하기 힘든 상처를 남기게 될 것이라는 점을 경고하고 싶다.

동기의 순수성은?

많은 전문가들이 대운하사업의 경제적 타당성에 대해 상당한 의구심을 갖고 있다. 이 당선인 측은 지난 대선에서의 득표율을 보고 대운하사업에 대한 지지도가 높을 것이라고 생각할지 모르지만, 이것은 대단히 큰 오해다. 최소한 내 주위에 있는 사람들은 한결같이 대운하사업이 터무니없다고 말한다. 잘 모르기는 하지만, 그들 중 대부분이 이 당선자에게 표를 던진 사람이었으리라고 짐작한다. 내가 보기에는 이 당선자의 맹목적 추종자들만이 대운하사업의 타당성을 강변하고 있는 것 같다.

이런 광범한 반대 분위기에도 불구하고 대운하사업을 강행할 태도를 보이는 이유는 과연 무엇일까? 충분한 의견 수렴을 거친 다음 착수 여부를 결정하겠다고 말하지만, 반대의견에 허심탄회하게 귀를 기울일 자세는 별로 엿보이지 않는다. 그들이 이 사업에 집착하는 이유가 반대 분위기를 모르기 때문이라고는 생각하지 않는다. 아무리 눈과 귀를 틀어막는다 하더라도 이렇게 명확한 분위기를 감지하지 못할 리 없기 때문이다. 지금 그들이 과연 어떤 생각에서 사업 추진의 의욕을 불태우고 있는지 궁금하지 않을 수 없다.

첫 번째로 우리나라에 두고두고 이득을 가져다줄 계획을 실행에 옮기려 하는 순수한 열정에서 그런 태도가 나왔을 가능성을 꼽을 수 있다. 나 개인적으로 이런 가능성은 상당히 희박하다고 보지만, 설사 이와 같은 동기가 밑에 깔려 있다 하더라도 지금 그들이 취하고 있는 태도는 결코 바람직하지 못하다. 이 사업이 가져올 진정한 편익과 비용을 계산하는 일이 무척 어렵다는 점을 자각하고 열린 마음으로 자신과 다른 입장에 서 있는 사람의 의견을 경청해야 마땅한 일이기 때문이다. 지금까지의 역사를 보면 순수한 열정에서 시작한 일이 좋지 못한 결과를 불러온 사례가 너무나도 많다.

두 번째로 당선자로서의 자존심 때문에 밀어붙이고 있을 가능성을 생각해볼 수 있다. 정치인으로서 한번 공약한 것은 마땅히 지켜야 한다는 생각에 사로잡혀 있을 가능성이 있는 것이다. 그러나 앞에서 지적한 것처럼 선거 전에 내건 공약이라 해서 반드시 지키는 것이 최선은 아니다. 분명히 말하지만 지난 대선 결과가 대운하사업에 대한 전폭적인 지지를 의미하는 것은 결코 아니다. 하찮은 자존심 때문에 전망이 불투명한 사업에 정치적 운명을 거는 것은 이 당선자가 내걸고 있는 실용주의와도 정면으로 상반되는 일이다.

세 번째로는 단기적 경기 부양이라든가 지역 민심을 얻으려는 순수하지 못한 동기가 깔려 있을 가능성도 생각해볼 수 있다. 이 당선자 측에서는 대운하사업을 통해 수십만 명에 이르는 고용 창출효과가 나온다는 사실을 강조하고 있다. 그러나 그들이 말하고 있는 고용 창출효과 중 절반을 넘는 부분이 공사 진행 단계에서 창출되는 한시적 성격을 갖고 있다. 막대한 공사비를 풀어 경제가 일시적으로 흥청거리고 고용이 창출되는 듯이 보이게 만들 수 있지만, 이것은 자신들이 말하는 진정한 '경제 살리기'가 될 수 없다.

또한 운하 건설로 인해 개발이 될 지역 주민들의 표심을 사기 위한 수단으로 이를 추진하고 있을 수도 있다. 일반의 예상과 달리, 여론조사에서 사업에 대한 지지율이 비교적 높게 나타나고 있는 이유가 바로 개발에 대한 기대심리에 있을 가능성이 높다. 이를 정치적으로 이용하려는 속셈이 깔려 있다면 그것은 정말로 불순한 동기가 아닐 수 없다. 지역개발이 촉진된다는 것 그 자체는 바람직한 일이다. 그러나 개발 열기가 지나쳐 투기붐이 일어나고 이것이 전국으로 확산된다면 우리 경제는 걷잡을 수 없는 혼란으로 빠져들 수 있다.

단기적 경기 부양이나 지역 민심을 얻으려는 동기에서 대운하사업을 추진하고 있다면 당장 폐기해야 마땅하다. 이렇게 근시안적인 동기에서 추진되는 정책이 장기적으로 경제와 사회에 미치는 악영향은 따로 설명이 필요 없을 것이다. 사소한 이득을 얻기 위해 대규모의 환경 파괴나 토지 투기를 가져올 수 있는 위험이 있는 대운하사업을 추진하는 것은 어리석기 짝이 없는 일이다. '교각살우'(矯角殺牛)라는 것은 바로 이런 어리석은 태도를 가리키는 말이다.

맺음말

대운하사업이란 말이 처음 나왔을 때 많은 사람들이 이를 농담 정도로 받아들인 것이 사실이다. 경인운하사업도 중도 포기를 할 수밖에 없었던 상황인데 국토를 세로로 질러가는 운하를 판다는 게 어디 말이나 되겠느냐는 생각들을 하고 있었던 것이다. 이 당선자에게 표를 던진 사람들조차 당선이 되면 운하를 파겠다는 말이 슬그머니 자취를 감추리라고 기대한 경우가 많았으리라고 짐작한다. 그런데 당선이 되자마자 당장이라도 땅을 파기 시작할 듯한 태도로 나오고 있으니 당혹스럽지 않을 수 없다.

이 당선자 측이 대운하사업과 관련해 계속 강경한 태도로 나오는 것은 스스로에게 불리한 전략이다. 이것으로써 일종의 정치적 도박을 하고 있는 셈인데, 승산이 지극히 낮기 때문이다. 운하 건설 과정에서는 물론 건설된 후의 운영 과정에서 숱한 문제점들이 나타날 것이 분명하다. 그때마다 사업을 강행한 정부에 비난이 쏟아질 것이고, 이에 발목을 잡혀 다른 일조차 제대로 수행할 수 없는 처지에 빠질 가능성까지 있다. 이 당선자 측의 정치적 이익을 근시안적으로 추구한다는 관점에서 볼 때도 걸어볼 가치가 없는 도박이라는 말이다.

정치인들은 자신의 임기만 채우면 무대의 뒤편으로 퇴장할 수 있다. 그러나 정치인이 남긴 유산은 두고두고 국민이 안고 살아야 할 운명이 되고 만다. 특히 대운하사업처럼 국토의 지형을 크게 바꾸게 되는 사업은 긴 시간에 걸쳐 우리 삶에 영향을 주게 마련이다. 이에 반대하는 사람들이 가장 우려하고 있는 것은 앞날에 예기치 못한 재앙이 발생할 가능성이다. 그렇기 때문에 충분한 사전 검토 없이 섣불리 사업에 뛰어드는 무모한 짓을 하지 말라고 요구하는 것이다.

민자유치를 통해 대운하사업을 수행할 테니 걱정하지 않아도 된다는 말에 현혹되어서는 안 된다. 문제의 핵심은 정부가 이 사업의 수행을 위해 얼마의 돈을 투입하느냐에 있는 것이 아니다. 정부의 돈이 한 푼도 들어가지 않는다고 바람직하지 않은 사업이 갑자기 바람직한 사업으로 탈바꿈하는 것은 아니다. 민간업자들은 개인적 관점에서 이윤을 얻을 수 있는지의 여부에만 관심이 있을 뿐 사회적으로 이득이 되느냐의 여부에는 아무 관심이 없다. 민간업자들이 서로 이 사업을 맡겠다고 나선다고 해서 이 사업이 우리 사회에 이득이 된다는 보장은 없다.

41

대운하사업을 통해 환경의 질이 개선될 수 있다는 잠꼬대 같은 소리는 당장 집어치워야 한다. 생태계의 균형을 교란함으로써 그것을 더욱 건강하게 만들 가능성은 지극히 작다. 긴 세월에 걸쳐 자유롭게 흐르던 강줄기를 계속 자유롭게 흐르도록 놓아두는 것이 그것을 가장 잘 사랑하는 길이라는 상식을 저버려서는 안 된다. 지극히 사소한 경제적 이득을 위해 두고두고 후손에게 물려줘야 할 환경을 훼손하는 일은 어리석음의 극치라고 할 수 있다. 더군다나 실제로 경제적 이득을 얻을 수 있는지도 불투명한 상황에서는 무엇을 따로 말할 필요가 있겠는가.

(2008. 1.14)

"안 한다"는 한마디가 그렇게 어려운가?

사람은 실수를 통해서 배운다는 말이 있다. 잘못 생각해 저지른 실수가 사실은 좋은 보약이 되기도 한다. 그러나 실수를 저지르고 또 저질러도 도대체 배우는 게 없는 답답한 사람도 많다. 최근 이명박 정부가 일하는 모습을 보면서 그런 답답한 사람 생각을 자주 하게 된다. 실정(失政)을 거듭하면서도 전혀 배우는 게 없는 듯한 모습이 우리를 안타깝게 만든다.

지금 초미의 관심사로 떠오르고 있는 소위 '4대강 정비사업'을 추진하는 모습을 보면 지난 1년 동안 배운 것이 전혀 없다는 느낌이 든다. 지난 봄 매일 밤 서울 거리를 메운 촛불시위대를 분노하게 만든 진정한 이유가 무엇이었을까? 온갖 대응책에도 불구하고 주식시장과 외환시장이 어지러운 널뛰기를 계속해온 원인이 무엇일까? 어떤 정책을 써도 효과가 없는 '백약이 무효'인 상황을 만든 장본인은 과연 누구였을까?

믿음의 상실이 문제다

이 모든 문제의 바탕에는 정부에 대한 믿음의 상실을 찾아볼 수 있다. 한미쇠고기협정 문제만 해도 초기 단계에 모든 것을 사실 그대로 밝히고 이해를 구했더라면 상황은 크게 달라졌을 것이라고 믿는다. 사실을 왜곡하고 구구한 변명으로 일관했기 때문에 국민의 믿음을 잃어버렸다는 데 문제의 핵심이 있었다. 그렇기 때문에 급기야는 사실 그대로 말해도 믿지 않는 총체적 불신의 상황을 불러오게 된 것이다.

시장이 극도의 혼란상을 보이는 근본적인 이유도 정부에 대한 믿음의 상실에서 찾을 수 있다. 일관성 없는 오락가락 정책은 시장의 불신을 사기에 안성맞춤이었다. 환율 문제가 그 대표적 사례지만, 몇 달도 지나지 않아 태도가 정반대로 바뀐다면 누가 정부의 말을 믿으려 들겠는가? 그러니까 시장을 달래도 위협해도 아무런 효과를 내지 못하는 무기력의 상태로 빠질 수밖에 없었다.

이 총체적 위기의 수습방안을 묻는다면 나는 서슴없이 '믿음의 회복'이라고 대답할 것이다. 정부가 국민의 믿음을 회복하지 못한다면 백약이 무효인 상황은 그대로 지속될 수밖에 없다. 믿음이 실종된 상황에서는 정부가 앞장서서 깃발을 들어 올려도 아무도 이를 따르려 하지 않을 것이기 때문이다. 믿음의 회복 없이는 국민이 한 마음으로 뭉쳐 위기 극복에 나서도록 만들 수 없다.

4대강 정비사업을 둘러싼 혼란도 결국 정부에 대한 불신에 그 근원이 있다. 이 사업이 한반도 대운하사업과 아무런 관련이 없다는 정부의 말을 믿지 못하기 때문에 의심의 눈초리를 거둘 수 없는 것이다. 정부는 왜 자신의 말을 믿지 못하느냐고 답답해할지 모른다. 그러나 콩으로 메주를 쑨다고 해도 선뜻 믿지 않으려는 분위기를 만든 장본인이 누구인지를 먼저 생각해보아야 한다.

논란을 잠재우는 방법은 아주 단순하다. 책임 있는 위치에 있는 사람이 "대운하는 하지 않는다"라는 한마디 말만 분명하게 하면 된다. 그 말이 나오는 순간 논란은 바로 잠잠해질 것이 분명하다. 그런데 그 말을 하지 않아 논란에 부채질을 하고 있는 것이다. 이 한마디 말을 분명하게 하지 않고 국민에게 믿어달라고 애걸한들 무슨 소용이 있을까?

정부 관계자가 고작 한다는 말이 "국민이 반대하면 대운하사업을 하지 않는다는 방침에 변화가 없다"는 것이다. 정부에 대한 믿음이 땅에 떨어진 마당에 이 무슨 뜬금없는 말인지 모르겠다. 두부를 자르듯 분명하게 말해도 믿을 둥 말 둥 한 상황에서 그런 선문답 투의 말로 설득하려 드는 만용에 어이가 없어진다. 누가 그 말을 액면 그대로 믿으려 할지 모르겠다.

정부가 상황을 잘못 판단해 그렇게 말을 흐리는 것은 아니라고 생각한다. 어떤 명확한 목적의식에서 의도적으로 말을 흐리고 있다는 데 의심의 여지가 없다. 기회를 봐서 대운하 얘기를 다시 꺼내겠다는 의도 말고 다른 무엇이 있겠는가. 4대강 정비사업이 대운하사업의 전초 단계가 아니라고 아무리 강변한들 그것을 믿을 사람은 아무도 없다.

대운하사업의 미련 버려야

경제가 너무 어려워 어떤 방법으로든 부양을 할 필요가 있다는 주장에 일리가 있을 수 있다. 또한 토목공사가 경기 부양책의 일부가 될 수밖에 없다는 점도 어느 정도 인정한다. 그러나 좀 더 참신한 방법으로 부양효과를 낼 수 있는 길은 없을까? 당연히 있다. 예컨대 교육, 사회복지, 연구개발, 정보화 사업 등을 통해 부양효과도 내면서 삶의 질 향상도 꾀할 수 있는 대안이 얼마든지 있다. 토목공사를 신주단지처럼 모시는 케케묵은 구시대적 사고방식이 발상의 전환에 걸림돌 역할을 하고 있을 뿐이다.

국민의 의혹을 사가면서까지 4대강 정비사업이라는 부양책을 내놓는 속내가 대운하사업에 대한 미련에 있다는 것은 분명한 사실이다. 여권 인사들은 그동안 기회가 있을 때마다 대운하의 불을 다시 지피기 위해 안간힘을 써왔다. 경제가 어려워져 부양이 필요한 틈을 타 또다시 불씨를 붙이려 하는 것이다. 이런 불순한 의도 때문에 부양책 그 자체의 필요성에 대한 공감도 얻기 힘든 상황이다.

국민이 반대하면 대운하사업을 하지 않겠다는데, 정말로 민심을 몰라서 그런 말을 하는 것일까? 얼마나 더 명백하게 국민이 반대 의사를 밝혀야 그런 쓸데없는 말을 하지 않게 될까? 아무것도 모르는 척 그런 무책임한 말만 반복하는 것은 국민을 우롱하는 처사다. 정부는 국민이 대운하사업을 반대하고 있는 것을 뻔히 알면서도 사업 강행의 의지를 접지 않고 있다. 이 진실을 숨기려 하는 것은 손바닥으로 하늘을 가리려는 것처럼 무모한 일이다.

"배나무 아래에서는 갓끈을 고쳐 매지 말라"는 말이 있다. 공연히 의심 받을 짓을 하지 말라는 격언이다. 그런데 지금 정부의 태도를 보면 배나무 아래에서 갓끈을 고쳐 매는 정도가 아니다. 아예 배나무 가지를 늘어뜨려 배를 손아귀에 쥐고 있는 형국이다. 대운하사업에 총

15조 원이 소요될 것으로 예상한 터에, 무려 14조 원이나 되는 예산을 4대강 정비사업에 투입하겠다고 한다. 누가 말리지 않고 놓아두면 배 따는 것은 시간문제 같다는 생각이 든다.

그렇지 않아도 어려운 일이 많은 터에 대운하 얘기를 꺼내 '긁어 부스럼'을 만드는 것은 졸렬하기 짝이 없는 처사다. 이제는 많은 사람들이 대운하라는 세 글자만 보아도 짜증을 낸다. 사람들 사이에서 대운하사업이라는 말은 시대착오적이고 황당무계한 계획의 대명사처럼 사용되고 있는 실정이다. 오직 대운하의 망령에 사로잡힌 사람들만이 그 진실을 모르고 있을 따름이다.

이 소모적인 논란이 오래가면 갈수록 정부에 대한 믿음은 한층 더 희박해질 수밖에 없다. 한시라도 빨리 믿음을 회복해야 할 터에 그나마 남아 있는 믿음마저 깎아먹는 일을 일삼고 있다. 그동안의 쓰라린 경험에서 배운 게 하나도 없다는 현실이 국민의 한 사람으로 너무나 개탄스럽다. 정부의 그런 어리석음의 피해는 고스란히 국민에게로 돌아가게 된다.

다시 한 번 강조하지만, "대운하는 하지 않는다"라는 분명한 말이 있어야 이 혼란을 수습할 수 있다. 국민은 이제나 저제나 하고 그 말이 나오기를 고대하고 있다. 애매모호한 말로 적당히 꾸며대는 전략으로 국민을 속일 생각은 하지 않는 게 좋다. 자칫하면 경제위기의 수습이 시급한 터에 대운하 문제를 둘러싼 갈등이 적전분열(敵前分裂)의 위급한 상황을 초래할 수 있다. 아집과 독선을 버리고 국민의 소리에 귀 기울이는 겸허한 자세가 그 어느 때보다도 절실한 시점이다.

(2008.12.20)

웬 녹색 뉴딜?

내가 대학생 시절부터 좋아하는 보컬 그룹 사이먼 앤드 가펑클이 부른 〈사운드 오브 사일런스The Sound of Silence〉라는 노래가 있다. '침묵의 소리'라는 아주 멋진 제목이지만, 논리적으로는 모순을 안고 있는 표현이다. 침묵에 소리가 있을 리 만무하기 때문이다. 사실 이런 모순 때문에 더욱 멋있게 들리는지 모른다. 이와 같이 그 안에 모순을 내포하고 있는 수사법을 모순어법(oxymoron)이라고 부른다.

최근 정부는 이 모순어법의 목록에 그럴듯한 사례를 하나 추가하는 공로를 세웠다. '녹색 뉴딜'이라는 정책이 바로 그것인데, 정부가 모순어법의 수사적 효과를 노려 그런 이름을 붙인 것 같지는 않다. 내가 보기에는 '녹색'이라는 개념과 '뉴딜'이라는 개념이 모순되는 것인지도 모르면서 그런 이름을 만들어 붙인 것 같다. 아니면 본질적으로는 모순이 될 수밖에 없는데도 그렇지 않다고 우기는 것인지도 모른다.

잘 알다시피 녹색이라는 것은 환경친화성을 뜻하는 말이다. 그리고 그 이름 안의 뉴딜이라는 말은 대규모 토목공사라는 뜻으로 사용되고 있다. 앞으로 4년에 걸쳐 50조 원이라는 어마어마한 금액을 투입해

96만 개의 일자리를 창출한다고 하는데, 그 핵심이 토목공사에 있다는 것을 모르는 사람은 없다. 강에다 시멘트벽을 쌓고 여기저기 땅을 파헤치는 행위가 환경친화적일 리 없고, 따라서 녹색과 뉴딜은 상충하는 개념일 수밖에 없다.

4대강 정비사업을 대표적인 환경친화적 사업이라고 강변하는 데는 어이가 없을 지경이다. 정밀한 사전 환경영향 평가조차 없이 서둘러 기공식을 올린 토목사업이 환경친화적일 수 없다는 것은 두말할 나위도 없다. 강변에 자전거길 만들고, 강바닥을 준설하면 저절로 강이 되살아나리라고 생각하는 사람은 환경의 '환'자도 모르는 사람이다. 생태계라는 것이 얼마나 복잡하게 얽혀 있는지를 조금만 알아도 그런 어리석은 생각은 하지 않는다.

비단 4대강 정비사업뿐 아니라 경인운하사업 등 지금 정부가 추진하고 있는 많은 토목사업들이 환경파괴적인 본질을 갖고 있다. 그렇지만 이들이 환경에 미치는 영향은 시간을 두고 서서히 밝혀질 것이라는 데 문제가 있다. 환경친화적인 사업이라고 우긴다 해도 지금 당장 그것을 논박할 근거가 마땅치 않기 때문이다. 궁극적으로는 역사가 심판을 내릴 테지만, 이미 엎질러진 물이 된 다음에 그런 심판이 내려진들 무슨 소용이 있을까?

뉴딜의 본질은 진보

그런데 한 가지 재미있는 점은 '뉴딜'이라는 말 그 자체도 자기네 마음대로 왜곡해서 쓰고 있다는 사실이다. 많은 사람들이 뉴딜이라는 말을 듣고 테네시 강의 거대한 댐을 떠올릴 것이다. 그러나 뉴딜이 거대 토목사업을 뜻한다는 것은 엄청난 오해다. 사회 교과서에서 케인즈(J. M. Keynes)적인 경기 부양책의 예로 뉴딜정책하의 토목공사를 예로 든 데서 뉴딜은 바로 토목공사를 뜻한다는 터무니없는 오해가 생겨났다.

뉴딜정책은 대공황으로 인해 극도의 침체 상태에 빠진 미국 경제를 되살리기 위한 루즈벨트(F. Roosevelt) 대통령의 개혁 프로그램을 일컫는 말이다. 그는 단지 경제뿐 아니라 사회 그 자체를 근본적으로 변화시킬 광범위한 개혁 프로그램을 제시했다. 그중에서 테네시 강 댐 같은 토목사업은 지극히 작은 비중밖에 갖지 못한다. 뉴딜을 토목공사의 대명사로 사용하는 것은 엄청난 사실 왜곡이 아닐 수 없다.

더욱 역설적인 것은 현 정부가 그렇게도 싫어하는 진보적 정책의 대명사가 바로 뉴딜정책이라는 사실이다. 미국 정치사에서 뉴딜정책은 사회적 약자를 배려하는 진보적인 정책의 기틀을 닦았다는 평가를 받고 있다. 보수적인 정부가 진보적 정책의 대명사인 뉴딜의 이름을 빌려 거대 토목공사의 정당성을 홍보하려고 하는 역설적인 일이 벌어지고 있는 것이다.

뉴딜정책의 정확한 성격이 무엇인지를 알기 위해 뉴딜이 '미국 국민에 대한 새로운 대우'를 뜻한다고 선언한 루즈벨트 대통령의 말을 들어보기로 하자.

소외되어 있는 사람들은 전국 방방곡곡에서 우리의 인도를 바라고 있으며, 국부의 분배에 좀 더 공평하게 참여할 기회를 가져다주기를 바라고 있습니다. 저는 미국 국민에게 새로운 대우를 약속드립니다. 이것은 정치 운동 이상의 의미를 갖고 있습니다. 그것은 무장을 하라는 요구입니다.

이 말에서 뉴딜은 전투적인 진보 이념을 대변하는 뜻으로 사용되고 있다. 거기에 토목공사를 연상케 하는 대목은 눈곱만큼도 없다. 뉴딜 정책의 구체적 내용을 보면 이 정부가 싫어할 만한 것들로 꽉 채워져 있다. 연방정부의 개입 범위를 획기적으로 넓히고 노동조합의 활동을 보장하며, 주식시장과 금융시장에 대한 규제를 새로 도입하는 등 신자유주의적 관점에서 보면 명백한 퇴보라고 평가될 만한 프로그램들로 가득 차 있었던 것이다.

정부가 이 사정을 잘 알면서도 뉴딜이라는 말을 썼는지의 여부는 알 길이 없다. 짐작컨대 그런 사정을 잘 모르고 그저 멋진 말이라고 해서 빌려 썼을 가능성이 크다. 미국이 뉴딜정책을 통해 대공황의 수렁에서 벗어났다는 사실 그 자체에 의미를 두었을 개연성이 큰 것이다. 녹색 뉴딜이라는 이름에 뉴딜이 대표하는 진보적 이념을 정책에 반영하겠다는 의도가 깔려 있다는 것은 꿈조차 꿀 수 없는 일이다.

이렇게 따져보면 녹색 뉴딜이라는 것은 숱한 모순을 안고 있는 이름인 것으로 드러난다. 듣기에만 그럴듯할 뿐 알맹이는 전혀 없는 정치적 수사에 불과한 이름이다. 엉성한 이름과 달리 정책의 내용 그 자체는 알차다면 그나마 좋겠지만, 불행하게도 정책의 내용이 훌륭한 것일 가능성은 매우 희박해 보인다. 이미 부처별로 여러 번 나왔던 정책들을 적당히 짜깁기한 데 지나지 않는 녹색 뉴딜이 우리 경제에 새

활력을 불어넣을 수 있으리라고 기대하기는 어렵다.

절실하게 필요한 발상의 전환

정말이지 이 정부의 토목공사에 대한 집착은 해도 너무 한다는 생각이 든다. 대운하의 꿈이 좌절되자 '꿩 대신 닭'이라는 듯 이런저런 토목공사 계획을 정신없이 쏟아낸다. 경제전문가들이 그렇게 말리는데 조금도 아랑곳하지 않는 태도가 자못 위태롭게 보인다. 토목사업쯤으로 경제위기가 극복될 수 있다면야 쌍수를 들어 환영할 일이지만, 그럴 가능성은 전혀 없기 때문에 시름만 커질 따름이다.

정부가 돈을 풀면 일자리가 만들어진다는 사실을 모르는 사람은 없다. 녹색 뉴딜로 인해 96만 개의 일자리가 창출된다고 떠들지만, 돈 풀어 일자리 만드는 것은 누구나 할 수 있는 쉬운 일이다. 지금 이 단계에서 절실하게 필요한 것은 경제의 체질을 바꿔 위기도 극복하고 지속적인 일자리를 창출할 수도 있도록 만드는 일이다. 토목공사 끝나자마자 바로 사라질 일자리라면 설사 수백만 개가 만들어진다 해도 별 소용이 없다.

돈을 풀더라도 좀 더 창의적이고 건설적인 방법으로 할 생각은 왜 못하는지 답답하기만 하다. 이왕 돈 푸는 김에 꼭 필요하지만 종전에는 돈이 없어 하지 못했던 사업들에 착수하는 것이 순리가 아닐까? 그런 사업들의 예는 셀 수 없을 만큼 많다. 토목공사에 대한 집착으로 판단력이 마비되었기 때문에 그런 사업들이 눈에 띄지 않을 따름이다. 케인즈가 살던 때의 단순한 경제에서는 토목공사가 수요 촉진책의 핵심이 될 수밖에 없었다. 그러나 그것은 70년 전의 일이고, 이제는 상황이 크게 달라졌다.

녹색 뉴딜은 경제를 되살리는 데 별 도움이 되지 않을 뿐 아니라, 장기적 관점에서 보면 오히려 더 불안한 상황으로 몰고 갈 가능성까지 안고 있다. 지금은 경제가 무척 침체되어 있는 상황이기 때문에 토목공사에 그처럼 많은 돈을 쏟아 붓는 것이 문제가 되지 않는 것처럼 보일 수 있다. 그러나 경기가 일단 회복된 상황에서 토목공사에 쏟아 붓는 돈은 약이 아니라 독이 되고 만다. 과열된 경제에 휘발유를 들이 붓는 격이 될 것이기 때문이다.

지금은 경제가 언제 회복될지 도대체 갈피를 잡을 수 없는 상황이다. 그러나 4년이라는 기간이라면 그 안에 경기가 바닥을 치고 회복세로 돌아설 가능성이 크다. 그와 같은 가능성을 염두에 두지 않고 무조건 돈을 풀 생각만 하는 것은 현명한 자세가 아니다. 당장 먹기에는 곶감이 달다고 정부 돈 풀어 일자리 만드는 데 열중하다 보면 경제의 안정 기조가 매우 위태롭게 흔들릴 수 있다.

부동산정책을 볼 때도 그런 느낌이 들지만, 현 정부는 오직 발등의 불을 끄는 데만 정신이 팔려 있는 것 같다. 발등의 불을 끄고 난 후에 필연적으로 닥칠 상황에 대한 대비는 안중에도 없는 듯한 느낌이다. 마구잡이로 정부 돈을 풀고 주택 투기 억제장치를 모두 없애 버리려 하는 태도에서 그런 느낌을 받는다. 경기가 회복되어 물가안정이 당면과제로 등장하고 주택 투기가 또 다시 문제가 되는 상황이 되면 어떻게 하려고 그러는지 걱정이 아닐 수 없다.

녹색 뉴딜이 우리 경제를 구원해주리라는 것은 무리한 희망이다.

거듭 강조하지만, 이 정부에게 절실하게 필요한 것은 획기적인 발상의 전환이다. 토목공사로 경제를 일으킬 수 있다는 케케묵은 사고방식을 과감하게 벗어던지지 못하는 한 새로운 비전을 제시하는 것은 불가능한 일이다. 지금처럼 어려운 시절일수록 참신한 비전에 대한 국민의 갈망은 더욱 간절할 수밖에 없다.

(2009.1.10)

일촉즉발의 휴화산, 주택시장

2

Quo Vadis

우리 경제에서 가장 고질적인 문제 중 하나가 바로 주택문제입니다. 소득은 거북이걸음을 하는데 집값은 하루가 다르게 뛰어올라 서민들의 시름만 늘어갑니다. 온 국민이 편안한 주거 공간을 가질 수 있게 되는 것은 꿈도 꿀 수 없는 일입니다. 주택문제로 골머리를 앓아온 지가 하루 이틀이 아닌데 아직까지 전혀 해결의 기색이 보이지 않으니 답답하기만 합니다.

주택문제 해결을 가장 어렵게 만드는 요인은 우리 사회에 팽배해 있는 '부동산 불패 신화'입니다. 신화는 믿음을 낳고, 자기실현적 예측(self-fulfilling prophecy)의 성격을 갖는 이 믿음은 다시 현실로 바뀝니다. 즉 부동산 불패 신화는 바로 현실 그 자체라는 말입니다. 이 신화가 깨지지 않는 데는 역대 정부도 큰 역할을 했습니다. 주택가격이 조금만 떨어지는 기색을 보여도 온갖 부양책을 동원해 다시 올려놓으려고 기를 썼으니까요.

그동안 돈이 많이 풀리거나 금리가 낮아지면 거의 예외 없이 투기 바람이 불어 닥쳤습니다. 이에 따라 주택가격 폭등이 주기적으로 반복되어 왔습니다. 그런데도 이를 막지 못한 것은 투기적 수요를 억제할 장치가 미비했기 때문입니다. 경제전문가를 자처하는 사람들은 거의 한입으로 주택공급 확대가 유일한 해법이라고 주장해왔습니다. 이런 분위기로 인해 투기적 수요를 억제하는 장치에 대한 관심은 뒷전으로 밀려버릴 수밖에 없었습니다.

어떤 상품의 가격이 수요와 공급의 상호작용에 의해 결정된다는 것은 상식 중의 상식입니다. 그리고 가격의 단기 폭등을 가져오는 것은 수요 측 요인일 가능성이 큽니다. 특히 주택처럼 공급량의 조절에 긴 시간이 걸리는 경우는 더욱 그렇습니다. 그런데 왜 우리나라의 경제전문가들은 주택가격 폭등의 원인을 공급 부족에서만 찾으려 드는지 이해가 안 갑니다. 그들은 도대체 어떤 근거에서 수요 억제책으로는 문제를 해결할 수 없다는 말만 되풀이하고 있을까요?

이런 현실에 대한 답답함이 〈주택가격 폭등의 진실, 그리고 해법〉을 쓰게 만들었습니다. 주택에 대한 투기적 수요가 문제의 핵심이라는 것이 의심의 여지없는 사실임을 보여주고 싶었습니다. 이 자명한 사실을 부정하려 들었기 때문에 주택문제 해결의 실마리를 찾지 못했다는 점을 밝히고 싶었습니다. 저는 왜 경제전문가들이 그렇게 분명한 진실을 애써 외면해왔는지 아직도 그 이유를 잘 모르고 있습니다.

이 글 역시 기존의 통념에 대한 반론의 성격을 갖기 때문에 때때로 매우 신랄한 어조를 띠고 있습니다. 잘못된 믿음이 워낙 강력하게 뿌리박고 있어 웬만한 강도의 반론으로는 꿈쩍도 하지 않을 듯한 느낌을 받았습니다. 골리앗처럼 버티고 있는 잘못된 믿음을 허물어뜨리려면 통렬한 돌팔매가 필요할 것 같았습니다. 그 글을 쓸 때의 제 심정을 이해해주십사 부탁을 드리고 싶습니다.

그 글을 쓸 때만 하더라도 집값이 하루가 다르게 뛰어오르고 있었습니다. 그런데 얼마 지나지 않아 상승세에 갑자기 제동이 걸렸습니다. 바로 얼마 전까지 부글거리던 주택시장이 몇 달 새 갑자기 얼어붙은 이유가 과연 무엇이었을까요? 문제의 핵심이 공급측면에 있다는 기존의 통념과 수요측면에 있다는 제 진단 중 어느 쪽이 더 진실에 가까운지를 가려낼 좋은 기회를 맞게 되었습니다.

당시의 상황은 절대적으로 제 진단이 옳았음을 입증해주고 있었습니다. 몇 달이라는 짧은 기간에 주택공급이 늘었으면 얼마나 늘었겠습니까? 그러니까 공급의 증가가 주택가격 상승세에 찬물을 끼얹었다는 것은 상상조차 할 수 없는 일이지요. 종합부동산세를 위시해 참여정부 말기에 도입된 여러 가지 주택 투기 억제책이 효과를 발휘했기 때문이라는 데 한 점 의심의 여지가 없었습니다.

저는 기존의 통념, 즉 주택공급 확대만이 유일한 해결책이라는 믿음을 갖고 있는 사람들은 이 상황을 과연 어떻게 해석하고 있는지 궁금했습니다. 그런 분명한 증거를 보고서도 잘못된 믿음에 대해 전혀 회의를 느끼지 않는지 알고 싶었던 것입니다. 〈위기는 곧 기회다〉는 그들에게 할 말이 있으면 해보라는 도전장의 의미를 갖고 있습니다. 저는 그 후 어디서도 그들의 그럴듯한 반론을 들어본 적도 읽어본 적도 없습니다.

당시의 상황에서 저는 한 가지 긍정적 의미를 읽어낼 수 있었습니다. 그것은 주택에 대한 투기적 수요를 확실하게 꺾을 수 있는 방법이 있음을 자각했다는 점입니다. 그렇게 하려는 의지만이 문제일 뿐 방법이 없는 것은 아니라는 점을 알게 된 것은 값진 수확이었습니다. 이

제 남은 과제는 그런 방법을 써서 주택가격을 안정시키는 것이 바람
직한지의 여부에 대한 국민적 합의를 이끌어내는 일뿐입니다.

참여정부 시절에 도입되었던 일련의 주택관련 규제가 너무 과격했
다는 지적이 있었습니다. 저도 그 지적에 대해 별 이의가 없었습니다.
그런데 문제는 그 점을 빌미로 삼아 투기 억제책 그 자체의 무력화를
시도하는 세력에 있었습니다. 그들의 교묘하고 집요한 공격은 꼭 필
요한 규제까지도 예외를 두지 않았습니다. 저는 곧 있을 대통령 선거
를 계기로 그 세력이 모든 일을 독단하게 되리라는 두려움을 느꼈습
니다. 이 글에 그 두려움이 드러나 있는 것을 쉽게 읽어내실 수 있으
리라고 믿습니다.

여러분도 잘 알다시피 그때의 제 두려움은 결코 기우가 아니었습니
다. 아니나 다를까 새로 들어선 이명박 정부는 거침없이 주택관련 규
제들을 허물어뜨리기 시작했습니다. 얼어붙은 주택시장을 녹여야 한
다는 명분까지 얻었으니 더욱 거칠 게 없었지요. 그렇지만 당장 급하
다고 꼭 필요한 규제까지 모두 풀어놓으면 나중에 큰 어려움이 닥쳐
올 수 있습니다. 얼마 후 다시 주택 투기의 바람이 휘몰아칠 텐데, 속
수무책으로 바라만 보고 있어야 할 형편입니다. 바로 이런 걱정에서
〈불씨 살린다고 휘발유 퍼붓나?〉를 쓰게 되었습니다.

정책을 담당하는 사람은 먼 앞날을 내다봐야 합니다. 아무리 상황
이 급하다 해도 풀어야 할 규제와 풀지 말아야 할 규제를 엄격하게 구
분하는 침착성을 발휘해야 합니다. 얼마 되지 않아 후회할 일을 해서
는 안 되니까요. 주택시장 안정을 위한 최후의 안전장치마저 뽑아버
리려 하는 정부를 보며 걱정스러운 마음 이루 말할 수 없습니다.

주택가격 폭등의 진실, 그리고 해법

 머리말

미친 듯이 뛰어오르던 주택가격이 어느 정도 고비를 넘긴 것 같지만, 문제가 해결 국면에 들어섰다는 느낌은 전혀 들지 않는다. 문제의 불씨가 완전히 꺼진 것이 아니기 때문에 이 표면적인 고요함이 사람을 더욱 불안하게 만든다. 어쩌면 그 고요함은 경제 전체의 기반이 송두리째 흔들리는 대파국의 서막을 예감케 하는 미묘한 움직임일 수도 있다.

많은 사람들이 주택가격 폭등을 가져온 가장 중요한 원인으로 정부(* 이 글에서의 정부는 '참여정부'를 뜻함)의 무능을 꼽고 있다. 통계를 보면 현 정부가 들어오면서 주택가격 상승률이 현저하게 높아진 것으로 나타나 있다. 수없이 많은 대책을 쏟아 붓고서도 이렇다 할 실적을 올리지 못했으니 그런 비판을 받아 마땅한 일이다. 그러나 모든 것을 정부의 무능 탓만으로 돌리기에는 문제의 뿌리가 너무나 깊다.

문제의 근원은 모든 자원과 권력이 수도에 집중되어 있는 우리 사회의 독특한 구조에 있다. 바로 여기에서 고질적인 수급 불균형의 문제가 발생하고 있다. 사실 전국적인 차원에서 보면 수급 불균형의 문제가 그리 심각하지 않은 편이다. 심각한 수급 불균형이 존재하고 있다면 그것은 주로 수도권에 국한되어 나타나고 있는 현상이다. 그동안 모든 지역이 균형 있게 발전해왔다면 수급 불균형의 문제가 이토록 심화되지는 않았을 것이다.

지난 몇십 년 동안 끊임없이 계속되어왔던 수도권 집중 현상이 짧은 시간 안에 해소될 전망은 보이지 않는다. 한때 지방으로 본거지를 옮겼던 소수의 기업들마저 다시 수도권으로 돌아오고 있는 실정이다. 더군다나 교통수단의 획기적 발전이 수도권 집중 현상을 한층 더 부채질하고 있다. 지하철 노선으로 연결된 인천이나 천안이 이제는 서울의 교외라는 성격을 갖게 된 것을 보면 잘 알 수 있는 일이다.

그렇기 때문에 특단의 대책이 없는 한 수도권의 주택 수급 불균형의 문제는 오히려 더욱 심각한 양상으로 치달을 수 있다. 정부는 수도권의 여기저기에 새로운 주택단지를 개발하겠다는 계획을 연이어 내놓고 있지만, 내가 보기에는 '언 발에 오줌 누기'에 불과한 미봉책이다. 지금과 같은 인구의 수도권 집중이 계속되는 한 그 정도의 공급 확대로는 문제를 근본적으로 해결할 수 없다.

설상가상으로 정부는 오랜 기간에 걸쳐 일관성 없는 정책을 채택해옴으로써 문제를 더욱 심각한 양상으로 몰고 갔다. 그때그때의 편의에 따라 주택관련 규제를 도입했다 푸는 일을 반복함으로써 시장을 혼란스럽게 만드는 것은 물론 정책에 대한 신뢰까지 잃게 만들었다. 그 결과 우리 사회에는 '부동산 불패 신화'가 확고하게 자리 잡게 되고, 정부가 무슨 정책을 쓴다 해도 아무런 효과를 거두기 힘든 분위기가 만들어지게 되었다.

수도권 집중 현상과 정부에 대한 신뢰 상실이 문제의 핵심이라 할지라도 지금 당장 이것에 대해 어떤 해결책을 찾는다는 것은 현실적으로 어려운 일이다. 이와 같은 문제가 지속되어온 시간이 긴 만큼 이것을 해결하는 데도 오랜 기간이 걸릴 것이기 때문이다. 따라서 이 문제는 장기적인 해결 과제로 남겨두고, 최근의 집값 폭등과 직접적인 관련이 있는 문제들에 관심을 집중하는 것이 현명한 태도일 것이다.

바로 이런 관점에서 집값 폭등과 관련한 여러 이슈들에 대해 종합적인 논의를 해보려고 한다. 나 자신이 이 문제에 대해 만족할 만한 해법을 안다고 자신할 수는 없다. 그렇지만 해법이랍시고 제시된 사이비 처방들이 어떤 문제점을 갖고 있는지는 안다고 생각한다. 이 글이 해답을 제시하기보다는 더 많은 의문을 제기하고 끝났다는 느낌을 줄 수도 있을 것이다. 그러나 문제의 본질상 손쉬운 해답을 얻기는 힘들다는 사실을 감안해 널리 양해해주기 바란다.

주택가격 폭등이 공급 부족 탓이다?

가격이 수요와 공급의 상호작용에 의해 결정된다는 것을 모르는 사람은 없다. 그런데 이상하게도 우리 사회에서 지식인을 자처하는 사람은 주택가격 문제에 대해 논의할 때 공급측면에만 문제가 있는 듯이 얘기하는 경향을 보인다. 수요측면에도 분명히 문제가 있는데 이 점에 대해서는 애써 외면하려는 태도를 보이는 것이다. 이렇게 상황 인식에 문제가 있다 보니 문제의 해결책을 제시할 때도 사리에 맞지 않는 주장을 일삼게 된다.

주택 수요에 비해 공급이 부족하기 때문에 가격이 상승 압력을 받는다는 말에는 틀림이 없다. 그러나 (수도권의) 주택 수급 불균형 현상은 최근 들어 갑자기 나타난 것이 아니고, 지난 수십 년 동안 계속되어온 추세다. 이와 같은 장기적 추세로 최근의 주택가격 폭등 같은 단기적 현상을 설명하려는 시도는 무리가 아닐 수 없다. 장기적인 수급 불균형의 상태에 기름을 끼얹는 역할을 한 무언가가 있었기 때문에 주택가격 폭등이 일어났다고 설명해야 비로소 설득력을 가질 수 있다.

누가 가르치든 경제학원론 시간의 맨 앞부분에서 '균형의 변화'라는 것을 다루게 된다. 수요나 공급에 변화가 생김에 따라 (균형)가격에 변화가 생기는 과정을 설명하는 부분이다. 최근의 주택가격 폭등도 이와 같은 균형의 변화라는 틀에서 생각할 수 있는 현상이다. 그런데 가격의 상승을 가져오는 원인에는 수요의 증가와 공급의 감소 두 가지가 있다. 문제는 주택가격 폭등의 이유를 이 둘 중 어느 쪽에서 찾아야 하느냐에 있다.

주택가격 폭등의 원인이 공급측면에 있다고 주장하는 사람은 최근 들어 공급이 급격히 줄어든 이유를 설명할 수 있어야 한다. 만성적으로 공급이 부족한 상황에 있기 때문에 가격폭등이 일어났다고 말하는 것은 아무런 설득력이 없다. 만성적인 공급 부족이 갑작스런 가격의 폭등을 일으킬 리 없기 때문이다. 따라서 주택가격 폭등을 공급측면에서 설명할 수 있는 유일한 길은 최근 들어 공급이 급격히 줄어든 이유를 밝히는 것밖에 없다.

더군다나 문제의 핵심이 공급 부족에 있다고 주장하는 사람들이 생각하는 '공급'은 현재 존재하는 전체 주택의 양을 뜻한다. 그들이 해법으로 내놓는 '주택공급의 증가'는 더 많은 주택의 건설을 뜻한다는 데서 이와 같은 해석이 나온다(곧 설명하게 되겠지만, 내가 생각하는 주택의 공급은 그들이 생각하는 바와 다르다). 주택공급을 그들처럼 해석한다면, 최근 들어 갑자기 집들이 불타거나 폭격을 맞아 없어지기 전에는 공급이 줄어들 수가 없는 것이 아닐까?

주택공급이 갑자기 줄어든 이유를 대지도 못하면서 공급 부족 때문에 주택가격이 폭등했다고 주장하는 것은 지적인 만용이다. 경제학의 기본 원리를 조금이라도 아는 사람이라면 그렇게 사리에 벗어난 주장은 하지 않을 것이다. 더욱 한심스러운 것은 그와 같은 잘못된 진단이 마치 진리인 양 받아들여지고 있는 우리 지식사회의 풍토다. 이런 허위의 풍토에서 제대로 된 문제 해결의 아이디어가 나올 리 만무하다.

문제의 핵심이 공급의 부족에 있다고 주장하는 사람들은 주택시장에서의 수요와 공급이 갖는 독특한 성격을 제대로 이해하지 못하고 있다. 그들이 생각하는 주택의 공급, 즉 현재 존재하고 있는 주택의 양은 진정한 의미에서의 공급이라고 말할 수 없다. 또한 주택에 대한 수요도 여느 상품의 경우와는 다른 독특성을 갖고 있다. 그와 같은 특성 때문에 주택시장의 경우에는 수요와 공급이 동시에 움직이는 독특한 현상이 나타나게 된다.

곧 설명하게 되겠지만, 최근의 주택가격 폭등은 수요가 갑자기 늘어나는 것과 함께 공급이 줄어들었기 때문에 나타난 현상이다(여기에서의 공급은 내가 생각하는 진정한 의미에서의 공급이다). 최근 들어 주택에 대한 수요가 갑자기 늘어난 이유는 구태여 설명할 필요조차 없다고 느낀다. 엄청난 규모의 부동자금, 낮은 이자율, 정책에 대한 불신, 그리고 막차를 놓쳐서는 안 된다는 절박감 등이 모두 주택에 대한 수요가 갑자기 커지게 만든 원인이 되었음이 분명하다.

물론 주택을 계속 짓다 보면 언젠가는 가격이 안정되기 시작할 것이다. 그러나 과연 얼마만큼이나 공급량을 늘려야 하며, 그렇게 되기까지에는 얼마나 많은 시간이 걸릴 것이냐에 문제가 있다. 케인즈는 "장기에서는 우리 모두가 죽게 된다"라는 유명한 말을 남겼다. 우리도 그런 날이 오기만을 기다리며 무작정 주택 건설에 매달리고만 있을 수는 없는 일이 아닌가?

주택의 수요와 공급이 갖는 성격에 대한 오해

주택공급의 부족 때문에 문제가 발생했다는 진단은 주택 건설 확대만이 유일한 해결책이라는 주장으로 이어진다. 주택을 더 많이 지어야 공급량이 늘어난다고 말하는 것은 우리나라(혹은 수도권) 전체에 존재하는 주택의 양을 주택의 공급량으로 본다는 것을 뜻한다. 주택의 공급을 이와 같은 방식으로 파악하는 것은 명백하게 잘못된 일이다. 실제로 주택가격의 결정에 영향을 미친다는 의미에서의 주택의 공급은 이와 다르기 때문이다.

예를 들어 우리나라에 현재 8백만 채의 집이 존재한다고 하자. 그렇다면 이 8백만 채 전체가 공급량으로서 가격 결정에 영향을 미치고 있을까? 웬만한 상식을 가진 사람이라면 이 물음에 대한 답이 "아니오"라는 것을 잘 알고 있을 것이다. 소유자가 전혀 팔 의사가 없는 주택의 경우에는 가격 결정에 직접적인 영향을 미치지 않는다. 그렇기 때문에 현재 존재하는 주택의 양을 주택시장에서의 공급량으로 보아서는 안 되는 것이다.

엄밀하게 말해 주택가격 결정에 직접적 영향을 미친다는 의미에서의 '유효' 공급량은 팔기 위해 시장에 내놓은 주택의 양이다. 주택의 공급을 이처럼 엄밀하게 다시 정의한다면, 오직 새로 집을 지어야만 공급량이 늘어나는 것은 아니라는 결론이 나온다. 팔지 않으려고 마음먹고 있던 사람이 생각을 바꿔 매물로 내놓는 경우에도 공급량이 늘어나는 결과가 빚어지는 것이다(물론 매물로 내놓았던 주택을 거둬들이면 공급량은 줄어들게 된다).

사실 단기적으로 주택가격 결정에 더 큰 영향을 미치는 것은 후자, 즉 매물로 내놓은 집의 양의 변화에 의한 공급량의 변화다. 주택을 새로 지어 공급량이 늘어나는 것은 주택가격의 장기적인 추세에 영향을 줄 뿐이다. 정부가 이런저런 지역에 대규모 주택단지를 개발해 공급량을 크게 늘린다는 발표를 했음에도 불구하고 주택가격의 상승세가 멈추지 않는 것을 볼 수 있다. 이를 보면 단기적인 관점에서 주택가격에 결정적인 영향을 미치는 것이 어느 쪽의 공급량 변화인지 잘 알 수 있다.

이와 같은 주택가격 결정의 원리는 경제학을 처음 배우는 사람조차 이해하기 쉬울 정도로 단순하고 명료하다. 그럼에도 불구하고 내로라하는 경제학자들조차 이 점을 이해하지 못하고 맹목적인 주택 건설 확대만을 외치고 있다. 다시 한 번 강조하지만, 단기적으로는 집을 많이 짓는다고 해서 주택가격이 안정되지 않는다. 단기적으로 볼 때 주택가격 안정에 직접적으로 기여하는 것은 매물로 내놓는 집의 양의 증가다. 그렇기 때문에 주택가격 안정이란 관점에서 보면 매물로 나오는 주택의 양을 늘리는 것이 문제의 핵심이다.

나는 주택시장의 공급측면뿐 아니라 수요측면에 대해서도 엄밀한 재검토가 필요하다고 생각한다. 다른 상품과 달리 주택은 소비의 대상이 됨과 동시에 투자의 대상이 된다는 독특한 성격을 갖고 있다. 소비의 대상이 되는 상품은 가격이 높을수록 그것을 소비하는 것과 관련된 기회비용이 당연히 높아지게 된다. 반면에 투자의 대상이 되는 상품은 현재의 가격 수준이 별 의미가 없고 앞으로의 가격 동향이 핵심적인 중요성을 갖는다.

바로 이와 같은 성격 때문에 주택가격이 일단 상승세를 보이면 수요가 더욱 늘어나는 현상이 나타나게 된다. 가격이 높아짐에 따라 수요량이 작아진다는 것이 일반적인 상식인데, 주택시장에서는 주택이 갖는 특성 때문에 그 상식과 어긋나는 현상이 나타나는 것이다. 이는 주택시장에서 발생한 문제의 해결을 시도할 때, 상식적인 수요와 공급의 틀 안에서 해법을 찾는 것이 어리석은 일이라는 것을 뜻한다.

주거 공간이라는 소비 대상으로의 주택에 대한 수요와 관련해서는 상식적 의미에서의 수요로 이를 해석해도 무방하다. 그러나 투자 대상으로서의 주택에 대한 수요는 다른 차원에서의 접근이 필요하다. 최근 주택시장에서 결정적인 영향력을 발휘한 것은 바로 이 투자 대상으로서의 주택에 대한 수요다. 다시 말해 투기적 수요의 급격한 증가가 주택가격 폭등의 직접적 원인을 제공했다는 뜻이다.

앞에서 지적했듯 주택시장의 (유효)공급은 매물로 나온 주택들로 한정되며, 따라서 공급량의 전반적 규모는 생각 밖으로 작을 수 있다. 그렇기 때문에 투기적 수요의 비교적 작은 변화가 큰 폭의 가격 변화를 가져올 가능성이 있는 것이다. 최근의 주택가격 급등과 관련해 모두가 '정부 때리기'에 급급한 나머지, 투기적 수요의 급증이라는 문제의 핵심을 놓치고 있었다는 느낌을 받는다.

더군다나 주택에 대한 투기적 수요의 증가는 반드시 공급의 감소를 수반하기 때문에 주택가격에 미치는 영향이 더욱 클 수밖에 없다. 주택의 공급이 매물로 나온 것에 한정된다는 점을 알면, 투기적 수요의 증가와 공급의 감소가 동시에 나타나는 이유를 쉽게 이해할 수 있다. 그렇기 때문에 비교적 작은 규모의 투기적 수요 증가로 시작된 주택가격 상승세가 짧은 시간 안에 폭등세로 바뀔 가능성이 큰 것이다.

이와 같은 주택시장의 특성, 즉 수요와 공급의 성격이 모두 여느 상품의 경우와는 다르다는 사실을 정확하게 이해해야 실효성 있는 해법을 찾을 수 있다. 지금 우리 사회에서 이 문제를 둘러싸고 극도의 혼란이 계속되고 있는 것은 바로 이 점에 대한 무지에서 비롯된 것이라고 생각한다. "수요 억제책만으로는 한계가 있고 공급 확대만이 유일한 해법이다"라는 상투적인 주장은 문제의 본질에 대한 무지를 그대로 드러내는 단적인 예라고 말할 수 있다.

'부동산 불패'의 신화는 아직도 계속되고 있다

우리나라의 부동산, 특히 주택가격이 고개를 숙일 줄 모르고 계속 치솟고 있는 것은 '부동산 불패'의 신화가 아직도 굳건히 뿌리를 박고 있기 때문이다. 부동산을 샀다가 사기를 당해 망했다는 사람 얘기는 자주 듣지만, 제대로 된 부동산을 샀다가 망했다는 사람 얘기를 듣기는 무척 힘들다. 그동안의 경험이 잘 말해주고 있지만, 우리 사회에서 주택은 주식이나 채권에 비해 훨씬 더 안전한 동시에 수익성 높은 투자 수단이 되어왔다.

수익성과 안전성 모두에서 유리한 투자 수단을 찾기는 극히 힘들다. 만약 그런 투자 수단이 있다면 거의 모든 자금이 그쪽으로 몰리는 현상이 나타나게 마련이다. 우리 사회에서는 주택이 바로 그와 같은 성격의 투자 수단으로 존재해왔기 때문에 부유층의 주택 사재기가 극성을 부려왔던 것이다. 말하자면 주택이라는 예외적인 투자 수단의 존재로 인해 자산시장이 계속적인 불균형 상태에 있어왔다는 뜻이다.

부동산 불패의 신화는 주택에 대한 투기적 수요를 끊임없이 확대 재생산하는 역할을 하고 있다. 따라서 이 부동산 불패의 신화는 '자기실현적 예측'의 성격을 갖는다. 다시 말해 주택을 사놓으면 손해를 보지 않는다는 믿음이 팽배해 있을 때 주택을 사는 사람이 손해를 보는 일은 절대로 일어나지 않게 되는 것이다. 그렇기 때문에 부동산 불패의 신화가 주택가격을 계속 상승시키는 원인이 되고, 주택가격 상승이 다시 그 신화를 강화하는 악순환이 이어지는 결과가 빚어진다.

주택가격의 안정을 위해서는 주택에 대한 투기적 수요의 억제가 필수적이며, 이를 위해서는 주택이 투자 수단으로서 갖는 매력을 대폭 줄여야 한다. 주택을 아무리 많이 지어도 이 투기적 수요가 급격히 줄어들지 않는 한 가격 안정을 기대하기 어렵다. 최근 수도권에서 새로 지은 주택의 80% 이상을 이미 주택을 보유하고 있는 사람들이 사들였다는 통계가 나온 바 있다. 이렇게 사재기가 극성을 부리는 상황에 서는 이곳저곳에 주택단지를 개발한다고 해보았자 가격 안정에 별 도움이 되지 않는다.

주택시장의 공급측면에 문제의 핵심이 있다고 보는 사람은 이 엄연한 현실을 애써 보지 않으려고 한다. 진정한 문제의 핵심은 주택에 대한 투기적 수요에 있고, 그것에 대한 적절한 대책이 없는 한 문제의 해결은 불가능하다는 사실을 인정하지 않으려 드는 것이다. 그들은 주택 사재기를 건전한 투자행위의 일종으로 두둔하려는 태도까지 보인다. 재테크의 일환으로 주택을 몇 채 보유한 사람을 투기꾼으로 몰아서는 안 된다는 것은 그들이 아주 즐겨 쓰는 말 중 하나다.

나 역시 주택을 몇 채씩 보유한 사람을 투기꾼이라고 몰아붙일 생각은 없다. 이들이 여러 가지 투자 수단 중의 하나를 선택한 데 불과하다는 말에 동의할 용의를 갖고 있다. 그러나 '투자'와 '투기'를 가르는 기준은 아주 모호하기 때문에 명백하게 구별할 수 있는 성질의 것이 아니다. 주택 사재기가 투자든 투기든, 이것이 주택가격 불안의 근원이라는 사실에는 변함이 없다.

전문가를 자처하는 많은 사람들이 '주택 수요 억제책으로는 안 된다'는 근거 없는 비관론으로 일관하는 것을 본다. 우리가 언제 제대로 된 수요 억제책을 써본 적이라도 있단 말인가? 그런데 왜 해보지도 않고 수요 억제책으로는 안 된다는 말을 자신 있게 할 수 있는지 의아스러울 따름이다. 수요 억제책이 가진 자의 이익을 침해하게 될 것을 두려워해 그런 억지 논리를 편다는 의혹을 받아도 별로 항변할 구실이 없어 보인다.

주택가격은 분명 문제가 된다

수요와 공급의 상황이 반영되어 주택가격이 올라가는데 무엇이 문제냐고 말하는 사람이 있다. 밍크코트의 가격이 높다 해서 이를 낮추려고 노력할 필요가 없는 것처럼, 주택가격이 높다 해서 이를 구태여 낮추려고 노력할 필요가 없다는 논리다. 이와 같은 논리는 가격기구의 작동을 방해함으로써 효율성을 떨어뜨리는 결과를 가져와서는 안 된다는 주장으로 이어진다.

이론적으로만 보면 시장의 '보이지 않는 손'의 인도에 힘입어 주택시장에 내재하는 문제가 자동적으로 해결될 수 있다. 주택가격이 계속 오른다는 것은 수요에 비해 공급이 딸린다는 것을 뜻하는데, 높아진 주택가격이 공급량을 늘리려는 유인을 주기 때문에 수요 부족의 현상이 저절로 해소되는 결과가 빚어진다. 이때 정부가 개입해 주택가격 상승을 막는다면 그와 같은 자동조정기능에 문제가 생겨 비효율성을 초래할 수 있다.

그러나 우리나라 주택시장의 복잡한 상황은 이렇게 깨끗한 이론의 그림과는 너무나 다르다. 바로 앞에서 말했듯, 주택가격의 상승은 수요량 감소가 아니라 증가를 가져올 가능성이 크다. 주거 공간으로서의 주택 수요보다 투기적 수요가 차지하는 비중이 훨씬 더 크기 때문이다. 또한 공급측면을 보면, 주택가격의 상승이 공급량 감소를 가져올 가능성이 크다.

그렇기 때문에 주택시장의 경우에는 가격이 시장의 불균형을 해소하는 것이 아니라 오히려 한층 더 증폭하는 역할을 할 수 있다. 일본의 예를 보면 이와 같은 주택가격 상승과 불균형의 확대가 무엇으로 귀결될 것인지 잘 알 수 있다. 여러 가지로 어려운 여건에 직면해 있는 우리 경제에 부동산 버블 붕괴라는 또 하나의 충격이 더해진다는 것은 상상만 해도 끔찍한 일이다. 바로 여기에서 주택가격 상승을 나 몰라라 방치해둘 수 없는 하나의 중요한 이유를 발견할 수 있다.

서울 강남의 주택가격이 유달리 높은 데 대해서도 하등 이상할 것이 없으며 관심을 가질 필요조차 없다고 주장하는 사람이 적지 않다. 높은 주택가격은 교육, 문화, 주거환경 같은 여건의 측면에서 강남이 갖는 우위를 반영할 따름이기 때문에 전혀 이상할 것이 없다는 논리다. 그와 같은 논리는 공연히 질투심에 불타 강남의 높은 주택가격에 대해 왈가왈부할 필요도 없거니와, 정부가 이를 정책의 대상으로 삼아서도 안 된다는 주장으로 이어진다.

그러나 강남의 주택가격이 높은 이유가 정말로 무엇인지에 대해서는 이견이 있을 수 있다. 설사 백 보를 양보해 높은 주택가격이 여건상의 우위를 반영한다는 주장을 그대로 받아들인다 해도 문제는 남는다. 우선 떨어질 줄 모르는 강남의 주택가격은 아무 때든 전국의 주택시장에 영향을 미칠 수 있는 불씨가 된다는 점에서 문제가 있다. 최근의 전국적 주택가격 폭등의 진원지가 바로 강남 지역이라는 것을 모르는 사람은 아무도 없다.

일단 진화되어 잠잠해진 상태라도 불씨가 남아 있으면 또다시 큰 불로 번질 수 있는 법이다. 다른 지역에서는 주택시장이 안정을 되찾는다 해도 강남의 주택가격이 고공행진을 계속하는 한 그 안정은 사상누각일 가능성이 크다. 어느 때 예기치 않은 바람이 불어 강남의 불씨가 전국의 주택시장을 큰불에 휩싸이게 만들지 모른다. 주택시장의 문제가 수도권 혹은 강남에 국한된 것이며 다른 지역에서는 아무 문제가 없다는 주장은 현실에 대한 무지에서 나온 것이다.

강남에 주택을 사서 부자가 된 사람에 대한 질투심을 버려야 한다는 설교는 아무 짝에도 쓸모가 없다. 이웃이 땅을 사도 배가 아프지 않아야 인격 있는 사람이 될 수 있지만, 모든 사람이 그런 고매한 인격의 소유자는 아니다. 강남에 주택을 사서 떼돈 번 사람을 보고 상대적 박탈감을 느낀다면 그것은 지극히 자연스러운 반응이다. 정책은 이처럼 자연스러운 정서 혹은 반응에 그 기초를 두는 것이 마땅한 일이다. 모두가 고매한 인격의 소유자라는 비현실적 가정에 기초한 정책은 아무런 효과를 거둘 수 없다.

강남의 높은 주택가격이 우리 사회의 양극화를 한층 더 가속화하는 원인이 되었음을 부정하기 힘들다. 그렇지 않아도 소득의 격차가 점차 벌어지고 있는 상황에서 재산의 격차까지 지금과 같은 속도로 벌어진다면 빈부 격차는 영원히 메울 수 없는 지경에 이를 것이 분명하다. 질투심만 억누른다면 강남의 높은 주택가격이 문제될 이유가 하나도 없다는 주장은 한가한 사람의 잠꼬대 정도밖에 되지 않는다.

지금까지 서민에게 내 집 마련의 꿈이 중요하다는 사실에 대해서는 한마디도 언급하지 않았다. 이 점이 중요하지 않다고 생각해서 그런 것이 아니라, 그 말을 너무 많이 들어 식상했을 것이라고 생각했기 때문이다. 그렇지만 서민의 경제적 능력으로도 안정된 주거 공간을 확보할 수 있게 만들어주는 것이 정부가 갖고 있는 가장 중요한 책임 중 하나라는 사실은 어느 누구도 감히 부정할 수 없다.

종합부동산세가 거의 유일한 희망이다

지금까지의 논의를 다시 한 번 정리해보면, 주택에 대한 투기적 수요를 억제하는 것이 문제의 핵심이다. 이것은 여러 가지 정책수단을 통해 추구할 수 있다. 그런데 주택담보대출의 비율을 제한하거나 이자율을 높임으로써 주택 투자를 어렵게 만드는 방법은 이로 인해 경제에 미치는 부작용이 크다는 점에서 좋은 방법이 될 수 없다. 이런저런 규제를 동원해 문제를 해결하려는 것은 더욱 바람직하지 못하다.

결국 문제는 어떻게 해야 주택 투자에서 얻는 수익률을 낮출 수 있느냐에 있는데, 조세상의 수단 말고는 이렇다 할 방법이 없다는 데 고민이 있다. 세금 내기를 좋아하는 사람이 아무도 없는 현실에서, 조세상의 수단으로 이 문제를 해결하려는 시도는 엄청난 반발을 초래할 수 있다. 그러나 다른 뾰족한 방법이 없기 때문에 어쩔 수 없이 이 방법을 쓸 수밖에 없는 난처한 처지에 빠지게 되는 것이다.

주택 투자에서 나오는 수익률을 낮추려는 의도로 도입된 양도소득세(이하 양도세)가 주택에 대한 투기적 수요를 억제하는 데 어느 정도의 효과를 낸 것은 사실이다. 양도세에 비난을 퍼붓는 사람도 많지만, 양도세가 폐지되는 경우 주택시장에 어떤 일이 일어날지 생각해보면 이것이 그렇게 쓸모없는 세금은 아니라는 사실을 바로 알 수 있다. 그러나 양도세 하나만으로 투기적 수요를 억제하는 데는 분명한 한계가 있다.

예컨대 투자수익의 50%를 양도세로 내고도 나머지 50%를 챙길 수 있기 때문에 주택은 여전히 매력 있는 투자 대상이 될 수 있다. 주택 한 채를 갖고 있는 사람에게는 양도세가 무서운 존재인지 몰라도, 여러 채 갖고 있는 사람에게는 오히려 별로 무섭지 않은 역설적인 결과가 빚어질 수 있다. 뿐만 아니라 양도세는 매물로 나오는 주택의 양, 즉 주택공급량을 줄임으로써 주택가격이 올라가게 만드는 원인으로 작용하기도 한다.

주택에 대한 투기적 수요의 억제라는 측면에서 보면 양도세보다 종합부동산세(이하 종부세)가 훨씬 더 큰 잠재력을 갖고 있다. 애당초 종부세를 도입한 동기는 부동산 소유사에게 적정한 수준의 조세를 부담시키자는 데 있었다는 점을 지적하는 사람이 있다. 그 동기가 어찌 되었든, 종부세는 주택에 대한 투기적 수요를 억제하는 수단으로서 유용하게 활용될 수 있다.

누진세율구조를 갖는 종부세는 주택을 많이 소유하고 있을수록 더 무거운 조세부담을 안겨주기 때문에 매물로 내놓는 주택이 더 많아지게 만드는 효과를 낼 수 있다. 양도세는 매물로 내놓지 않게 만드는 유인을 제공하는 데 비해, 소유 그 자체에 대한 과세인 종부세는 매물로 내놓게 만드는 유인을 제공한다. 따라서 종부세는 주택의 수요를 억제하는 동시에 공급을 늘림으로써 가격 안정에 기여할 수 있다.

또한 종부세의 부과는 자본화(capitalization)의 과정을 통해 주택가격의 직접적 하락을 가져오기도 한다. 자본화라는 개념은 공급이 고정된 어떤 자산에 조세가 부과되면 미래에 예상되는 조세부담의 현재 가치만큼 그 가격이 떨어지게 된다는 의미를 갖고 있다. 어떤 자산의 가격은 그것에서 나오는 임대료 수입의 흐름을 현재가치화한 것과 같게 된다. 그런데 조세의 부과는 그 자산에서 나오는 순임대료를 줄이는 결과를 가져오고 이에 따라 자산의 가격도 떨어진다는 것이 자본화의 논리다.

예를 들어 현재 가격이 20억 원인 아파트가 있는데 여기에 매년 1%에 해당하는 2천만 원의 종부세가 부과된다고 하자. 10%의 할인율을 가정해 이 연간 2천만 원의 조세부담을 현재가치로 바꾸면 약 2억 원이 된다(할인율이 5%로 낮아지면 그 조세부담의 현재가치는 4억원으로 커진다). 자본화의 논리에 따르면 종부세가 부과되는 순간 이 아파트의 가격은 2억 원만큼 떨어지게 되는 것이다.

76 이론적으로만 보면 종부세 부과가 주택가격을 안정시키는 데 효과를 낸다는 것이 너무나도 분명하다. 그런데도 종부세가 이런 효과를 낸다는 점을 애써 부정하려 드는 사람들이 많다. 그들은 종부세로는 문제가 해결될 수 없다는 일종의 믿음을 갖고 있는 것같이 보인다. 실제로 종부세가 부과된 이후에도 주택가격 안정이란 측면에서 이렇다 할 성과가 없는 현실은 이들의 믿음을 더욱 강화해주고 있다.

종부세의 이론과 현실이 이렇게 크게 다른 이유는 종부세 제도가 제대로 정착되지 못했기 때문이다. 아직은 세율이 낮은 수준에 있어 다주택 소유자에게 별다른 부담이 되지 않을 뿐더러, 언젠가는 종부세 제도 그 자체가 없어질 것이라는 기대를 갖고 있는 사람들이 많다. 그렇기 때문에 이론적으로 기대할 수 있는 효과들이 전혀 나타나지 않고 있는 것이다. 종부세가 제대로 정착되기만 하면 지금과는 판이하게 다른 상황이 전개될 것이 분명하다.

여러 가지 측면을 고려할 때 종부세는 주택시장 안정을 가져다줄 수 있는 거의 유일한 수단이라고 말할 수 있다. 지금 우리 사회에서 종부세 제도를 무너뜨리기 위해 혈안이 되어 있는 사람들 자신이 이 사실을 가장 잘 알고 있으리라고 생각한다. 그들이 종부세 제도를 무너뜨리는 데 그렇게 많은 노력을 쏟고 있다는 사실이 종부세가 갖는 잠재력을 생생하게 입증해주는 것이 아닐까?

종부세의 문제점은 보완하면 된다

종부세 같은 재산 과세는 소득이 없는 사람도 무거운 조세부담을 질 수 있다는 점에서 본질적으로 문제를 갖는다. 그렇기 때문에 종부세를 체면치레 정도로 부과한다면 모를까 본격적으로 부과한다면 어쩔 수 없이 조세저항이 일어나게 되어 있다. 그러나 종부세를 걷는 척만 해서는 아무런 정책효과를 거둘 수 없기 때문에 원천적인 어려움에 직면해 있는 실정이다.

그동안 가격이 수십억 원이나 되는 주택을 소유하면서도 자동차세보다도 더 적은 재산세를 내는 데 익숙해진 사람들에게 종부세는 분명 커다란 충격일 수 있다. 그러나 경제적 능력에 따라 조세부담을 지게 만드는 것이 공평하다는 능력원칙에 비추어 보면 이와 같은 변화는 때늦은 감이 있을 정도로 당연한 것이다. 단지 부담이 더 커진다는 이유 하나만으로 합리적인 개혁을 거부한다면 좀 더 나은 사회를 위한 꿈은 영원히 접어둘 수밖에 없다.

앞으로 정부의 교체 등 많은 변수가 있기 때문에, 종부세의 세율이 궁극적으로 어느 수준까지 오르리라고 정확하게 예견하기는 힘들다. 현실적으로 판단해 주택시가의 약 1% 수준까지는 오르리라고 예상할 수 있는데, 이 정도만으로도 '세금폭탄'이니 하는 말들이 나오고 있다. 사실 재산 과세율 1% 수준이 다른 나라들에서 그 비슷한 예를 찾을 수 없을 정도로 높은 것도 아닌데도 우리 사회에서는 유독 저항이 큰 것을 볼 수 있다.

종부세를 반대하는 사람이 언제나 내거는 명분은 주택 한 채만 가진 은퇴자들이 그 부담을 지기 힘들다는 것이다. 그러나 최근의 통계에서 밝혀졌듯, 종부세 과세대상자 중 70%를 넘는 사람들이 2주택 이상의 소유자들이다. 이들이 종부세 부담을 지기 힘들다는 말은 어느 누구도 받아들이기 힘들 것이 분명하다. 문제가 있다면 단 한 채의 주택만 소유하고 있는 사람인데, 이들 모두가 담세능력을 결여하고 있다는 주장을 하기는 어려울 것이라고 생각한다.

'주택 한 채만 가진 은퇴자'라는 것은 종부세 부담을 지기 싫어하는 사람들이 진실을 왜곡하기 위한 수단으로 만들어낸 이미지다. 그렇다고 해서 이런 처지에 있는 사람 혹은 그 밖의 이유로 종부세 부담이 문제가 되는 사람이 전혀 없다고 주장하는 것은 아니다. 알고 보면 정말로 딱한 사정에 처해 있는 사람이 의외로 많을지 모른다. 그러나 이런 사람에 대해서는 나름대로 보완조치를 취할 수 있는데도 무조건 종부세에 대한 반대로 일관하는 모습을 보이는 것은 분명 문제가 있다.

은퇴자가 현재 살고 있는 주택을 처분하지 않고서도 종부세 부담의 문제를 해결할 수 있는 손쉬운 방법이 있다. 정부와의 합의하에서 종부세를 빚으로 쌓아두고 나중에 주택을 처분한 대금에서 그 빚을 갚으면 되는 것이다(형평성을 위해 이 빚에 약간의 이자를 붙여야 할 것이다). 예를 들어 1년에 1천만 원의 종부세를 내야 하는 사람이 20년 동안 그 빚을 쌓아놓은 상태에서 주택을 팔았다고 하자. 이 경우에는 주택을 판 대금에서 2억여 원의 원리금을 상환함으로써 모든 관계를 청산할 수 있다(상속을 하는 경우에도 이와 비슷한 방법으로 처리하면 될 것이다).

이와 더불어 비교적 장기간에 걸쳐 주택 한 채만 갖고 있는 상태를 유지해온 사람에게 양도세를 대폭 깎아주는 조치가 필요하다. 현재의 상황은 한 채만 가진 사람에게 적절한 퇴로를 열어주지 않음으로써 민원을 야기하고 있는 것이 사실이기 때문이다. 종부세를 내기 싫은데 과세대상이 되는 주택을 팔기도 어려운 상황이라면 자연히 불평이 많아질 수밖에 없다. 또한 매물로 내놓는 집을 늘림으로써 주택가격을 안정시킨다는 종부세의 과세 취지로 볼 때도 1가구 1주택에 대한 양도세의 대폭 감면이 바람직하다.

이와 같은 보완조치가 마련된다면 종부세가 재산 과세의 성격을 갖는다고 해서 특별히 문제될 이유가 없다. 이 세상에 아무런 문제점도 없는 세금은 하나도 없다. 종부세가 갖는 문제점을 보완할 방법은 전혀 생각하지 않고 마치 천하의 몹쓸 세금인 양 떠들어대기만 하는 사람들이 많다. 이들의 이기적이고 무책임한 태도가 오늘의 사태를 빚은 중요한 원인 중 하나라고 생각한다.

누가 주택가격 폭등의 책임을 져야 하나?

이번의 주택가격 폭등을 위시한 주택정책 전반에 대해 가장 큰 책임을 져야 할 것은 물론 정부다. 사태의 발생을 미연에 방지하지 못했을 뿐 아니라, 초기단계에서 진화에 실패함으로써 극도의 혼란을 초래했기 때문이다. 정부는 일관된 방향으로 정책을 밀고 나가는 것이 아니라 우왕좌왕하는 모습을 보임으로써 오히려 주택시장을 더 큰 혼란에 빠뜨리기까지 했다.

그러나 이 모든 사태의 책임이 정부에만 있다고 자신 있게 몰아붙일 수 있을까? 우선 정부가 여러 가지 대책을 내놓았는데도 어느 것 하나도 제대로 효과를 내지 못한 이유가 어디에 있는지 생각해볼 필요가 있다. 정부를 비판하는 사람들이 말하듯 그 정책들이 하나같이 얼토당토않은 것들이라서 효과가 없었던 것은 아니었다. 그 정책들은 과거에도 여러 번 사용되었던 것들로, 특별히 적절치 못했다고 말할 만한 것은 아니다.

'백약이 무효'인 상태를 가져온 결정적인 원인은 정부, 그리고 정부가 추진하는 정책에 대한 신뢰의 결여에 있었다. 현 정부는 비단 주택정책뿐 아니라 모든 측면에서 국민의 신뢰를 받지 못하고 있다. 그렇기 때문에 어떤 정책을 내놓아도 냉소의 대상이 될 뿐 기대하는 효과는 내지 못하는 결과를 빚고 말았다. 이런 상황을 자초한 현 정부의 무능에 거의 전적인 책임이 있다고 해도 과언이 아니다.

그렇지만 정부에 대한 불신이 현 정부가 들어오면서 새로이 나타난 현상은 결코 아니다. 정부와 정책에 대한 불신은 지난 수십 년 동안 끊임없이 축적되어온 뿌리 깊은 병폐다. 정부가 바뀔 때는 물론, 똑같은 정부하에서도 그때그때의 편의에 따라 일관성 없는 정책으로 일관함으로써 불신의 싹을 키워와 오늘에 이르게 된 것이다. 정부와 정책에 대한 불신과 관련해 현 정부가 책임을 져야 할 부분이 크지만, 모든 책임을 현 정부에 뒤집어씌우는 것은 공평한 일이 아니다.

역설적으로 들릴지 모르지만, 정책에 대한 신뢰의 상실을 가져온 데는 현 정부의 무능을 가장 소리 높여 비판해온 집단에도 일단의 책임이 있다. 그렇지 않아도 신뢰를 받지 못하는 정부를 흔들어 정책의 신뢰성이 땅에 떨어지도록 만들었기 때문이다. 정부가 잘못하는 점이 많더라도, 추진하고 있는 모든 정책이 잘못된 것은 아니다. 그런데도 정부가 하는 일 모두를 도매금으로 싸잡아 매도한 나머지 거의 '식물 정부' 수준으로 몰아간 것도 사태를 이 지경으로 만든 하나의 원인이 되었다.

얼마 전 주택가격이 미친 듯한 폭등세를 보였을 때 이에 기름을 부은 것은 다름 아닌 야당과 보수 언론이었다. 자신들이 집권하면 종부세를 크게 완화해줄 듯한 제스처를 쓴 야당, 그리고 기회 있을 때마다 종부세의 흠을 잡아 정부가 오래 버티지 못할 것이라는 기대를 갖게 만든 보수 언론 역시 사태가 악화일로로 치닫게 만든 데 책임의 일단을 갖고 있다.

정권을 잡고 있는 사람은 마땅히 모든 일에 대한 전적인 책임을 져야 한다. 그렇다고 해서 정권을 잡고 있지 않은 사람이 아무 말, 아무 행동을 해도 좋은 것은 아니다. 자신의 언행이 사회에 어떤 영향을 미칠지에 대한 생각이 없는 무책임한 행동은 삼가야 한다. 최근의 주택 가격 폭등에 대해 자신은 아무 책임이 없는 양 시치미를 떼고 남의 허물만을 지적하는 사람이 많은데, 자신에게는 과연 아무 책임이 없는지 냉철하게 반성해볼 필요가 있다.

아직 끝나지 않았다

다행히 주택시장에 휘몰아치던 광풍이 일단 소강상태에 접어든 듯하다. 그러나 문제가 완전히 해결되어 안정기조로 바뀐 것은 아니기 때문에 아직 안심할 단계는 아니다. 주택시장에 내재해 있는 위험요인이 잠시 몸을 숨기고 있는 것일 뿐 언제든 다시 터져 나올 가능성이 크다. 주택에 대한 투기적 수요는 앞날에 대한 기대에 민감한 반응을 보이기 때문에 아주 작은 변화도 커다란 반향을 불러일으킬 수 있다.

지금 주택시장 앞에는 위험한 지뢰밭이 펼쳐져 있는 형국인데, 그중 하나만이라도 터지면 주택시장은 물론 우리 경제 전체가 엄청난 위기에 휩싸이게 될 것이다. 첫 번째로 지나게 될 위험지대는 종부세의 위헌 여부에 대한 헌법재판소의 심리 과정이다. 만의 하나 종부세가 위헌이라는 결정이 내려진다면, 그 순간 잠잠했던 투기의 불씨가 갑자기 되살아나 전국이 투기장으로 변해버릴 것이다.

두 번째 위험지대는 1년여 앞으로 다가온 대통령 선거와 이에 따른 정부 교체 과정이다. 지금 상황으로는 야당이 집권할 가능성이 매우 높은데, 누가 대통령이 되고 그가 종부세에 대해 어떤 태도를 취하든 주택시장에 일대 광풍이 몰아칠 것으로 예상할 수 있다. 이 시점에서 우리 경제가 절체절명의 위기를 맞을지도 모른다는 불안한 예감이 들기까지 한다.

현재 야당이 종부세에 대해 매우 애매한 태도를 취하고 있지만, 막상 집권에 성공하고 나면 종부세를 헌신짝처럼 내쳐버리기 힘들 것이다. 남이 하는 것을 비판하는 처지에 있을 때와 자신이 직접 일하는 처지에 있을 때 태도가 달라지는 것은 너무나 당연한 일이다. 지금은 표를 얻기 위해 종부세의 문제점을 들먹거릴지 모르지만, 자신이 모든 책임을 져야 할 입장이 되면 생각이 달라질 가능성이 크다.

어느 누가 대통령이 되든, 책임을 떠맡게 된 순간 종부세 이외에는 주택시장을 안정시킬 다른 대안이 없다는 것을 발견하리라고 믿는다. 지금은 시장기능에 내맡겨 주택시장의 문제를 풀어가자는 주장에 공감할지 모르지만, 시장기능만으로 단기간의 가격 등락을 막기는 역부족임을 바로 실감하게 될 것이다. 상식이 있는 사람이라면 종부세를 폐지해 주택 투자에서 나오는 수익률을 높일 때 어떤 일이 일어날지를 잘 알고도 남으리라고 생각한다.

그럼에도 불구하고 대통령이 된 다음 종부세 폐지 혹은 대폭 완화를 강행할 사람이 있을 수 있다. 그것은 지금까지 숨죽이고 판세를 지켜보던 사람들이 고대해오던 절호의 기회다. 그들은 환호작약하며 매물을 거두어들일 것이며, 서민들도 이때 집을 팔면 손해라는 생각에 매물을 거두어들일 것은 불을 보듯 뻔한 일이다. 그 뒤에 벌어질 일은 구태여 말할 필요조차 없다.

흥미로운 것은 종부세를 그대로 놓아두기로 결정한다 해도 위기가 닥쳐올 수 있다는 점이다. 우리 경제의 관점에서 보면 오히려 그 경우의 위기가 한층 더 심각한 것일 수도 있다. 종부세를 그대로 놓아두는 것이 확정적일 경우에는 주택시장 거품 붕괴로 인한 연쇄파동이 일어날 가능성이 크기 때문이다. 경우에 따라서는 우리 경제가 일본의 '잃어버린 10년'보다 훨씬 더 춥고 긴 겨울로 빠져들 가능성이 있다.

지금 우리 주택시장에 거품이 끼어 있는지의 여부는 정확하게 판단하기 어려운 문제다. 수요와 공급의 펀더멘탈(fundamentals)에 비추어 가격이 높은지의 여부로 판단해야 하는데, 주택시장의 경우에는 그 펀더멘탈의 성격을 명확하게 규명하기 힘들기 때문이다. 여느 상품과 달리, 주택의 경우에는 일시적으로 투기적 수요의 급격한 증가가 발생했는지의 여부를 판단하기 힘들다. 주택가격이 상식으로 이해하기 힘들 만큼 높은 수준으로 치솟았다 하더라도 투자 대상으로서의 주택이 계속 매력을 갖는 한 그 가격은 거품이 아닌 것이다.

나는 새로 들어선 정부가 종부세를 그대로 유지하기로 확정하는 순간 사람들이 거품의 존재를 뒤늦게 깨닫게 되리라고 예상한다. 지금의 종부세가 제대로 정착되면 주택은 더 이상 매력적인 투자 대상이 될 수 없다. 시가가 과세 표준에 고스란히 반영되고 최고 세율이 3%까지 오르는 상황에서 다주택 소유자가 계속 세금을 내며 주택을 껴안고 있기는 힘들 것이 분명하다. 그들이 더 이상 버티기 힘들다는 판단하에 매물을 쏟아내는 순간이 바로 거품 붕괴의 시발점이 될 것이다.

지금 내가 제시하는 시나리오에 따르면, 다음 선거에서 누가 이기고 그가 어떤 행동을 취하든 주택시장에 일대 위기가 닥쳐오게 된다. 지금의 단계에서 우리가 할 수 있는 것은 그때 일어날 충격이 가능하면 작아지도록 미리 손을 써두는 일밖에 없다. 그리고 그 충격을 작게 만들 수 있는 최선의 방법은 종부세와 관련한 불확실성을 제거함으로써 주택시장의 열기를 서서히 식혀가는 것이다. 종부세가 곧 폐지될 듯한 기대를 갖게 만들다가 갑자기 그 기대를 저버리는 것이 가장 위험한 길임을 인식해야 한다.

야당이 종부세에 대한 지금의 애매한 태도를 버리지 않으면 집권한 후에 그것이 화근으로 작용할 수 있다. 최악의 시나리오가 현실화된다면 우리 경제를 망친 주범으로 역사의 심판을 받게 될지도 모른다. 앞에서 말한 것처럼, 지금의 불안정한 상태가 지속되면 집권 후 종부세를 계속 유지한다고 해도 위기가 오고 폐지해도 위기가 올 것이다. 오직 유일한 위기 탈출의 길은 종부세에 대한 의문을 말끔히 씻어버림으로써 위험요인이 계속 축적되지 않도록 막는 것이라고 믿는다.

맺음말

나 역시 경제학의 훈련을 받은지라 시장기구에 대한 기본적인 믿음 그 자체는 갖고 있다. 그러나 모두가 잘 알고 있듯, 시장기구가 어느 때, 어느 곳에서나 이상적으로 작동하는 것은 아니다. 우리나라 주택시장이 갖는 특성을 제대로 이해한다면 모든 것을 시장기구에 내맡기고 정부는 손을 떼야 한다는 말을 감히 하지 못할 것이라고 믿는다. 미안한 말이지만 시장기구에 대한 나의 믿음에는 한계가 있으며, 특히 주택시장의 경우에는 더욱 그렇다.

그렇다고 해서 이런저런 규제로 주택시장을 꽁꽁 옭아매라고 주장하는 것은 아니다. 사실 그동안 정부가 주택가격을 안정시킨다는 명분으로 도입한 수많은 규제들 중에는 전혀 필요 없는 것들이 많았다. 그런 불필요한 규제의 남발이 오히려 정책의 효과를 떨어뜨린 원인이 되었다. 내가 강조하고자 하는 것은 주택시장에 관한 한 정부의 개입에 어느 정도 불가피한 측면이 있다는 사실이다.

내가 주택 문제의 해결을 위해 제시하고 있는 해법은 매우 단순하다. 무엇보다 우선 정부가 일관성 있는 정책을 추진하는 모습을 보임으로써 국민의 신뢰를 회복하는 것이 가장 시급한 과제다. 이 전제조건이 충족되지 못한다면 정부가 어느 정책을 채택한들 '백약이 무효'인 상황을 빚을 것이 뻔하다. 주택가격을 안정시킨답시고 온갖 규제를 동원하는 것은 문제를 더욱 심각한 양상으로 치닫게 만들 뿐이다.

다음으로 중요한 과제는 종부세가 가진 문제점들을 보완해 하루 빨리 그 기초를 튼튼하게 만드는 일이다. 종부세가 납세 능력을 결여한 사람에게 부과되는 '세금폭탄'이란 이미지를 씻어낼 수 있는 적절한 보완조치의 마련이 시급한 과제다. 투자 목적으로 주택을 여러 채 보유하고 있는 사람이 당연히 내야 할 세금으로 그 성격을 정착시켜야 대중의 광범한 지지를 얻을 수 있을 뿐 아니라 투기적 수요를 억제하는 효과도 제대로 나오게 된다. 그동안 종부세 제도가 제대로 정착되지 못한 데는 정부의 과욕도 한몫을 한 바 있다.

그 과욕의 좋은 예가 종부세의 과세 범위를 9억 원 이상의 주택에서 6억 원 이상의 주택으로 확대한 것이다. 이와 같은 과욕은 스스로 서민층이라고 생각하는 사람의 반발을 초래해 제도의 정착을 더욱 어렵게 만들었다. 주택을 여러 채 보유하고 있는 사람에게 무거운 세금 부담을 지게 만드는 것만으로도 종부세의 효과는 충분히 거둔 셈이라는 실용적인 태도가 필요하다.

종부세 제도의 정착과 더불어 그동안 주택시장을 옭아매왔던 불필요한 규제들을 대폭 정리하는 일에 착수해야 한다. 설사 그와 같은 규제가 단기적으로 어떤 효과를 낼 수 있을지 몰라도 장기적으로는 시장 기능을 한층 더 약화시킴으로써 문제 해결을 더욱 늦추는 결과를 가져올 수 있기 때문이다. 정부의 개입에 불가피한 측면이 있지만, 결국 문제를 근본적으로 해결할 수 있는 능력을 가진 것은 시장기구밖에 없다.

따지고 보면 종부세에 주택시장 안정의 주역을 맡기는 것은 매우 시장친화적인 정책이다. 기본적으로 주택 투자로부터 나오는 수익률을 줄임으로써 투기적 수요를 억제하려는 가격 중심적인 접근방식이기 때문이다. 경제전문가를 자처하는 사람들조차 이 점에 대한 이해가 부족한 현실은 개탄스럽기 짝이 없다. 이 점을 제대로 이해하는 사람이라면 종부세에 대해 그렇게 많은 비난을 쏟아 부을 수 없다고 생각한다.

어떤 사람은 내가 종부세에 턱없이 많은 기대를 걸고 있는 것은 아니냐고 지적할지 모른다. 나는 절대로 그렇지 않다고 확신한다. 만약 지금 계획된 그대로 종부세가 부과되기만 한다면 주택시장 안정에 확실한 효과가 날 것이라고 자신 있게 예측할 수 있다. 나의 학문적 명예를 걸고 어느 누구와도 자신 있게 내기를 할 용의가 있다.

장기적으로 주택공급량을 늘려나가는 정책도 착실하게 추진되어야 한다는 데 대해 한 점의 이의도 없다. 그러나 문제의 해결을 위해서는 장·단기 요법을 적절하게 혼합해서 적용해야 한다. 이 점에 대한 무지 때문에 공급의 확대만이 유일한 해결책임을 부르짖는 어리석은 짓들을 하고 있다. 언젠가는 안정되겠지 하는 기대 하나만으로 당장 눈앞에서 벌어지는 극도의 혼란을 못 본 체하는 것은 결코 현명한 태도가 아니다. 선입견에서 벗어나 주택시장의 현실을 있는 그대로 받아들이는 열린 마음을 가진 사람만이 이 혼란을 수습할 해결책을 찾을 수 있다.

(2007.1.2)

위기는 곧 기회다

미친 듯이 요동치던 주택시장이 얼어붙은 듯 조용하기만 하다. 격동의 중심지였던 서울 강남에서 급매물이 속출하는가 하면, 지방에서는 미분양 아파트 때문에 건설사의 줄부도가 우려되는 상황에까지 이르렀다. 언론은 무슨 이변이라도 일어난 듯 호들갑을 떨고 있지만, 이런 상황은 이미 명백하게 예견할 수 있었다. 경제학의 초보적인 상식만으로도 충분히 예측 가능한 일이 당연하게 일어났을 뿐이다.

주택시장이 갑자기 얼어붙은 이유는 단순하다. 수요가 급격하게 줄었기 때문인데, 그 배경에 정부(*이 글에서의 정부는 '참여정부'를 뜻함)가 둔 몇 가지 강수가 있음은 두말할 나위도 없다. 주택시장의 상황에 결정적인 영향을 주는 것은 투기적 수요의 동향이다. 주택 투자에서 쉽게 이득을 얻을 수 없는 구도를 만들면 투기적 수요는 바로 수그러들게 마련이다.

설득력을 잃어버린 주택공급 확대론

주택시장이 문제될 때마다 보수 언론과 일부 지식인들이 앵무새처럼 되뇌는 하나의 처방이 있다. 그것은 바로 주택의 공급 확대다. 주택공급을 획기적으로 늘리지 않는 한 이 땅의 주택문제는 영원히 해결되지 못할 듯 떠들어대던 그들이었다. 그들은 수요와 공급의 상호작용에 의해 가격이 결정된다는 상식을 무시하고 공급만이 문제의 근원이라고 외쳐댔다. 신문마다 그런 주장으로 도배되다 보니 하나의 진리처럼 되어버리고 말았다.

나는 지금의 이 상황에 대해 그 '주택공급 확대론자'들이 무슨 얘기를 하는지 듣고 싶다. 아직도 주택공급의 획기적 확대만이 문제의 유일한 해법이라는 신념을 버리지 않고 있을까? 수요 억제 정책만으로는 주택가격 폭등을 결코 막을 수 없다는 말을 지금도 자신 있게 할 수 있을까? 어지간한 배짱이 없는 사람이라면 최근의 상황을 보고서도 그런 말을 감히 하지 못하리라고 생각한다.

주택공급 확대론자들은 정부의 과도한 규제에 손가락질을 하고 있을 것이다. 정부가 도입한 일련의 규제들이 주택시장을 꽁꽁 얼어붙게 만든 주요 원인이라는 주장에는 일리가 있다. 또한 그 규제들 중에는 바람직하지 못한 것들이 포함되어 있다는 지적도 새겨들을 만하다. 그러나 수요 억제 정책만으로 주택가격 폭등을 막을 수 없다는 주장은 명백하게 틀린 것으로 드러났다. 이처럼 자명한 증거 앞에서는 그 어떤 변명도 통할 수 없다.

그동안 나는 투기적 수요의 급증을 주택가격 급등의 주범으로 꼽는 태도를 견지해오고 있었다. 최근의 주택시장 동향은 내 진단이 옳았음을 명백하게 입증해주고 있다. 한창 달아오르던 주택시장이 그렇게 짧은 기간 안에 급속히 차가와진 것을 공급이나 주택에 대한 실수요의 변화로 설명하려 드는 것은 무모한 일이다. 불과 1년도 안 되는 짧은 기간 안에 공급이나 실수요가 변화한다면 과연 얼마나 변화할 수 있을까? 이와 같은 주택시장 상황의 급변을 설명할 수 있는 유일한 방법은 투기적 수요에 생긴 변화뿐이다. 주택공급이 갑자기 늘어났을 리도 없고 실수요가 갑자기 줄어들었을 리도 없다. 거듭 강조하지만 단기적인 주택가격 등락의 진원지는 투기적 수요이며, 따라서 투기적 수요의 적절한 통제가 가격 안정의 지름길이다.

주택공급 확대론의 허구성은 이미 더할 나위 없이 분명하게 드러났다고 본다. 그런데 문제는 지금 이 시점에서 얼어붙은 주택시장을 어떻게 할 것인지에 있다. 그대로 놓아둔다면 건설업자들의 줄부도 사태, 그리고 이에 이은 경제 전반의 위기가 초래될지도 모른다. 그렇다고 해서 각종 규제를 한꺼번에 풀어버리면 주택시장이 또다시 큰 혼란에 빠질 수 있다. 지금 우리는 주택시장, 나아가 경제 전체의 앞날을 좌우하게 될 중대한 갈림길에 서 있는 셈이다.

열탕요법은 안 돼

주택시장이 전반적으로 침체되어 있는 것 그 자체는 그리 큰 문제가 아니다. 그동안 너무나 과열된 상태로 있었기 때문에 오히려 그런 휴식기가 필요할 수 있다. 그러나 지방 신축아파트의 미분양 사태는 자칫하면 폭탄의 뇌관으로 작용할 수 있기 때문에 문제가 조금 다르다. 사태 발생의 근본적 책임이 마구잡이식 건축에 나선 건설업자에 있기는 하지만, 손을 놓고 보기만 하기에는 어딘가 위태로운 느낌이다.

그동안 여러 가지 강력한 규제가 한꺼번에 도입되어 충격이 컸다는 지적에 어느 정도 일리가 있다. 과감한 조처가 필요한 상황이기는 했지만, 결과적으로 규제의 강도가 너무 셌을 가능성이 있기 때문이다. 따라서 문제의 본질을 해치지 않는 범위 안에서 규제를 부분적으로 완화하는 방침을 고려해볼 필요는 있다. 그러나 규제 완화를 성급하게 추진해서는 안 되며, 파급효과를 고려해 신중한 결정을 내려야 한다.

내가 지금 우려하고 있는 것은 여러 가지 규제를 한꺼번에 풀려드는 성급한 태도다. 우리 정부의 과거 행태를 보면, 그와 같은 염려가 한낱 기우에 지나지 않는다고 말하기 힘들다. 주택시장에도 나름대로 경기의 흐름이 있을 수밖에 없는데도, 정부가 느긋하게 이를 바라보고만 있을 때는 한 번도 없었다. 주택경기가 조금이라도 침체되는 기색이 보이면 지체 없이 갖가지 부양책을 동원해 경기 띄우기에 안간힘을 썼다.

이와 같은 정부의 열탕-냉탕식 개입은 주택시장의 체질을 극도로 왜곡, 약화시키는 결과를 가져왔다. 시장근본주의자들은 주택문제도 시장의 자율에 내맡겨야 한다고 주장하지만, 시장의 조정능력이 미약한 상황에서 자율에 내맡긴다는 것은 매우 위험한 일이다. 지금 문제가 되고 있는 지방 아파트의 미분양 사태를 초래한 주 원인도 건설회사들의 안이한 판단에 있다. 늘 정부가 나서서 문제를 해결해주었기 때문에 스스로 판단할 능력을 상실한 탓에 무조건 짓고 보자는 태도가 나온 것이다.

이번에도 건설회사들을 구제해야 한다는 압력에 밀려 또 한 번의 열탕요법을 쓴다면 문제의 근본적 해결은 한층 더 요원해진다. 건설업계가 모두 얼어 죽게 내버려둘 수 없지만, 열탕에 담가 단번에 열을 보충할 수 있게 만들어도 안 된다. 이런 열탕요법에 맛을 들이면 스스로 몸을 덥히는 일을 게을리 하게 마련이다. 아무리 급한 상황이라도 주택시장의 체질을 강화하는 것이 선결과제라는 사실을 잊어서는 안 된다.

더욱 우려가 되는 것은 연말에 있을 대통령 선거를 계기로 해서 초고온 사우나요법이 등장할지도 모른다는 사실이다. 누가 정권을 잡든 주택경기를 부양해 경제 전반의 활기를 높이려는 강한 유혹을 느낄 것이다. 정권을 잡은 사람 입장에서 보면 침체된 주택경기가 눈엣가시처럼 부담스럽게 느껴질 것이기 때문이다. 더군다나 모든 일을 시장의 자율에 맡기는 것이 바람직하다는 신념까지 가세하게 되면 투기적 수요를 억제하는 장치들까지 거침없이 제거해나갈 것으로 예상할 수 있다.

긴 안목에서 보아야

비전을 가진 지도자라면 성급하게 주택경기를 회복시키려는 유혹을 단호하게 뿌리쳐야 한다. 장기적으로는 주택관련 규제들을 점진적으로 철폐해나가야 마땅한 일이다. 그러나 주택에 대한 투기적 수요를 억제하는 장치의 기본 골격에는 손을 대지 말아야 한다. 단기적 경기 부양에 마음이 팔려 그 기본 골격을 엉망으로 만들어놓으면 나중에 크게 후회할 날이 오게 된다. 긴 안목에서 상황을 판단하는 경륜이 그 어느 때보다 절실하게 요구되는 것이 바로 지금이다.

투기적 수요가 지금은 납죽 엎드려 있지만, 그렇다고 해서 재도약의 꿈까지 버린 것은 아니다. 이때다 싶으면 어느 때든 또 다시 힘차게 뛰쳐나올 준비가 되어 있는 상태다. 용수철을 누르는 힘이 강하면 더 크게 튕겨 오르듯, 지금까지 숨죽이고 있던 투기적 수요는 걸림돌이 제거되자마자 엄청나게 큰 힘으로 뛰쳐나오게 될 것이다. 그렇게 되면 모처럼 맞은 주택시장의 안정은 산산이 깨져버리고 또다시 악순환의 수렁으로 곤두박질칠 수밖에 없다.

주택정책은 국민 모두에게 편안한 주거 공간을 제공한다는 데 최우선 순위를 두고 수행되어야 한다. 주택도 자산인 이상 투자의 대상이 될 수밖에 없지만, 너도나도 주택을 투자 수단으로 삼게 내버려두어서는 안 된다. 투기적 수요의 창궐로 인한 주택가격 폭등은 서민들의 내 집 마련 꿈에 찬물을 끼얹는 결과를 가져오기 때문이다. 따라서 투자 대상으로서 주택이 갖는 매력을 가능한 한 줄일 필요가 있다. 이런 정책까지 시장에 대한 부당한 간섭으로 모는 사람은 건전한 상식의 소유자라고 볼 수 없다.

이 점에서 볼 때 종부세는 절대로 양보해서는 안 되는 마지노선이다. 이 마지노선이 무너질 때 주택시장 안정의 보루는 여지없이 유린되고 말 것이다. 규제는 어차피 한시적인 성격을 갖고 있기 때문에 그것에서 어떤 지속적 효과를 기대하기 힘들다. 따라서 장기적으로는 모든 규제를 점진적으로 철폐하고 종부세 하나만으로 주택에 대한 투기적 수요를 관리하는 체제로 바꿔나가야 한다. 현행의 종부세가 갖는 문제점을 적절하게 보완한다면 그런 막중한 역할을 훌륭하게 수행할 수 있으리라고 믿는다.

위기는 곧 기회라는 말이 있다. 주택경기가 가라앉아 자칫하면 위기를 불러올 수 있는 상황이지만, 이 고비를 슬기롭게 넘기면 주택시장의 지속적 안정이라는 뜻밖의 수확을 얻을 수 있다. 최근의 경험이 갖는 중요한 의미는 주택에 대한 투기적 수요를 확실하게 꺾을 수 있는 방법이 있다는 사실을 인식한 데 있다. 투기 억제책에 부분적으로 너무 과격한 부분도 없지 않지만 그것은 점차적으로 보완해가면 된다. 보완할 수 있는 문제점인데도 그것을 트집 잡아 주택시장 안정을 위한 장치의 해체를 주장하는 것은 결코 바람직한 일이 아니다.

(2007.9.19)

불씨 살린다고 휘발유 퍼붓나?

정부(* 이 글에서의 정부는 '이명박 정부'를 뜻함)가 눈치 보기를 접고 급기야 본격적인 주택경기 부양에 나설 모양이다. 이미 예견된 일이라 새삼스러울 것은 없지만, 막상 팔을 걷어붙이고 나서는 모습을 보니 걱정이 앞선다. 간신히 잠든 투기 열풍이 또다시 거세게 휘몰아치지나 않을까 염려스럽기 때문이다. 불씨를 살린답시고 휘발유를 퍼붓는 어리석은 짓을 하려들 것 같은 불길한 느낌이다.

주택경기 침체가 더욱 심각한 국면으로 치닫지 않도록 신경을 쓸 필요는 있다. 또한 현행 주택관련 세제나 규제에 손보아야 할 부분이 있다는 사실도 부정하지 않는다. 그러나 단김에 쇠뿔을 뽑으려는 듯 모든 것을 한꺼번에 손대려고 서두는 모습은 불안스럽기 짝이 없다. 그렇게 해서 어떤 부작용들이 생길지에 대해서는 전혀 생각해보지도 않는 눈치다.

잠시 주춤하고 있지만 주택시장은 언제라도 다시 폭발할 수 있는 잠재적 위험 요인들을 안고 있다. 경기가 침체되어 있다고 하나, 아직도 잘나가는 사람들은 엄청난 돈을 벌고 있다. 이 돈이 결국 어디로 흘러들어갈 것인지는 구태여 말할 필요조차 없다. 기회를 엿보며 대기하고 있는 대규모 자금은 주택시장으로 물꼬가 트이기만을 고대하고 있다.

정부의 발 빠른 개입은 '부동산 불패 신화'를 움직일 수 없는 현실로 만들어버린다. 지난 10년 동안 전국의 주택가격은 두 배 이상의 수준으로 뛰어올랐다. 최근 들어 3~4% 정도 내렸을 뿐인데 큰일 난 듯 대규모 개입을 서두르고 있다. 이런 든든한 후원이 있기에 부동산을 사잰 사람은 늘 발 뻗고 잘 수 있다. 바로 여기에 부동산 투자의 매력이 있는 것이다.

주택경기를 정확하게 바람직한 수준으로 띄운다는 것은 말처럼 쉬운 일이 아니다. 스마트폭탄처럼 정교한 정책 수단을 동원한다 하더라도 이루기 힘든 목표다. 투기심리를 잘못 건드리면 걷잡을 수 없는 수준으로 과열될 가능성이 크기 때문이다. 더군다나 종부세, 양도세 등의 각종 규제를 한꺼번에 건드리는 융단폭격 방식은 큰 화를 부르기 십상이다.

또 한 번의 주택가격 폭등이 일어난다면 그렇지 않아도 어려운 서민들의 삶은 한층 더 팍팍해질 것이다. 내 집 마련의 꿈이 더욱 멀어질 뿐 아니라, 수많은 세입자들이 거리로 내몰리게 될지도 모른다. 이런 와중에 쾌재를 부르게 될 유일한 계층은 집 부자들이다. 게다가 종부세와 양도세까지 크게 깎아준다고 하니 그들로서는 더 좋은 일이 없다.

어찌 보면 최근의 상황은 주택경기 과열이 간신히 진정된 국면일 수 있다. 참여정부가 취한 일련의 정책이 시차를 두고 지금 효과를 발휘하는 것으로 보인다. 어렵사리 진정된 주택시장을 쓸모없이 뒤흔드는 것은 매우 위험한 도박이다. 주택시장 버블이 한국호의 침몰을 가져오는 어뢰가 될 수 있다는 것을 모르기라도 한단 말인가?

현행 주택관련 세제나 규제를 개선하자고 하는 데 반대할 사람은 아무도 없다. 문제는 거기에 그치지 않고 노골적으로 집 부자에게 유리한 구도를 만들려고 하는 데 있다. 그 과정에서 주택시장의 안정을 위한 최소한의 장치까지 뿌리째 뽑아내려 하고 있다. 거침없는 정부의 행보를 자못 불안한 마음으로 지켜볼 수밖에 없는 이유가 바로 여기에 있다.

그동안 우리 정부는 주택시장에 문제가 생길 때마다 근시안적인 개입으로 발등의 불을 끄는 데 주력해왔다. 이런 근시안적인 정책운영이 우리 주택시장의 체질을 약할 대로 약하게 만들었다. 지금 정부는 그런 어리석은 대응을 또 한 번 반복하려 하고 있다. 바로 얼마 후의 일도 내다보지 못하고 눈앞의 일에만 집착하기 때문에 불씨 살린다고 휘발유를 들이붓는 어처구니없는 일을 서슴지 않는 것이다.

(〈한겨레〉, 2008.8.20)

종부세, 그 경제학적 진실

3

Quo
Vadis

독자에게
드리는 글

이명박 정부의 출범 1년을 맞아 실시한 여론조사 결과를 보면, 재미있는 현상이 눈에 띕니다. 저소득 계층에서 정부 지지도가 높은 반면, 고소득 계층에서는 지지도가 낮게 나옵니다. 이 정부가 가진 사람의 이익을 충실하게 대변하고 있다는 것은 모두가 잘 알고 있는 사실 아닙니까? 그런데도 저소득 계층의 지지도가 상대적으로 더 높게 나오니 흥미로울 수밖에요.

그런데 우리 사회에서 이처럼 뜻밖의 여론조사 결과를 보게 되는 경우가 이것 하나만이 아닙니다. 상속·증여세 폐지가 바람직한지 물어보면 소득이 낮은 계층일수록 "그렇다"고 대답한 사람의 비율이 높은 것으로 나타납니다. 그 세금과 아무 상관 없는 사람들이 오히려 더 적극적으로 폐지에 찬성하는 믿지 못할 일이 벌어지는 겁니다. 주로 부유층에 혜택이 돌아가는 감세정책에 대해 물어봐도 이와 비슷한 양상이 나타납니다.

무언가 이상하다는 생각이 들지 않습니까? 어떻게 보면 자신의 계층적 이해관계에 연연하지 않는 모습이 아주 멋지게 보일 수도 있습니다. 어떤 선진 사회에서도 찾아보기 힘든 성숙한 시민의식의 발로

처럼 보이니까요. 그러나 진실은 그게 아니라고 생각합니다. 미안한 말이지만, 상황에 대한 잘못된 인식 때문에 그런 이상한 일이 벌어지는 것입니다. 여론 조작의 홍수 속에서 현실을 정확하게 인식하는 것은 무척 어려운 일입니다.

한동안 우리 사회를 들끓게 했던 종부세 문제도 오도된 여론 때문에 아주 잘못된 방향으로 가고 말았습니다. 많은 사람들이 종부세는 태어나지 말았어야 할 세금이라는 말을 서슴없이 합니다. 종부세가 이런저런 문제점을 숱하게 많이 갖고 있다는 선입견을 갖고 있습니다. 부자들을 때려잡고 서민들까지 괴롭히는 불공평한 세금이라고 비난을 퍼붓습니다. 보수 언론이 여론을 이런 방향으로 이끌었다는 것은 의심의 여지가 없는 사실입니다.

제가 전공하는 재정학은 세금 문제를 가장 중요한 연구 대상으로 삼고 있습니다. 그렇기 때문에 한 사람의 시민으로서뿐 아니라 전문가로서도 종부세에 많은 관심을 갖고 있습니다. 전문가로서 제가 보는 종부세의 진정한 모습은 보수 언론이 그리고 있는 것과 크게 차이가 납니다. 그 정확한 진실을 일반 국민에게 알려야 한다는 사명감에서 〈슬픈 종부세〉를 쓰게 되었습니다.

종부세가 마치 뿔이 난 괴물이라도 되는 양 생각하는 사람이 많습니다. 이 글을 통해 그런 오해가 말끔히 씻길 수 있기를 희망합니다. 어떤 세금이든 나름대로 문제점을 갖고 있습니다. 종부세에 몇 가지 문제점이 있지만, 그렇다고 해서 특별히 나쁜 세금은 아닙니다. 그리고 문제점이 있으면 차츰 고쳐나가면 됩니다. 그런데도 종부세를 당장 죽이지 못해 안달하는 보수진영과 정부를 보면 잘못된 믿음이 얼마나 위험스러운 것인지를 새삼 깨닫게 됩니다.

종부세에서 정말로 문제가 되는 것은 집 한 채만 갖고 있을 뿐 별 소득이 없는 사람도 부담을 지게 된다는 점입니다. 비싼 집 한 채를 갖고 있는 가난한 은퇴자의 문제는 언론의 단골메뉴처럼 되어버렸습니다. 그런데 이 문제점을 시정하는 것은 그리 어렵지 않습니다. 과세대상 기준을 상향조정하고, 고령자와 장기보유자에 대해 감면조처를 취하면 소득 없는 은퇴자의 문제는 거의 완벽하게 해결할 수 있습니다.

종부세의 실질적 무력화를 바라던 세력은 헌재의 종부세 부분위헌 결정 소식을 듣고 환호작약했습니다. 그들로서는 세대별 합산과세가 위헌이라는 결정이 그렇게 고마울 수 없었습니다. 종부세의 실질적 무력화를 가져오는 데 과세 방식의 변경처럼 효과적인 수단이 없기 때문입니다. 대부분의 집 부자들이 부부 명의로 분산 등기해놓은 현실에서 이 조치 하나만으로 세금 부담을 절반 이하로 줄이는 효과를 낼 수 있습니다.

그러나 세대별 합산과세가 위헌이라는 헌재의 결정은 심각한 문제를 안고 있습니다. 결혼중립성이라는 원칙을 지키기 위해 수평적 공평성이라는 훨씬 더 중요한 원칙을 버렸기 때문입니다. 공평한 과세라는 관점에서 보면 수평적 공평성의 원칙은 거의 헌법과도 같은 중요성을 갖고 있습니다. 헌재는 이런 중요한 원칙을 헌신짝처럼 내던져버리고 말았던 것입니다.

저는 미국에 머물고 있을 때 헌재의 부분위헌 결정에 관한 기사를 읽었습니다. 그 기사를 읽고 어찌나 화가 나던지 하던 일을 때려치우고 그 결정의 부당함을 밝히는 글을 써 홈페이지에 올렸습니다. 헌재의 결정이 경제학의 기본 이론에 어긋난다는 뜻에서 제목을 〈교과서를 바꿔 쓰라는 말인가?〉로 붙였습니다. 수평적 공평성의 포기가 얼마나 엄청난 후퇴를 의미하는지 알기나 하고 그 결정을 내렸느냐는 강력한 항의의 메시지도 담겨 있었습니다.

그 글을 쓰고 나서도 마음의 평정을 찾지 못해 다시 〈501호 김씨 가족의 분노〉를 쓰기 시작했습니다. 수평적 공평성의 포기가 가져올 귀결을 좀 더 생생한 예를 통해 보여주고 싶었기 때문입니다. 이 예를 보고서도 헌재의 결정에 아무 문제도 없다고 강변할 수 있겠느냐는 도전이었습니다. 저는 이 점에 관해 어느 누구와도 맞서 싸울 자신이 있었습니다. 그러나 도전해온 사람은 아직까지 한 명도 없었습니다.

이 세상에 세금 내기 좋아하는 사람은 아무도 없습니다. 그러나 누구인가는 세금을 내야 하고, 경제적 능력이 큰 사람일수록 더 많은 세금을 내는 것은 당연한 이치입니다. 부유한 사람들이 더 많은 세금을 내는 것을 일종의 명예로 생각한다면 종부세가 그렇게 많은 시비의 대상이 되지 않았을 것이라고 생각합니다. 〈무지의 장막〉에는 우리 사회에 이런 건전한 분위기가 조성되어 있지 못한 안타까움이 표현되어 있습니다.

그나저나 이제 종부세는 거의 무력화된 것이나 다름없습니다. 집 부자들이 종부세 부담이 무서워 집을 더 늘리지 못하는 일은 없어졌습니다. 또한 똑같은 경제적 능력의 소유자가 서로 다른 세금을 내야 하는 불공평한 일이 벌어지고 있습니다. 다시 세대별 합산과세로 돌아가지 않는 한 수평적 공평성의 회복은 영원히 불가능한 일입니다. 게다가 재산세로 통합하겠다느니, 아예 없애버리겠다느니 별의별 말들이 다 나오고 있습니다.

솔직히 말씀드리자면, 이제는 저도 종부세에 대한 미련이 없습니다. 이런 누더기 꼴로 남아 있느니 차라리 없어져버리는 게 더 낫다는 생각까지 듭니다. 그러나 종부세가 제대로 시험되어보지도 못한 상태에서 퇴장의 운명을 맞게 된 데 대한 안타까움은 짙게 남아 있습니다. 〈종부세여, 안녕〉은 때 이른 죽음을 맞은 종부세에게 제 안타까움을 실어 보내는 조사(弔辭)입니다. 언젠가는 종부세의 진가를 사후적으로나마 인정하는 날이 반드시 오리라고 믿습니다.

슬픈 종부세

머리말

2007년도 우리나라 조세수입이 205조 원이었고, 그중 종합부동산세(이하 종부세) 수입은 2조 4천억 원이었다. 그 비중이 총 조세수입의 1% 남짓밖에 안 되는 이 세금이 지금 우리 사회를 온통 들끓게 만들고 있다. 정부(* 이 글에서의 정부는 '이명박 정부'를 뜻함)는 이 세금을 내는 2%의 납세자가 마치 좌파정책의 순교자라도 되는 양 사회정의가 온통 무너져 내린 것처럼 야단을 쳐대고 있다. 이보다 몇 배나 더 되는 사람들이 그날그날의 끼니를 걱정해야 하는 현실이 이들에게는 전혀 보이지 않나 보다. 과연 누구를 위한 정부인지를 새삼 묻지 않을 수 없다.

나는 그동안 '강부자 정부'라는 말만은 가급적 쓰지 않으려고 노력해왔다. 이 정부가 하는 일을 보면 그런 말을 들어 싸다고 생각하지만, 그래도 전 국민의 압도적 지지를 받아 출범한 정부라는 점만은 인정해 줄 수밖에 없었기 때문이다. 그러나 최근의 포괄적인 감세조치, 그리고 종부세 무력화 시도를 보면서 '부자들의, 부자들을 위한 정부'임이 명백하게 드러났으니 이제는 이 말을 마음대로 써도 좋겠다는 생각을 하게 된다.

임기 내에 종부세를 완전히 폐지하겠다는 말까지 서슴지 않는 모습을 보면 불안감이 엄습해오는 것을 느낀다. 앞으로 4년 반 동안 우리 사회, 경제가 얼마나 크게 뒷걸음질 치게 될지 염려스럽기 때문이다. 선거에 이겼다고 모든 것을 자기 마음대로 할 수 있는 것으로 착각하는 오만한 태도가 또 어떤 어처구니없는 일을 하게 만들지 모른다. 이 정부가 지금과 같은 태도를 근본적으로 수정하지 않는 한, 그들의 임기가 끝나는 날 우리는 역사의 시계가 최소한 20년 이상 뒤로 돌려졌다는 사실을 실감하게 될 것이다.

많은 우여곡절이 있었지만, 큰 흐름에서 볼 때 우리 현대사는 끊임없는 발전과 진보의 역사였다. 사람 목숨이 파리만도 못한 시절도 있었지만, 지금은 선진국 못지않게 인권이 보장된 사회로 바뀌었다. 혹독한 독재정치에 시달리기도 했지만, 이제는 남부끄럽지 않은 민주국가로 탈바꿈했다. 돈과 권력을 가진 사람이 안하무인격으로 설쳐댈 수 있던 시절도 모두 지나갔다. 바로 이런 발전이 있었기에 우리 국민은 어려움 속에서도 희망을 갖고 살 수 있었던 것이다.

지난 10년을 제외하고는 줄곧 보수적 정부가 집권해왔지만, 진보의 도도한 흐름은 끊임없이 계속되어 왔다. 흥미로운 점은 주요한 진보적 개혁이 거의 모두 보수적 정부하에서 이루어졌다는 사실이다. 국민연금제도 등의 사회복지제도가 본격적으로 도입된 것이 전두환 정부 때였으며, 토지공개념이라는 급진적 성격의 개혁안이 나온 것은 노태우 정부 때였다. 또한 김영삼 정부 때는 금융실명제와 공직자 재산등록이라는 굵직한 개혁이 이루어진 바 있다. 지금 이런 개혁안이 나왔다면 보수진영은 좌파의 책동을 막아야 한다고 난리를 쳐댔을 것임에 틀림없다.

가장 역설적인 것은 좌파정책의 표상처럼 되어 있는 평준화교육을 도입한 사람이 바로 보수진영의 영웅 박정희 대통령이었다는 사실이다. 이 평준화의 틀은 그 뒤를 이은 보수적 정부하에서도 아무런 변화 없이 그대로 이어져왔다. 뿐만 아니라 참여정부의 대표적 실정(失政) 중 하나로 들먹여지는 대학입시 '3불정책'의 기본 골격도 실제로는 보수적 정부하에서 만들어진 것이다. 진보적 정부가 평준화로 우리 교육을 망쳐놓았다고 성토하는 것은 보수진영 스스로의 얼굴에 침을 뱉는 일이다. 중요한 점은 진보적 개혁이 우리 현대사의 대세였으며, 보수적 정부들도 이와 같은 대세를 거스르지 않았다는 사실이다.

이 정부는 출범 직후부터 이와 같은 진보적 개혁의 도도한 흐름을 거꾸로 돌려놓는 데 열중하고 있다. 지난 몇 년 동안에 일어난 민심의 일시적 보수화를 등에 업고 마치 역사의 시계를 거꾸로 돌려놓는 것이 자신의 사명인 양 밀어붙이고 있다. 그동안 어떤 정부도 지금처럼 대놓고 힘 있고 부유한 사람들만을 위한 정책을 추진한 적이 없다. 정부는 보수진영의 염원을 실천에 옮기려 한다고 말하겠지만, 힘 있고 부유한 사람만을 위한 정책이 진정한 보수는 아닐 터이다. 만약 이것이 진정한 보수라고 강변한다면 국민의 지지는 한순간에 물거품처럼 사라지고 말 것이다.

종부세 폐지 시도는 이 정부가 시도하고 있는 '역사 거꾸로 돌리기'의 한 단면에 불과하다. 그런데도 내가 이 문제에 특별한 관심을 갖고 있는 것은 종부세 폐지의 부정적 효과가 엄청나게 클 것으로 예상하기 때문이다. 이 점에서 본다면 현재 정부가 시도하고 있는 역사 거꾸로 돌리기 프로그램의 그 어느 것보다 심각한 우려의 대상이 되지 않을 수 없다. 이 글을 통해 종부세는 폐지되어야 마땅하다고 주장하는 논리가 얼마나 잘못된 것인지 밝혀보려고 한다. 이와 더불어 조세, 그리고 그 부담의 공평한 분배에 대한 일반 사람들의 오해도 바로 잡을 수 있기를 기대해본다.

세금 그리고 종부세에 대한 오해와 진실

"조세징수의 기술은 가장 적은 비명을 지르게 만들면서 가능한 한 많은 깃털을 얻는 방식으로 거위의 깃털을 뜯어내는 것과 같다." 프랑스 루이 14세 시절의 재상 콜베르(J-B. Colbert)는 세금에 관해 이런 유명한 말을 남겼다. 정부가 세금을 걷는 행위를 멀쩡한 거위에서 깃털 뽑는 데 비유한 것은 일반 사람들의 세금에 대한 나쁜 인식을 반영하고 있다. 사실 이 세상에 세금 내기를 즐겨하는 사람은 아무도 없다. 외적의 침입에 의병으로 맞서 싸울 용의가 있는 사람조차 평시에 세금을 내라 하면 그리 기쁜 마음이 되지 못할 것이다.

그러나 좋든 싫든 민주국가의 국민이면 누구나 납세의 의무를 기꺼이 져야 마땅하다. 세금을 걷는 정부가 부당하게 국민의 재산을 강탈해가는 것으로 인식해서는 안 된다. 이와 같은 잘못된 인식에서 세금과 관련한 첫 번째 오해가 발생한다. 세금은 적게 낼수록 더 좋은 것이라는 오해가 바로 그것이다. 국민이 모두 세금을 덜 내게 되면 정부가 제공하는 서비스를 그만큼 줄이든가 아니면 정부의 빚을 늘려야 한다. 또한 내가 세금을 덜 내면 남이 그만큼 더 내야만 한다. 세금을 적게 낼수록 더 좋다는 생각은 매우 근시안적인 시각에서 나온 오해에 불과하다.

정부의 감세정책과 종부세 폐지론은 이런 오해를 교묘하게 이용하고 있다. 세금을 깎아주면서 마치 선심이라도 쓰는 양 생색을 낸다. 그러나 세금을 깎아준 만큼 하늘에서 돈이 떨어지는 것은 결코 아니다. 누가 되었든 세금 덜 내게 되는 만큼의 대가를 반드시 치러야 한다는 것이 세금과 관련된 진실이다. 예컨대 종부세를 폐지해 세금을 깎아주는 경우에는 종부세를 내지 않는 98% 국민의 세금 부담이 늘어날 수밖에 없다. 이것이야말로 모든 사람이 언젠가는 죽게 된다는 것만큼 자명한 진실이다. 정부는 국민이 이런 진실을 잘 모르고 있는 것을 다행으로 여길지 모르지만, 어느 때든 진실은 반드시 밝혀지게 마련이다.

세금에 대한 또 하나의 오해는 소득에만 부과해야 하고 재산에 대해서는 부과하지 말아야 한다는 생각이다. 재산에 부과하는 조세가 현금흐름(cash flow)의 문제를 일으킬 수 있다는 것은 잘 알려진 사실이다. 예를 들어 재산은 많지만 현금이 없어 세금을 내기가 어려운 딱한 처지의 사람이 생겨날 수 있다. 그러나 이 사실이 재산 과세를 부당한 것으로 몰기에 충분한 근거가 될 수는 없다. 보기에 따라서는 현금흐름에 문제가 있다는 결점에도 불구하고 재산 과세가 소득 과세보다 더 바람직한 세금이라고 말할 수 있는 측면도 있다. 뿐만 아니라 현금흐름의 문제도 해결이 불가능한 것이 아니고 창의적으로 대응한다면 얼마든지 풀 수 있는 가능성이 있다.

조세부담의 공평성이란 관점에서 볼 때 재산 과세는 소득 과세 못지않게 중요한 역할을 할 수 있다. 공평한 과세의 원칙은 각자의 경제적 능력에 걸맞은 납세의무를 지워야 함을 요구한다. 모두들 잘 알고 있듯, 어떤 사람의 경제적 능력은 소득뿐 아니라 재산에 의해서도 결정된다. 따라서 소득 과세를 재산 과세로 보완해야 비로소 진정한 경제적 능력에 따른 조세부담의 분배가 가능해진다. 현재 징수되고 있는 지방세로서의 재산세는 경제적 능력에 따른 과세의 원칙을 충실하게 구현하기 어렵게 되어 있다. 현행 재산세제하에서 전국 각지에 여러 채의 주택을 갖고 있는 사람에게 중과세를 할 방법이 없다는 사실 하나만 생각해보아도 잘 알 수 있는 일이다.

우리의 현실에서는 공평한 과세라는 측면에서 종부세 같은 재산 과세가 갖는 장점이 특히 두드러진다. 최근 다시 문제가 된 바 있지만, 우리 사회에서는 고소득층의 탈세가 유달리 심하게 일어나고 있다. 소득의 정확한 파악이 힘들다는 사실을 악용하기 때문인데, 종부세는 이와 같은 소득세의 문제점을 훌륭하게 보완해줄 수 있다. 소득을 감추기는 쉬워도 부동산을 갖고 있는 것을 감추기는 어렵기 때문이다. 물론 각종 편법을 동원할 수 있지만 아무래도 소득의 경우보다는 감추기가 어렵게 되어 있다.

또한 재산과 관련된 세금은 지방세여야 하기 때문에 국세인 종부세가 폐지되어야 한다는 주장도 말이 되지 않기는 마찬가지다. 많은 나라들이 재산세를 지방세로 운영하는 것은 사실이지만, 그렇게 되어야 할 이론적 근거는 단 하나도 없다. 단지 편의상 그런 체제를 취하고 있을 뿐이지 그래야 할 당위가 전혀 없다는 뜻이다. 더군다나 우리나라처럼 지역 간의 경제력 격차가 극심한 경우에는 재산 과세 중 일부를 국세 형태로 돌리는 것이 오히려 바람직하기까지 하다. 종부세 도입 후 지역 간 경제력 격차로 인한 문제가 상당 부분 해소된 것이 그 좋은 예다. 재산 과세를 국세의 형태로 징수하면 큰일이나 날듯 떠드는 사람들을 보면 한심하다는 생각이 든다.

어떤 사람은 종부세가 재산에 대한 이중과세의 성격을 갖고 있기 때문에 폐지되어야 마땅하다는 주장을 하기도 한다. 이 또한 조세에 대한 무지에서 나오는 근거 없는 주장이다. 잘 인식하지 못해서 그렇지, 사실은 종합소득에 대해서도 국세인 소득세와 더불어 지방세인 주민세 두 가지가 동시에 부과되고 있다. 그렇다고 해서 주민세가 이중과세의 성격을 갖는다고 시비를 거는 사람은 한 사람도 본 적이 없다. 왜 유독 종부세만 시비의 대상이 되어야 하는지 도대체 이해할 수 없다.

종부세가 주택 소유자들에 대한 약탈적 성격을 갖고 있다는 주장 역시 명확한 근거를 결여하고 있기는 마찬가지다. 정의조차 어려운 '약탈적'이란 표현을 쓰는 것 자체가 선동적인 냄새를 강하게 풍긴다. 보수진영과 정부는 늘 집 한 채만 있는 은퇴자의 딱한 처지를 들먹거리지만, 정말로 그런 처지에 있는 사람이 과연 몇 %나 될까? 종부세 부과 대상자 중 70%를 넘는 사람이 다주택 보유자라는 사실을 생각해보면 그런 사람의 비율이 실제로는 얼마 되지 않을 것이라는 짐작이 간다.

만약 정말로 딱한 처지에 있는 사람이 있다면, 적절한 대책을 마련해 구제하면 된다. 예를 들어 주택 역모기지와 비슷한 방법으로 종부세를 부채로 모아두었다가 나중에 주택을 팔 때 청산하면 현금흐름의 문제는 없어지게 된다. 누가 보아도 명백하게 딱한 처지에 있는 사람이 있다면 그런 사람에게는 아예 종부세를 대폭 깎아주는 방법도 있다. 지금 정부가 제안하고 있는 고령자에 대한 종부세 감면조치가 그런 성격을 갖는 구제책이 될 수 있다. 이처럼 종부세의 문제점을 충분히 보완할 수 있음에도 불구하고 약탈적 세금이기 때문에 폐지해야 한다고 주장하는 것은 전혀 말이 되지 않는다. 그와 같은 주장에는 부자들의 세금을 한 푼이라도 깎아주려는 의도 이외의 다른 합당한 근거를 찾아볼 수 없다.

한 가지 흥미로운 점은 소득세조차도 도입 초기에는 약탈적 세금이니 사회주의적 세금이니 하는 말을 들었다는 사실이다. 소득세가 완전하게 정착된 지금은 어느 누구도 그런 말을 하지 않는다. 종전에는 내지 않던 세금을 갑자기 내게 되었을 때의 부담감이 매우 크다는 것을 부정하지 않는다. 그렇다고 해서 기존의 조세제도를 언제까지나 유지할 수 없는 일이고 보면, 새 조세의 도입으로 인한 일시적 혼란은 참고 견뎌낼 수밖에 없다. 객관적으로 사고해야 할 지식인까지 가세해 '약탈적 세금', '세금폭탄' 같은 선동적 표현으로 종부세를 깎아내리는 데 동참하는 것은 참으로 서글픈 일이다.

마지막으로 한 가지 지적하고 싶은 것은 종부세를 주택관련 규제의 일종으로 오해하는 사람이 많다는 사실이다. 일반적으로 규제(regulation)라는 것은 정부가 시장기구를 통하지 않고 민간부문의 행위를 직접적으로 통제하는 행위를 뜻한다. 그러나 종부세는 주택담보대출 규제라든가 전매금지 규제와 달리 시장기구 혹은 가격유인을 통해 민간부문의 행위를 일정한 방향으로 이끌어가는 정책의 성격을 갖는다. 따라서 규제가 갖는 일반적 문제점, 즉 시장의 왜곡 같은 것에서 자유로울 수 있다. 주택관련 규제 완화 얘기가 나올 때 종부세도 함께 엮어 완화 혹은 폐지해야 한다고 주장하는 것은 타당성을 결여하고 있다. 주택관련 규제가 완화될수록 종부세가 수행해야 할 역할은 오히려 더욱 커져야만 한다.

종부세는 기본적으로 교정과세(corrective taxation)의 성격을 갖는 것으로 보아야 한다. 교정과세란 민간부문의 행위를 정부가 보기에 바람직한 방향으로 이끌기 위해 사용하는 조세를 말한다. 에너지 절약을 위해 석유류 제품에 세금을 부과하든가 환경보호를 위해 오염물질 배출행위에 대해 세금을 부과하는 것이 그 대표적 예다. 교정과세 역시 민간부문의 자유로운 선택행위를 교란한다는 문제점에서 자유로울 수 없다. 그러나 선택행위를 바람직한 방향으로 교정하는 데서 나오는 이득이 교란에서 나오는 손실을 상쇄하고 남는다는 점에서 이를 긍정적으로 평가할 수 있다. 종부세가 갖는 문제점만 지적하고 교정과세로서 갖는 순기능을 무시하는 것은 균형 있는 평가가 될 수 없다.

종부세 폐지는 결코 정답이 될 수 없다

종부세의 보완이 필요하다는 주장에 대해서는 나 역시 이의가 없다. 이 세상에 문제점 없는 완벽한 세금은 없을 테고, 그렇다면 종부세에도 당연히 문제점이 있을 수밖에 없다. 그러나 현재 정부가 거론하는 종부세 개편안은 단순히 문제점을 보완하는 차원을 넘어 거의 무력화하는 수준으로 치닫고 있다. 임기 중에 종부세를 완전 폐지하겠다고 공언하는 것을 보면 이미 무력화의 수순이 진행되고 있다는 데 한 점 의문의 여지가 없다.

종부세가 폐지된다고 할 때 이로 인해 발생할 문제점은 한두 가지가 아닐 것으로 예상한다. 무엇보다도 우선 주택가격 폭등을 막는 안전핀이 제거됨으로 인한 주택시장 불안정성 증대가 가장 심각한 문제로 등장할 것이다. 종부세 반대진영에서는 굳이 부정하지만, 종부세의 주택가격 안정효과는 분명하게 발휘되고 있다. 최근의 주택가격 하락추세가 전반적인 경기침체와 각종 규제 때문에 빚어졌다는 것은 맞는 말이다. 그렇지만 종부세 효과가 전혀 없었다면 중대형 아파트의 가격이 소형 아파트의 가격과 거의 같은 비율로 떨어져야 한다. 종부세 과세대상인 중대형 아파트의 가격이 더 큰 폭으로 떨어졌다는 사실은 종부세의 가격 안정효과가 분명히 있었다는 것을 웅변으로 입증하고 있다.

그나마 지금까지는 종부세의 가격 안정효과가 제대로 발휘될 수 없는 여건이었다. 현 정부가 기회 있을 때마다 종부세를 흔들어왔기 때문에 과세대상자들이 조금만 더 기다려보자는 자세로 유인에 반응하기를 거부해온 상황이었기 때문이다. 만약 종부세가 원래의 계획대로 확실하게 자리 잡을 것이 분명했다면 중대형 아파트의 가격하락은 훨씬 더 빨리, 그리고 더 큰 폭으로 이루어졌으리라는 데 의심의 여지가 없다.

또한 투기적 목적으로 주택을 여러 채 갖고 있는 사람들이 주저하지 않고 처분에 나섰을 것도 분명하다. 현행 종부세 제도하에서 최고

세율이 3%인데, 여러 채의 주택을 소유해 이 세율의 적용을 받는 사람은 10억 원짜리 주택 하나에 매년 3천만 원의 세금을 내야 한다. 아무리 집값 오르기를 기다리는 사람이라도 이 정도의 세금을 내고 버티기는 어려울 것이다.

미국의 사례에서 볼 수 있듯, 너무 급격한 주택가격 폭락 역시 바람직하지 않기는 마찬가지다. 그와 같은 거품 붕괴가 우리 경제에서도 일어날 가능성이 그리 작지 않기 때문이다. 그러나 지금 정부는 주택가격 폭등을 막는 안전장치들을 너무나 빨리, 그리고 너무나 과격하게 제거해가고 있다. 그런데도 이렇다 할 부양효과가 나타나지 않는데 초조해진 정부가 더욱 과격한 부양정책을 쓸 가능성이 크다. 모든 정책이 일정한 시차를 두고 그 효과를 발휘한다는 것은 경제학의 상식에 속하는 일이다. 지금 쓰고 있는 부양정책의 효과가 어느 시점에서 화산이 분출하듯 한꺼번에 터져 나올 때 우리 주택시장은 또 한 번의 큰 혼란을 피할 수 없게 된다.

지금 당장 거품을 꺼뜨려야 한다고 주장하는 것은 아니다. 그러나 최소한 거품을 더 키우지는 말아야 한다. 자신의 임기 동안의 일만을 생각할 것이 아니라 우리 경제의 긴 미래를 보는 안목이 필요하다. 당장 먹기에는 곶감이 달다고, 주택가격 폭등을 막는 최후의 안전핀까지 뽑아놓으면 우리 경제는 주택시장발 폭풍에 주기적으로 시달리는 신세를 면치 못할 것이다. 전혀 걱정하는 기색 없이 주택시장의 안전장치들을 차례로 무력화해나가는 정부의 거침없는 행보를 보면서 엄청난 불안에 휩싸이게 된다.

종부세 폐지가 가져올 또 하나의 심각한 문제는 부자들에게서 덜어낸 조세부담을 중산층과 저소득층에 떠넘기게 된다는 것이다. 이 문제점이 지적되자 정부는 그렇지 않다고 손사래를 치지만, 종부세 폐지가 중산층과 저소득층의 부담 증가를 가져온다는 데는 의심의 여지가 없다. 정부가 내놓은 종부세 대폭 개편안과 관련하여 부담 전가의 문제점이 지적되자 정부는 우왕좌왕하는 모습을 보이고 있다. 이 사람 말이 다르고 저 사람 말이 달라 혼란스러운 데다가, 그 누구의 말도 이 문제에 대한 만족스런 해답을 제시하지 못하고 있다.

116 정부의 한 고위층은 종부세 감면으로 인해 줄어든 조세수입을 재산세를 더 걷어 메우겠다고 말했다. 재산세는 주택을 가진 사람은 모두가 내는 세금이니, 2%가 내던 세금을 나머지 98%의 사람에게 나누어서 지게 만드는 셈이다. 재산세로 부족한 조세수입을 메울 경우 중산층과 저소득층으로 부담이 전가되는 것은 자명한 일이다. 비판 여론이 들끓자 정부의 다른 사람은 종부세 납부자의 재산세를 올리는 방식으로 메우겠다는 말로 진화를 시도했다. 이것은 현실적으로 가능한 일이 아닐뿐더러, 그럴 것이라면 왜 종부세를 감면해주는지 모를 일이다. 종부세 내던 것을 재산세로 이름만 바꿔서 내면 기분이 더 좋아지기라도 한다는 말인가? 도대체 말이 되지 않는 소리다.

또 다른 정부의 고위층은 재산세를 더 걷지 않겠다고 말한다. 그 말에서 국민을 속이려는 의도가 너무나도 빤히 드러난다. 재산세를 더 걷지 않는다고 중산층과 저소득층의 세금 부담이 더 커지지 않는다는 것은 새빨간 거짓말이다. 종부세 감면으로 인해 줄어든 조세수입은 어떤 방법으로든 메워져야 한다. 재산세를 더 걷지 않는다면 소득세나 부가가치세 같은 세금을 더 걷어야 하는데, 이 경우에도 98%의 사람에게 부담이 전가되는 것은 전혀 다를 바 없다. 한 가지 남은 가능성은 조세수입이 줄어든 만큼 정부지출을 줄이는 방법인데, 나머지 98%의 사람이 정부지출 감소로 인한 손해를 보게 되니 앞서의 경우와 아무 차이가 없다.

종부세 감면 혹은 폐지가 중산층과 저소득층의 부담 증가로 이어진다는 것은 너무나 분명한 사실이다. 정부가 어떤 말을 한다 해도 이 명백한 사실을 뒤엎을 수는 없다. 정부로서 취할 수 있는 유일한 방법은 현재 부유층이 과도한 조세부담을 지고 있다는 점을 국민에게 납득시키는 것이다. 아니면 부담이 중산층과 저소득층으로 전가된다 하더라도 문제될 것이 아무것도 없다는 점을 납득시켜야 한다. 만약 이 두 가지 중 하나라도 자신이 없다면 종부세를 무력화하려는 시도를 서슴없이 포기해야 한다.

현 종부세 개편안의 문제점

앞에서 말한 것처럼 종부세가 약탈적 성격을 가진 세금이라는 데는 전혀 동의하지 않는다. 그러나 종부세를 납부하기 어려운 여건에 처해 있는 사람이 존재한다는 점을 부정하지 않는다. 그렇기 때문에 이런 사람들의 부담을 경감해주는 방향으로 종부세를 보완해야 한다는 데 100% 동의하고 있다. 정부가 이런 명확한 목표의식을 갖고 종부세를 보완하려는 것이라면 굳이 반대할 이유가 없다. 그것이 아니라, 종부세를 무력화함으로써 부자들에게 유리한 구도를 만들고 나아가 주택시장의 안정성을 해치려 하고 있기 때문에 문제를 제기하고 있는 것이다.

　종부세를 내기 어려운 처지에 있는 사람을 구제해준다는 점에서 볼 때, 과세대상 기준을 공시지가 '6억 원 이상'에서 '9억 원 이상'으로 상향조정하는 것은 긍정적으로 평가할 수 있다. 그런데 그렇게 되면 과세대상자 중 58.8%가 세금을 내지 않아도 된다는 점을 들어 이에 반대하는 사람이 많다. 또한 여당 내부에서도 현재의 개편안과 관련해 이 부분에 대한 우려가 특히 많은 것으로 보도되고 있다. 그러나 내 판단으로는 현재의 개편안 중 가장 긍정적으로 받아들일 수 있는 것이 바로 이 부분이다. 과세대상자 수가 대폭 줄어든다는 사실 하나만 보고 판단을 해서는 안 된다고 본다.

　종부세를 내는 사람의 비율이 비록 전체 국민의 2%에 지나지 않지만, 그 중에 딱한 처지에 있는 사람이 소수라도 섞여 있으면 종부세를 반대할 좋은 구실이 생긴다. 정부와 보수진영은 바로 그 전략으로 종부세 무력화를 시도하고 있는 것이다. 이와 같은 반대의 명분을 제거하고 종부세의 지지기반을 넓히기 위해서는 과세대상자의 범위를 대폭 줄일 필요가 있다. 이 점에서 볼 때 과세대상 기준을 공시지가 9억 원 이상에서 6억 원 이상으로 낮춘 참여정부의 과욕은 자충수라고 말할 수 있다.

　사람들이 주의를 기울이지 않아서 그렇지 현재의 종부세 개편안에서 가장 문제가 되는 부분은 세율을 대폭 인하한 부분이다. 집 부자에게 집중적인 혜택을 몰아줄 수 있는 것이 바로 세율의 대폭 인하이기 때문이다. 현재의 세율은 과세 표준이 3억 원까지 1%, 14억 원까지 1.5%, 94억 원까지 2%, 그리고 94억 원 초과시 3%로 되어 있다. 종부세를 도입한 취지에 비추어 볼 때 최소한 이런 정도의 누진성은 갖추고 있어야 한다.

정부가 제시한 감면안에 따르면 6억 원까지 0.5%, 27억 원까지 0.75%, 그리고 29억 원 이상은 1%로 대폭 낮추도록 되어 있다. 따지고 보면 바로 이 대폭적 세율 인하가 종부세 무력화 작업의 핵심 중 핵심인 셈이다. 주택을 몇 채씩 갖고 있는 부자 입장에서 보면 앞에서 말한 과세대상 기준 상향조정은 아무런 의미가 없다. 그들이 알토란 같은 이득을 챙길 수 있는 것은 바로 이 세율 인하 부분 때문이다.

세율 인하는 주택 투기 억제와 이를 통한 주택가격 안정이라는 종부세의 중요한 기능을 무력화하는 결과를 가져온다. 다주택 보유자에게 무거운 세금 부담을 지우는 것이 주택 투기 억제의 핵심임을 모르는 사람은 아무도 없다. 솔직히 말해 주택을 다섯 채, 열 채씩 보유하고 있는 사람에게는 '세금폭탄'을 떨어뜨리는 것이 필요할지 모른다. 그렇게 하지 않으면 그 많은 주택을 계속 끌어안고 가격 오르기만을 기다리고 있을 것이기 때문이다. 이런 사람에게 최고 세율 3%는 상당히 부담스러울 테지만, 1%는 아무것도 아니라는 느낌일 것이 분명하다.

종부세 개편안에 대한 비판이 과세대상 기준의 상향조정에만 그 초점이 맞춰져 있고 세율의 대폭 인하 부분에 대해서는 언급이 거의 없다는 사실이 의아스러울 따름이다. 간단한 계산만 해봐도 더욱 심각한 문제가 되는 부분은 다름 아닌 세율 인하라는 것을 바로 알 수 있을 텐데 말이다. 여당이 여론에 부응한답시고 과세대상 기준은 올리지 않고 세율만 내리는 방식으로 개편안의 틀을 다시 짠다면 그것은 최악의 선택을 한 셈이 된다. 세금을 내기 어려운 처지에 있는 사람의 문제는 그대로 둔 채 집 부자들에게만 막대한 이득을 가져다주는 결과를 빚을 것이기 때문이다.

헌재의 위헌 결정 결과를 기다리고 있는 사안이지만, 세대별 합산 방식을 개인별 과세 방식으로 바꾸는 것 역시 매우 심각한 문제가 될 수 있다. 누진세율 구조하에서 과세대상 부동산을 반으로 나누어 부과 대상으로 삼는 것은 집 부자들에게 생각 밖으로 큰 이득을 가져다줄 수 있기 때문이다. 이 간단한 조치 하나로 집 부자의 세금 부담이 거의 절반 수준으로 떨어질 수 있다. 여당 일부에서 개인별 부과 방식으로의 전환을 집요하게 밀어붙이는 세력이 있는데, 그들의 저의가 어디 있는지 짐작하는 것은 전혀 어려운 일이 아니다.

솔직히 말해 나는 법률에 대해 거의 무지에 가깝기 때문에 헌재의 결정이 어느 쪽으로 내려질지 전혀 예측할 수 없다. 그러나 그 결정이 상식에 어긋나서는 안 된다. 경제학자로서 내가 보는 상식은 이렇다. 종부세의 과세대상이 세대여야 하느냐 아니면 개인이어야 하느냐 여부는 부동산을 취득하고 처분할 때의 의사결정이 누구에 의해서 내려지느냐와 밀접한 관련을 갖고 있다. 예컨대 부부가 함께 의논해 의사결정을 하는 것이 일반적이라면 세대별 합산과세가 타당성을 갖는다. 이와 반대로 각 개인이 독자적으로 의사결정을 하는 것이라면 개인별 과세 방식이 타당하다고 말할 수 있다.

세대별 합산이 위헌이라고 주장하는 측에서는 양성평등이란 관점에서 볼 때 개인별 과세 방식이 옳다고 주장한다. 나는 이런 주장이 양성평등의 근본정신을 모독하는 행위라고 본다. 양성평등이라는 것

을 단지 세금 깎는 도구 정도로나 사용하면 진정한 의미에서의 양성
평등은 영원히 실현될 수 없다. 양성평등의 관점에서 볼 때 세대별 합
산이 위헌이라는 것은 전혀 상식에 맞지 않는 억지 주장이다. 나는 우
리 사회가 상식과 어긋나는 방향으로 나아가지는 않으리라고 믿는다.

　다시 한 번 정리해 말한다면, 현재 제시된 정부의 종부세 개편안에
서 가장 큰 문제가 될 수 있는 것은 세율을 대폭 인하하겠다는 부분이
다. 최고세율을 현행의 3분의 1 수준으로 대폭 낮추겠다는 것은 종부
세를 실질적으로 무력화하겠다는 것이나 마찬가지다. 이 조치는 정부
가 늘 부르짖던 딱한 처지의 종부세 납부자 문제와 아무런 관련이 없
으며, 오직 집 부자에게 막대한 혜택을 가져다주는 효과만 낼 뿐이다.
아직 결정되지는 않았지만, 세대별 합산 방식을 개인별 과세 방식으
로 바꾸는 것도 경계해야 할 부분이다. 실질적인 개선효과를 기대할
수 있는 것은 과세대상 기준의 상향조정뿐이라는 점을 다시 한 번 강
조하고 싶다.

맺음말

　종부세 폐지를 부르짖는 사람은 그것이 정치논리의 소산이라는 점
을 특히 강조한다. 또한 이 세금에는 부자에 대한 분노와 증오가 녹아
있다는 과격한 발언까지 서슴지 않는 사람도 있다. 나는 종부세를 도
입한 사람의 속마음에 어떤 생각이 도사리고 있었는지 모른다. 나아
가 그것의 도입이 경제논리는 배제된 채 정치논리에 의해서만 결정된
것인지의 여부도 잘 모른다. 그 배경을 알고 싶은 생각도 전혀 없다.

지금 이 시점에서 종부세가 바람직한지의 여부를 평가할 때 아무 상관도 없는 문제이기 때문이다. 그 어떤 조세라 할지라도 그것에 대한 평가는 오직 그것이 공평하며 효율적인 조세인지 여부에 의해서만 이루어져야 한다.

종부세는 부모를 잘못 만난 탓에 태어난 지 채 몇 년도 되지 않아 안락사의 위협에 직면해 있다. 내가 보기에 종부세 그 자체에는 바람직한 측면이 많은데도 불구하고 단지 참여정부에 의해 만들어졌다는 이유 하나만으로 온갖 수모를 당하고 있다. 종부세의 본질, 즉 이것이 우리 경제에 어떤 영향을 미치는지에 대한 논의는 실종되고 어떤 동기에서 도입되었는지 같은 애매하고 지엽말단적인 논의만 판치고 있다. 특히 종부세가 부자들을 괴롭히려는 동기에서 도입된 세금이라는 이념적인 색칠로 본질을 가려버렸기 때문에 생산적인 논의가 더욱 어려운 형편이다.

경제적 효과 그 자체만 놓고 볼 때 종부세는 여러 가지 장점을 갖고 있다. 무엇보다 우선 주택가격 안정이란 측면에서 그 어떤 주택관련 규제보다 더 효과적인 대책이라고 평가할 수 있다. 기본적으로 시장 기구에 의해 투기 억제효과를 내는 방식이기 때문에 상대적으로 적은 사회적 비용을 초래한다는 장점을 갖고 있다. 도입한 지 얼마 되지 않았을 뿐 아니라 줄곧 폐지 논쟁에 시달려왔기 때문에 종부세의 효과가 아직까지는 본격적으로 발휘되지 못한 상황이다. 만약 현재의 기본 골격을 그대로 유지한 채 정착된다면 괄목할 만한 주택가격 안정 효과를 가져오리라고 자신 있게 예측할 수 있다.

또한 조세부담의 공평한 분배라는 측면에서도 다른 어떤 조세보다 뛰어나다고 말할 수 있다. 잘 알다시피 우리나라 조세제도는 간접세 비중이 높아 납세자의 경제적 능력에 따른 과세가 기본적으로 어렵게 되어 있다. 고작 기대할 수 있는 것이 누진적 소득세 정도인데, 이것 역시 고소득자의 탈세 때문에 기대만큼 제 기능을 하지 못하고 있다. '봉급생활자의 유리 지갑'이라는 말이 있듯, 중산층이 상대적으로 무거운 조세부담을 지는 불공평한 기본 구도가 계속 유지되어온 것이다. 최근 들어 고소득자의 탈세가 줄어드는 추세를 보이고 있지만, 아직도 공평한 조세부담의 분배와는 거리가 먼 형편이다. 이와 같은 불공평성을 획기적으로 보완할 수 있는 잠재력을 가진 것이 바로 종부세다. 종부세는 최상위 2%에 집중적인 과세를 함으로써 소득세의 허점을 훌륭하게 메워줄 수 있다.

만약 총 조세수입의 상당 부분을 이런 방식으로 부과한다면 '부자 괴롭히기'라는 불평이 당연히 나올 수 있다. 그러나 그 비중이 고작 1%에 지나지 않는 세금을 최상위 2%가 낸다고 해서 특별히 불공평하다고 말해야 할 이유는 없다. 최상위 계층이 고작 이 정도의 조세부담을 지는 것을 두고 약탈적 세금이니 세금폭탄이니 하는 말을 하는 것 자체가 우스운 일이다.

공평과세라는 관점에서 종부세가 갖는 최대의 강점은 아무리 세무사를 동원해보았자 납세액을 한 푼도 줄일 수 없다는 데 있다. 고소득층이 주로 내는 종합소득세나 상속세는 세무사가 얼마나 재주를 피우느냐에 따라 납세액이 고무줄처럼 늘어났다 줄어들었다 할 수 있다. 반면에 종부세는 보유 부동산을 처분하기 전에는 납세액을 줄일 수 없다. 역설적인 점은 종부세가 갖는 바로 이 장점이 이를 한사코 반대하게 만드는 주요 원인이 되고 있다는 사실이다. 만약 종부세 부담을 쉽게 회피할 수 있는 길이 열려 있다면 집 부자들이 그렇게 격렬한 반대투쟁에 나서지 않았을지 모른다.

종부세가 갖고 있는 또 하나의 장점은 지방자치단체들 사이의 재정능력 격차를 메워주는 장치로 활용될 수 있다는 데 있다. 현행 재산세 제도하에서 지방자치단체 간 빈익빈 부익부의 현상이 나타나고 있는 것은 누구나 다 잘 아는 사실이다. 종부세 수입 전체를 지방자치단체로 이양하는 현 체제는 이 문제를 상당 부분 해소해주는 긍정적 효과를 내고 있다. 정부는 종부세 폐지 후 발생할 문제에 적절히 대처할 것이라고 말하지만, 이것이 말처럼 쉬운 일이 아니라는 것은 말하는 본인들이 더 잘 알고 있으리라 생각한다. 돈 많은 지방자치단체들이 기득권을 선뜻 포기하려 들지 않을 것이 너무나도 뻔하기 때문이다.

나는 종부세를 궁극적으로 재산세와 통합하는 것이 바람직하다고 말하는 사람들이 과연 어떤 근거에서 그런 말을 하는지 도무지 이해할 수 없다. 내가 알고 있는 경제이론 그 어디를 찾아보아도 그것이 바람직하다고 평가할 하등의 근거를 찾을 수 없기 때문이다. 그 목적이 부자들의 조세부담을 가볍게 만들어주는 데 있다면 모를까, 그 이외의 합리적 이유를 하나라도 생각해보려 해도 도무지 생각이 나지 않는다. 부유층의 조세부담을 중산층과 저소득층으로 전가하지 않는한, 재산세로 통합한다 해도 그들이 지적하고 있는 종부세의 문제점은 그대로 남아 있게 된다. 그렇기 때문에 재산세로 통합하는 것 그 자체는 결코 문제의 해결책이 될 수 없는 것이다.

장점을 많이 갖고 있음에도 왜곡된 여론 때문에 동네북 신세를 면치 못하는 종부세의 슬픈 운명이 가엽기만 하다. 나는 지금 당장 정부가 종부세 무력화의 시도를 접어야 한다고 부르짖고 싶다. 그들이 원하는 대로 종부세를 폐지하고 나면 우리 조세제도의 효율성과 공평성에 심각한 후퇴가 일어날 것은 불 보듯 뻔한 일이다. 나 역시 종부세 제도의 보완이 필요하다는 데는 흔쾌히 동의한다. 그러나 보완한다는 핑계로 이것을 실질적으로 무력화하려는 저의가 엿보이기 때문에 걱정을 금치 못하는 것이다. 비록 종부세 폐지라는 발판을 딛고 정권을 잡았다 하더라도 이제는 좀 더 냉정하고 사려 깊은 자세로 종부세의 앞날을 생각해보아야 한다. 이것이 바로 진정으로 국민을 위하는 정치가의 자세이기 때문이다.

(2008.9.29)

교과서를 바꿔 쓰라는 말인가?

　　나는 지난 28년 동안 줄곧 대학에서 재정학 과목을 강의해왔다. 또한 재정학 교과서를 집필해 내 강의를 직접 듣지 못하는 사람에게도 간접적으로 지식을 전파해왔다. 강의를 할 때나 책을 쓸 때 내가 가장 중요하게 생각해온 것은 학문적 진실에 충실해야 한다는 점이었다. 그것은 학자와 교육자가 갖춰야 할 최소한의 덕목이라는 믿음이 있었기 때문이다.

　　나 역시 인간인지라 개인적인 취향이나 편견 같은 것을 갖고 있고, 이런 것들이 내가 가르치는 내용에 영향을 줄 수 있다. 나는 그런 일이 일어나는 것을 막기 위해 학계에서 널리 인정되는 정설 위주로 가르쳐왔다. 간혹 소수자의 이론을 소개할 때는 그것이 정설은 아님을 밝혀 불필요한 혼란이 일어나지 않도록 만들었다.

　　종합부동산세에 관한 헌법재판소의 부분위헌 결정은 내가 정설이라고 믿고 있는 이론과 정면으로 배치되는 것이어서 나를 당혹스럽게 만든다. 만약 헌재의 결정이 명명백백하게 옳은 것이라면 나는 교과서를 다시 바꿔 써야 한다. 그리고 그동안 내가 전파한 지식이 옳지 못했음에 대해 내 제자들과 독자들에게 용서를 구해야 한다.

버림받은 수평적 공평성의 원칙

바로 앞의 〈슬픈 종부세〉에서 경제적 논리상 종부세 부과의 기본 단위는 당연히 세대가 되어야 한다는 점을 지적한 바 있다. 부동산과 관련된 의사결정 단위가 세대인 만큼 과세의 단위도 세대가 되어야 한다는 것이 내 주장의 핵심이었다. 이와 같은 주장이 이론의 여지없이 타당성을 갖는 것은 물론 아니다. 나는 타당하다고 믿어 의심치 않지만, 다른 사람은 다른 의견을 가질 수 있다. 내 주장을 문자 그대로 뒷받침해주는 이론을 꼭 집어 밝혀낼 수는 없기 때문이다. 다만 경제학의 상식에 비추어 볼 때 타당한 주장이라는 게 내 생각이다.

그러나 헌재가 세대별 합산 방식이 위헌이라고 결정을 내린 근거를 보면 명확하게 경제이론과 배치되는 부분이 있다. 어느 누구도 이 부분에 대해서만은 이견이 있을 수 없다는 것이 내 확고한 믿음이다. 객관적이고 엄밀한 논의를 위해 우선 헌재가 위헌 결정의 근거로 제시한 부분을 인용해보자.

세대별 합산 규정은 혼인한 자 또는 가족과 함께 세대를 구성한 자를 비례의 원칙에 반해 개인별로 과세되는 독신자, 사실혼 관계의 부부, 세대원이 아닌 주택 등의 소유자에 비해 불리하게 차별 취급하고 있어 헌법에 위반된다.

경제학 용어를 사용해 표현을 바꾸면 세대별 합산 방식이 '결혼중립성'(marriage neutrality)을 위배하기 때문에 위헌이라는 요지다. 그런데 이론적으로 보면 과세의 기본 단위가 개인이어야 하느냐 아니면 세대여야 하느냐를 논의할 때 결혼중립성 못지않게 중요하게 고려해야 할 또 하나의 기준이 있다. 똑같은 경제적 능력의 소유자는 똑같은 조세부담을 져야 한다는 '수평적 공평성'(horizontal equity)의 원칙이 바로 그것이다. 실질적인 측면에서 볼 때, 수평적 공평성이 갖는 비중은 결혼중립성이 갖는 비중에 비해 엄청나게 크다.

그런데 헌재는 이 사실을 전혀 고려하지 않고 성급한 결정을 내리고 말았다. 재정학 교과서를 보면 과세의 기본 단위를 어느 쪽으로 선택하든 이 두 가지 기준을 동시에 충족할 수는 없다고 설명하고 있다. 과세의 기본 단위가 세대일 경우에는 결혼중립성이 충족되지 못하는 한편, 개인일 경우에는 수평적 공평성이 충족될 수 없게끔 되어 있는 것이다. 헌재는 세대별 합산 방식이 위헌이라는 결정을 내림으로써 수평적 공평성의 원칙을 쓰레기통에 던져버리고 말았다. 이와 같은 현명치 못한 선택의 결과 공평과세의 원칙은 크게 흔들리게 되었다.

우선 다음과 같은 예를 보면 개인별 과세가 왜 수평적 공평성에 정면으로 위배되는지 바로 알 수 있다. 어떤 아파트 3동 501호와 502호에 사는 두 세대가 있다고 하자. 이 두 세대는 소득과 재산 등의 모든 측면에서 똑같다고 한다. 바꾸어 말하면 두 세대의 경제적 능력에 아무런 차이가 없다는 뜻이다. 다만 한 가지 차이가 있는데, 501호는 남편의 이름으로 아파트 등기가 되어 있는 한편 502호는 부부 공동명의로 등기가 되어 있다는 점이다.

이 두 세대는 작년에 종부세를 똑같이 5백만 원씩 납부했다. 그런데 이번 헌재 결정으로 인해 502호에 사는 세대는 5백만 원을 돌려받는 반면, 501호에 사는 세대는 그 혜택을 받을 수 없다. 뿐만 아니라 한쪽은 종부세를 안 내는데 다른 쪽만 종부세를 내는 일이 앞으로도 계속된다. 이것이 결코 공평한 과세가 될 수 없음은 구태여 말할 필요조차 없다(이 글을 읽는 사람이 501호에 사는 사람이라면 이 사실을 인지하는 순간 어떤 감정상태가 될까?).

그럴 용기가 있는 사람이라면, 똑같은 경제적 능력의 소유자인 앞서의 두 세대가 왜 그와 같은 차별대우를 받아야 하는지 이유를 밝혀보기 바란다. 부부 공동명의로 등기했기 때문에 더 가난해지기라도 했단 말인가? 아니면 그렇게 했기 때문에 생활비가 더 들기라도 하는가? 혹시 부부 공동명의로 등기하는 행위를 국가적 차원에서 장려해야 할 이유라도 있는 것인가? 단 하나라도 그럴듯한 이유가 있으면 한번 들어보기를 간절히 원한다.

무너져버린 공평성의 토대

바람직한 조세제도가 가져야 할 성격 중 가장 중요한 것이 무엇이냐고 물을 때 모든 경제학자가 한입이 되어 말하는 것이 있다. 그것은 '조세부담의 공평한 분배'다. 조세부담이 공평하게 나눠지지 않는 한 어느 누구도 기쁜 마음으로 세금을 내지 않는다. 과거의 역사를 보면 공평하지 못한 조세부담이 왕조의 몰락을 가져온 숱한 사례들을 볼 수 있다. 조세부담의 공평한 분배가 그만큼 중요한 의미를 갖는다는 말이다.

조세부담의 공평한 분배는 결국 납세자의 경제적 능력에 걸맞은 조세부담을 지게 만드는 것을 뜻한다. 이와 같은 원칙을 '능력원칙'이라고 부르는데, 이를 구현하기 위해서는 다음과 같은 두 가지 세부 원칙이 준수되어야 한다. 하나는 수직적 공평성(vertical equity)의 원칙인데, 경제적 능력이 더 큰 사람은 더 많은 세금을 내야 한다는 원칙이다. 또 다른 하나가 바로 앞에서 말한 수평적 공평성의 원칙이다.

따라서 조세제도와 관련해서는 이 두 가지 공평성의 원칙이 마치 헌법과도 같은 중요성을 갖는다. 어느 한쪽의 원칙이라도 어긴다면 더 이상 공평한 과세라고 부를 수 없고, 따라서 그런 조세제도는 국민의 지지를 받을 수 없다. 결혼중립성이라는 사소한 중요성을 갖는 원칙을 충족하기 위해 수평적 공평성이라는 헌법과도 같이 중요한 원칙을 버렸다는 것은 불행하기 짝이 없는 일이다. 헌재가 그런 결정을 내릴 때 과연 이와 같은 귀결을 짐작이나 해보았는지 의문이 아닐 수 없다.

헌재의 결정을 두둔하는 사람들은 이렇게 말할지 모른다. 결혼중립성의 원칙은 헌법에 명기되어 있지만, 수평적 공평성의 원칙은 어디에도 명기되어 있지 않기 때문에 그런 결정이 불가피했다는 식으로 말이다. 나는 헌법을 잘 모르기 때문에 조세와 관련된 수평적 공평성의 원칙이 명기되어 있는지의 여부를 알 수 없다. 만약 헌법 어딘가에 그런 원칙이 명기되어 있다면 나로서는 더 이상 기쁜 일이 없다.

그러나 명기되어 있지 않다고 해도 헌재의 결정이 옳지 않다는 내 믿음에는 전혀 흔들림이 없다. 만약 그 원칙이 명기되지 않았다면 너무나도 자명한 원칙이기 때문에 구태여 명기할 필요를 느끼지 않아서 그런 것이 아닐까? 똑같은 경제적 능력의 소유자는 똑같은 세금을 내게 만들어야 한다는 것이 너무나도 자명한 원칙이기 때문에 구태여 이를 명기할 필요를 느끼지 않았을 것이라는 말이다.

헌법 여기저기를 자세히 살펴보면 그와 같은 수평적 공평성을 간접적으로 요구한 대목을 숱하게 발견할 수 있으리라고 믿는다. 수평적 공평성의 원칙은 법 앞에 모든 사람이 평등해야 한다는 요구를 뜻한다. 똑같은 경제적 능력의 소유자가 서로 다른 세금을 내게 된다면 바로 이 평등성의 원칙에 위배되는 결과가 빚어진다. 평등성의 원칙은 헌법의 기본 정신으로 그 바탕에 깔려 있는 것이다. 그러므로 아무런 명문 규정이 없다 하더라도 수평적 공평성은 자동적으로 전제되는 원칙이라고 볼 수 있다.

수직적 공평성과 수평적 공평성이 공평한 과세의 핵심적 기본 원칙이라는 것은 재정학의 정설 중 정설이다. 그런데 이번 헌재 결정은 그중 하나인 수평적 공평성의 원칙을 정면으로 부정하는 결과를 가져왔다. 결혼중립성이 중요하니 수평적 공평성 따위는 무시해도 좋다는 메시지이기 때문이다. 만약 헌재의 결정이 옳은 것이라면 내가 믿고 있는 정설은 틀린 것으로 판명된 셈이다.

그러나 내 믿음이 틀린 것이 아니라는 사실을 학자적 양심을 걸고 말할 수 있다. 경제이론이든 헌법이든 상식을 뛰어넘을 수는 없다. 설사 헌재가 헌법을 적절하게 해석해 결정을 내렸다 할지라도 상식에 어긋나는 결정이면 그것은 결코 올바른 것이 될 수 없다. 앞에서 예로 든 두 세대의 경우를 보면 이번의 결정이 상식에 어긋나는 것임을 너무나도 분명하게 알 수 있다. 더 이상의 언급이 필요 없을 것이라고 믿는다.

종부세가 여러 가지 문제점을 갖고 있는 것은 나도 잘 알고 있다. 그렇지만 세대별 합산과세가 문제가 되어야 할 하등의 이유를 찾아볼 수 없다. 이론적으로 보아도 그렇고 상식에 비추어 생각해보아도 그렇다. 헌재가 하필이면 이 부분을 위헌으로 결정해 종부세를 무력화한 것은 불행하기 짝이 없는 일이다. 이 잘못된 결정으로 인해 종부세를 떠받치고 있던 공평성의 토대는 여지없이 무너져버리고 말았다.

이번 헌재의 위헌 결정으로 공평한 과세를 가로막는 대못 하나가 빠졌다고 기뻐하는 사람이 있다. 그것은 어마어마한 오해다. 실제로 그 결정은 우리 조세제도의 허약한 공평성의 뼈대를 간신히 지켜주던 큰 기둥 하나를 뽑아버리는 결과를 가져왔다. 헌재의 결정은 우리 사회와 경제에 거센 회오리바람을 몰고 올 것이 분명하다. 그렇지만 국민의 한 사람으로 큰 혼란만은 없었으면 하고 바랄 뿐이다.

(2008.11.15)

501호 김씨 가족의 분노

종부세의 세대별 합산과세 방식이 위헌이라는 헌재 결정문의 잉크가 채 마르기도 전에 벌써부터 그 결정의 문제점이 백일하에 드러나고 있다. 정부가 공동명의로 등기되어 있는 주택 소유자에게 이미 납부한 종부세를 환급해준다고 하자, 이제는 단독명의로 등기되어 있는 주택 소유자들이 반발하고 나선 것이다. 왜 우리만 차별을 당해야 하느냐는 거센 반발이 일어나고 있다.

너무나도 당연한 반발이다. 그렇게 부당한 차별대우를 받았는데 반발하지 않는다면 바보라고 불려야 마땅한 일이다. 〈교과서를 바꿔 쓰라는 말인가?〉에서 지적했듯, 이번 헌재의 위헌 결정은 수평적 공평성이라는 공평과세의 대원칙을 정면으로 위반하고 있다. 이런 불공평한 구도가 단독명의로 주택을 소유하는 사람의 반발을 불러일으키는 것은 너무나도 당연한 일이다.

수평적 공평성의 원칙은 똑같은 경제적 능력의 소유자에게 똑같은 조세부담을 지게 만드는 것을 요구한다. 종부세의 경우, 똑같은 가액의 주택을 가진 두 사람은 똑같은 경제적 능력의 소유자로 간주된다. 그렇기 때문에 똑같은 아파트의 501호에 사는 김씨 가족과 502호에 사는 이씨 가족은 당연히 똑같은 세금을 내야 한다. 이렇게 되어야만 수평적 공평성의 원칙이 충족될 수 있는 것이다. 이는 어느 누구도 감히 이의를 제기할 수 없는 분명한 사실이다.

누구의 명의로 주택이 등기되어 있는지의 여부는 경제적 능력과 하등 상관이 없는 사항이다. 따라서 공평한 과세의 원칙은 이것을 철저하게 무시하기를 요구한다. 그것을 무시하지 않으면 수평적 공평성을 위배하는 결과를 빚기 때문이다. 헌재의 결정은 이처럼 철저하게 무시해야 할 것을 중요하게 고려하라고 요구함으로써 문제의 씨앗을 뿌렸다. 단독명의로 주택을 소유하는 사람의 반발과 이로 인한 혼란은 이미 예견된 재앙이었던 것이다.

나는 법률절차에 관해 잘 모르기 때문에 헌재의 잘못된 결정을 어떻게 시정해야 하는지에 대해 구체적 대안을 제시할 수 없다. 그러나 심각한 문제가 명백하게 존재하는 이상 그냥 넘어가서는 안 된다고 믿는다. 그냥 놓아둔다면 우리 사회는 이것 때문에 두고두고 홍역을 치르게 될 것이다. 부당한 차별대우를 받는다고 느끼는 납세자가 존재하는 한 사회적 갈등은 영원히 지속될 수밖에 없다.

신문 보도를 보면 정부는 단독 등기 주택 소유자들의 반발을 미봉책으로 봉합하려는 생각을 갖고 있는 듯하다. 한시적으로 상속·증여세를 감면해줘 공동명의로 등기할 수 있는 기회를 제공함으로써 이 문제를 덮어버리겠다는 생각을 갖고 있는 것 같다. 만약 이것이 사실이라면 정말로 어처구니없는 일이다. 조세제도를 편의에 따라 이리저리 운영하다 보면 아무 원칙도 없는 누더기가 되어버리고 만다. 정부의 종부세 감면안이 이미 그런 길을 가고 있었지만, 이번 조치로 인해 엎친 데 덮친 꼴이 될 수 있다.

원칙이 무너져버리면 아무도 기쁜 마음으로 세금을 내지 않는다. 무슨 사소한 이유만 있어도 세금을 깎아달라고 아우성을 치게 마련이다. 다른 사람들에게는 세금을 깎아주고 왜 나는 왜 깎아주지 않느냐는 항변이 나올 게 분명하다. 그렇지만 이런 항변에 적절하게 대답할 말이 없는 형편이다. 상속·증여세를 한시적으로 감면해준다는 것은 정부 자신을 이런 궁지로 몰아넣는 어리석은 행동이다. 당장의 급한 불을 끄겠다고 이런 어리석은 일을 저질러서는 안 된다.

501호에 사는 김씨 가족의 분노를 어떻게 달래느냐는 문제는 두고 두고 정부의 골치를 썩일 것이 분명하다. 헌재의 위헌 결정을 그대로 고수하려고 하는 한 문제는 현재진행형으로 남을 수밖에 없다. 정부가 성급하게 미봉책으로 봉합하려 한다면 더 큰 화를 부를 수 있다. 헌재가 결정 당시에는 인식하지 못했겠지만, 그 결정으로 인해 우리 사회를 진퇴양난의 골짜기로 밀어 넣은 꼴이 되었다. 정말로 열린 마음으로 머리를 맞대지 않으면 이 난국을 수습할 길이 없어 보인다.

정부는 그동안 종부세 제도의 실질적 무력화를 추진하면서 단 한 명도 억울한 사람이 나와서는 안 된다는 점을 누누이 강조해왔다. 이제 수만, 아니 수십만 명의 억울한 사람이 나왔는데, 이 문제를 과연 어떻게 해결할지는 두고 볼 일이다. 한 가지 가능성은 종부세 제도 그 자체를 아예 폐지하려 들지도 모른다는 것이다. 왜냐하면 종부세 제도를 그대로 둔 채로는 엉클어진 실타래처럼 복잡하게 얽혀버린 이 국면을 수습할 길이 잘 보이지 않기 때문이다.

모든 국민이 법 앞에 평등하다는 것은 상식 중 상식에 속하는 일이다. 세대별 합산 방식에 대한 위헌 결정은 이 자명한 상식을 뒤엎는 결과를 가져왔다. 이로 인해 어떤 사람이 아무 이유 없이 차별대우를 받는 어처구니없는 일이 벌어지게 되었다. 이런 심각한 문제가 있는데도 모른 척하면서 헌재 결정의 후속대책을 마련한다고 부산을 떠는 정부의 무감각한 태도가 걱정스러울 따름이다.

(2008.11.18)

무지의 장막

　분배의 정의에 관한 논의에서 최고의 권위로 인정받는 롤즈(J. Rawls)의 이론은 원초적 상황(original position)이라고 불리는 가상적 상태로부터 출발하고 있다. 이것은 아직 아무런 사회질서도 세워져 있지 않은 원시의 상태다. 따라서 사람들은 앞으로 사회가 어떤 기본 질서를 갖게 될 것인지에 대해 원칙적인 합의를 이루어야 한다. 이들이 과연 어떤 기본 질서에 합의하게 될 것인지에 대한 논의가 바로 롤즈의 정의론(正義論)이다.

　롤즈는 이 원초적 상황에서 사람들은 모두 '무지의 장막(veil of ignorance)'에 가려 있다고 설명한다. 사회에서 앞으로 자신의 위치가 어떻게 될지 전혀 모른다는 뜻에서 무지의 장막에 가려 있다는 비유를 쓴 것이다. 이런 상황을 설정한 데는 사람들로 하여금 사회의 기본 질서를 논의할 때 불편부당하고 공정한 태도를 갖게 만들려는 의도가 깔려 있다. 자신이 어떤 사회적 위치를 차지할지 알고 그 입장에서 발언하는 사람이 불편부당하고 공정한 태도를 취할 리 없기 때문이다.

　어떤 사회적 이슈든 간에 이런 가상적 상태에서 출발할 수 있다면 공정한 해결책을 찾는 게 그리 큰 문제가 아니다. 모든 사람이 자신의 편협한 이해관계를 초월해 허심탄회한 자세로 적절한 해결책을 찾아내기 위해 머리를 맞댈 것이기 때문이다. 근시안적으로 자신의 이익만을 추구하는 사람들은 아무리 머리를 짜내보았자 공정한 해결책 근처에도 가지 못한다. 롤즈가 강조하고 싶었던 것은 사람들이 자신의 편협한 이해관계를 초월하지 못하는 한 공정한 사회질서가 이루어질 수 없다는 점이다.

138 요즈음 종부세와 관련된 논란을 보면서 롤즈의 정의론을 또다시 머릿속에 떠올리게 된다. 지금 상황에서는 이 문제에 대한 공정한 해결책을 찾는 것이 거의 불가능하다는 절망감을 느낀다. 내가 그동안 만나본 사람들 중 종부세를 내면서 종부세 제도를 지지하는 사람은 거의 없었다. 사업가든, 교수든, 공무원이든 종부세가 얼마나 나쁜 세금인지를 침이 마르도록 얘기하는 사람이 거의 대부분이었다.

흥미로운 점은 종부세를 내지 않는 사람들 중 상당수가 종부세 제도를 반대하는 입장에 서 있다는 사실이다. 종부세 제도가 무력화되면 당장 더 많은 세금을 내야 할 사람들이 그렇게 되기를 바란다고 말하는 이해하기 힘든 일이 벌어지고 있는 것이다. 애국심이 유달리 강해서 세금 내는 것 정도는 아무 일도 아니라고 생각하기 때문일까? 아니면 워낙 동정심이 강해 종부세 내는 부자들이 애처롭게 보여 그런 것일까?

그 어느 쪽도 아니라고 생각한다. 종부세가 무슨 세금인지, 그것이 어떤 효과를 내는지를 잘 모르기 때문에 그런 입장을 취하고 있는 게 분명하다. 하루가 멀다 하고 보수 언론이 종부세는 이래서 나쁘다 저래서 나쁘다는 기사로 도배를 하니 세뇌가 되지 않을 수 없다. 여간 심지가 굳은 사람이 아니라면 그런 일방적 선전의 영향에서 자유로울 수 없기 때문이다. 종부세를 반대한다고 말하는 사람들과 얘기해보면 거의 예외 없이 엄청난 오해를 하고 있는 것을 발견하게 된다.

이런 상황에서 종부세에 관해 공정한 논의가 이루어지기를 기대하는 것은 본질적으로 불가능한 일이다. 그 논의가 언제나 종부세는 무조건 나쁘다는 식으로 흐르고 마는 것은 전혀 이상한 일이 아니다. 종부세 내기 싫어하는 사람들이 일방적으로 몰아가는 논의가 어떤 결론으로 이어질지는 너무나도 뻔한 게 아닌가? 공정한 해결책을 찾는 것이 불가능하다는 절망감을 느끼는 이유가 바로 여기에 있다.

왜 리무진 리버럴조차 볼 수 없나?

롤즈가 말하는 무지의 장막은 실제로 존재하는 것이 아니다. 어떤 이슈에 대해 불편부당하고 공정한 태도를 취하기 위해서는 자신이 마치 그 장막에 가려진 상태인 것처럼 느껴야 한다는 뜻으로 그런 말을 한 것이다. 쉽게 말해 자신이 종부세를 낸다는 사실을 잊어야만 그런 태도를 취할 수 있다는 말이다. 건전한 시민 혹은 지식인이라면 의당 갖춰야 할 자세로서 무지의 장막이라는 개념을 도입한 것이라고 볼 수 있다.

종부세를 내는 사람들 중에는 많은 지식인들이 포함되어 있다. 우리가 '사회 지도층'이라고 부르는 사람들도 다수 포함되어 있다. 이들이 편협한 이해관계의 포로상태에서 벗어나지 않는 한 종부세에 관한 공정한 해결책은 찾을 수 없다. 자신은 편협한 이해관계에서 벗어나지 못하면서 남들에게만 불편부당하고 공정한 자세를 가지라고 요구하는 어처구니없는 일이 벌어지고 있다. 이 상황에서 공정한 사회질서를 이룬다는 것은 낙타가 바늘구멍에 들어가기보다 힘든 일이다.

미국 사회에서 일부 진보진영 인사를 비꼬아 부르는 별명으로 '리무진 리버럴'(limousine liberal)이라는 말이 있다. 자신은 리무진을 타고 다닐 정도로 화려한 생활을 하면서 없는 사람을 위해주는 척하는 모습이 우습다는 뜻이 담긴 별명이다. 한마디로 위선자라는 뜻에서 그런 별명을 붙인 것이다. 실제로 미국 진보진영의 면면을 보면 보수진영 못지않게 부유한 사람들이 많다. 이런 부자들이 진보적인 정책을 지지하는 것을 아니꼽게 보는 시선이 있는 것은 사실이다.

그런데 왜 우리 사회에서는 이런 '아니꼬운' 모습조차 찾아보기 힘들까? 우리 사회에서는 밥술이나 뜨는 사람 중에서 진보적 이념을 지지하는 사람을 거의 찾아볼 수 없다. 비단 종부세뿐 아니라 거의 모든 사회적 이슈와 관련해 우리 사회의 돈 있고 힘 있는 사람들은 자기의 이해관계에서 한 치도 벗어나려 하지 않는 모습을 보인다. 예컨대 교육이나 의료제도 문제도 돈 있는 자기들에게만 유리한 구도를 주장할 뿐 가난한 사람들과 공평하게 기회를 나눠 갖는 방안에 대해서는 도통 관심이 없다.

미국에서는 상속세 폐지 움직임에 가장 먼저 반대하고 나선 것이 빌 게이츠나 워렌 버핏 같은 부자였다. 상속세를 폐지하면 가장 이득을 볼 사람들이 먼저 반대하고 나서니 감동을 느끼지 않을 수 없다. 그들을 존경하라고 말하지 않아도 존경하는 마음이 저절로 우러나오게 된다. 그에 비하면 우리나라 부자들의 모습은 어떤가? 우리나라의 게이츠나 버핏에 해당하는 사람들은 상속세 몇 푼 덜 내려고 법망을 요리조리 피하는 요령이나 부려왔을 뿐이다. 미국 사회가 왜 늘 튼튼하고 안정된 모습을 보이는지에 대해 궁금해할 이유가 하나도 없다.

우려되는 계층 간 갈등

오늘 아침 종부세를 내고 왔지만, 이번처럼 내기가 싫은 적이 없었다. 나와 똑같은 경제적 능력을 갖고 있는 사람들이 내지 않는 세금을 나만 내야 하는 불공정성에 화가 났기 때문이다. 이제 나는 더 이상 종부세 제도에 기대를 걸지 않는다. 헌재의 위헌 결정에 힘을 얻어 정부는 이런저런 편의주의적 손질로 종부세 제도를 누더기로 만들어놓을 것이 뻔하기 때문이다. 정부가 위헌 결정의 후속조치로 내놓은 안은 벌써부터 땜질식 처방의 냄새를 짙게 풍기고 있다.

모든 국민이 무지의 장막에 가려진 상태로 종부세 문제를 논의했다면 지금과는 다른 귀결을 보게 되었으리라고 믿는다. 상당수의 리무진 리버럴들이 있어 부유한 사람들이 더 많은 세금을 내는 것은 일종의 명예라는 올바른 목소리를 냈어도 결과가 크게 달라졌으리라고 믿는다. 종부세 내는 사람들이 단 한 치도 양보하려 들지 않고, 정부가 막무가내로 이들의 손을 들어준 탓에 지금의 상황이 빚어진 것이다.

종부세 논쟁은 상위 2%의 승리로 귀결되었다. 이들이 무지의 장막을 걷어내고 자신의 이익을 노골적으로 주장한 결과 이런 승리를 거두게 된 것이다. 그러나 다른 이슈와 관련해서는 또 다른 집단의 사람들이 그들과 똑같이 무지의 장막을 걷어내고 자신의 이익을 노골적으로 주장하는 일이 벌어질 것이다. 상위 2%의 사람들도 전혀 양보를 하려들지 않는데 그들보다 가난한 우리가 왜 양보를 해야 하느냐는 볼멘소리가 나올 게 틀림없다. 종국에는 사회의 모든 계층이 한 치도 양보하려들지 않는 극도의 혼란이 빚어질지도 모른다.

최소한 우리 사회를 이끌어가는 계층에 있는 사람들만은 자신의 편협한 이해관계에서 벗어나야 한다. 스스로 무지의 장막 뒤에 가려지는 상태를 선택해 불편부당하고 공정한 자세를 유지해야 하는 것이다. 그런데 이번 종부세 논쟁에서 그들이 보인 행태는 실망스럽기 짝이 없다. 나는 앞으로 상당 기간 동안 우리 사회가 계층 간 갈등의 불안정한 양상을 보일 것이라고 전망한다. 이 모든 것의 책임이 그들과 그들을 일방적으로 편들어준 정부에 있음은 두말할 나위도 없다.

(2008.12.11)

종부세여, 안녕

얼마 전 스스로를 70대의 은퇴자라고 밝힌 시민으로부터 편지 한 통을 받았다. 자신이 종부세 때문에 얼마나 큰 고통을 받고 있는지를 상세하게 밝힌 편지였다. 이런 부당한 세금을 두둔하는 나의 각성을 촉구하기 위해 그 편지를 보냈던 것이다. 그분의 말에 한 점 거짓이나 과장이 없다는 것은 분명해 보였다. 그분이 종부세 부담으로 인해 엄청난 고통을 받고 있는 것은 움직일 수 없는 사실이었다.

이 세상에 완벽한 제도는 아무것도 없다. 출범한 지 얼마 되지 않은 종부세 제도도 이런저런 측면에서 숱한 문제점을 안고 있을 것이 분명하다. 특히 그 편지를 보낸 은퇴자처럼 아무 소득도 없는 상황에서 오래전에 사둔 집 가격이 올라 종부세를 내야 하는 사람들의 딱한 처지는 여간 심각한 문제가 아닐 수 없다. 나 역시 이것이 즉각적인 시정을 요구하는 심각한 문제임을 부정하지 않는다.

빤히 들여다보이는 속셈

그러나 이 문제를 다루는 정부와 보수 언론의 태도에는 동의하기 힘든 점이 많다. 무엇보다 우선 제기하고 싶은 의문은 종부세 납부자 중 그렇게 어려운 상황에 처해 있는 사람의 비율이 과연 얼마나 되느냐는 것이다. 보수 언론은 기회가 있을 때마다 종부세를 내는 거의 모든 사람이 그런 딱한 처지에 있는 듯한 인상을 풍기는 기사를 쓴다. 그런 사람들이 분명 있기는 하지만, 그들이 대다수를 점하는 것은 결코 아니라고 본다.

또 하나 지적해야 할 점은 이 문제가 종부세의 근본적 결함은 아니라는 사실이다. 종부세 제도를 조금만 손질해도 이 문제는 거의 해결될 수 있다. 예를 들어 종부세 과세대상 기준을 올리는 한편, 1주택 장기보유자와 고령자에 대해 경감 조처를 취해주기만 하면 된다. 이런 조처만 취해도 소득이 없는 은퇴자의 문제는 만족스럽게 해결되리라고 본다. 이렇게 비교적 간단한 보완조치로도 충분히 대응할 수 있는 문제를 마치 종부세 제도의 근본적 결함처럼 과장하는 것은 정직하지 못한 태도다.

정부의 종부세 개편안에서 가장 눈여겨보아야 할 점은 개인별 과세로 바꾼 부분과 세율을 낮춘 부분이다. 이 두 가지 조처는 소득이 없는 은퇴자의 문제와 직접적 관련이 없다. 이런 조처로 인해 발생하는 세금 경감 혜택은 주로 집 부자들에게 돌아가게 된다. 입으로는 어려운 상황에 처해 있는 납세자들의 문제를 해결해야 한다고 떠들면서, 실제로는 집 부자들에게 막대한 혜택을 건네주고 있는 것이다.

신문 보도를 보면 이번 종부세 개편안에 따라 정부 고위층 인사들이 각각 얼마만큼의 경감 혜택을 받게 될지 한눈에 알 수 있다. 이들이 그런 혜택을 받아야 할 정당한 이유를 단 한 가지만이라도 듣고 싶다. 그들이 소득 없는 은퇴자와 함께 묶여 경감 혜택을 받는다는 것은 전혀 납득할 수 없는 일이다. 정부 고위층 인사 말고도 얼마나 많은 집 부자들이 그런 뜻밖의 횡재에 즐거워하고 있을까?

정부가 이런 결과가 빚어질 것을 예상하지 못해서 그와 같은 방식의 개편을 한 것일까? 천만의 말씀이다. 정부가 이런 뻔한 결과를 예상하지 못했을 리 없다. 그렇다면 결론은 단 한 가지로 압축된다. 즉 이번 종부세 개편의 주요한 목적은 집 부자들에게 경감 혜택을 몰아주는 데 있었다는 말밖에 되지 않는다. 소득이 없는 은퇴자는 이 은밀한 게임에서 단지 사람들의 시선을 분산하는 도구로 사용되었을 따름이다.

재산세로의 통합은 답이 될 수 없다

한 걸음 더 나아가 정부는 궁극적으로 종부세를 없애 재산세로 흡수할 계획까지 밝혔다. 이에 대한 여론의 반응을 보면 '무덤덤' 그 자체인 것처럼 보인다. 대부분의 사람들이 "뭐, 그렇게 하려나 보지" 정도로 생각하는 것 같다. 그동안 종부세가 얼마나 나쁜 세금인지를 귀따갑게 들어온 터라 재산세로 통합해도 무방하리라고 생각하는 것도 무리가 아니다.

그러나 재산세로 통합되는 순간 종부세는 완벽한 사망선고를 받게 된다는 것이 진실이다. 말로는 두 세금을 통합한다고 하지만 사실은 하나를 완전히 죽이고 하나만 남기려 하는 것이 그 계획의 진의라는 말이다. 사람들이 잘 모르고 있는 사실은 종부세와 재산세의 성격이 완전히 다르다는 점이다. 국세인 종부세는 누진적 과세가 가능한 반면, 지방세인 재산세는 누진적 과세가 불가능하다는 근본적 차이가 있다.

종부세가 재산세로 통합되는 순간 누진적 과세는 불가능해진다. 주택을 세 채, 네 채씩 갖고 있는 사람에게 무거운 세금을 매길 수 있는 길이 없어진다는 말이다. 정부에서는 재산세율을 누진적으로 만들 뜻을 내비치고 있지만, 이것은 고도의 기만전략이다. 재산세율을 아무리 누진적으로 만든다 해도 전국 각지에 여러 채의 주택을 가진 사람들에게 무거운 세금 부담을 안길 방법은 없다. 재산세는 각 지방차지단체가 독자적으로 부과, 징수하는 세금이기 때문이다.

재산세로의 통합을 추진하는 정부가 이런 결과를 예상하지 못한다는 것은 말이 되지 않는다. 어떤 의도에서 이를 추진하고 있는지는 구태여 생각해볼 필요조차 없는 일이다. 어떤 방식이 되었든, 재산세로 통합했을 때의 유일한 수혜계층은 집 부자들이다. 1주택 소유자의 세금 부담은 더 커지면 커졌지 절대로 작아질 수 없다. 집 부자들에게 결정적으로 유리한 구도를 만들어준다는 것 이외의 의도는 생각하기 힘든 형편이다.

정책적 관점에서 볼 때 집 부자들에게 특혜를 줄 필요가 있다면 나는 통합에 반대하지 않는다. 살지도 않는 주택을 여러 채 보유하고 있는 것이 바람직하다면 통합을 함으로써 그들에게 특혜를 주어야 마땅한 일이다. 나는 그렇게 하는 것이 바람직한 이유를 모르기 때문에 종부세를 재산세로 통합하는 데 한사코 반대하고 있는 것이다. 다른 사람들도 이 진실을 제대로 안다면 나와 똑같은 태도를 취하리라고 믿는다.

솔직히 말해 종부세가 완벽한 사망선고를 받는다 해도 이제는 별로 아쉬울 게 없다. 헌법재판소의 잘못된 위헌 결정으로 인해 종부세 제도는 이미 공평성을 저버린 세금으로 변질되고 말았다. 그 잘못을 메우기 위해 정부가 이런저런 땜질식 처방을 내놓고 있지만, 원상으로 되돌아가지 않는 한 그 어떤 것으로도 공평성을 회복할 수 없다. 이런 불공평한 세금이라면 나도 내 학자적 양심을 걸고 두둔할 의사가 전혀 없다.

아쉬움을 뒤로 하고 안녕

종부세의 짧은 생애를 되돌아보면 아쉬운 점이 너무나 많다. 종부세를 만들어낸 참여정부 사람들이 조금만 더 정치적 센스를 발휘했다면 출범 초부터 비판의 표적이 되는 것을 피할 수 있었으리라고 믿는다. 쓸데없이 '세금폭탄'이란 말을 입에 올려 사회 분열을 조장한다는 말을 들을 필요가 있었을까? 보수 언론이 세금폭탄이란 말을 해도 손사래를 치며 그게 아니라고 부정해야 할 판이 아니었던가? 정치적 센스가 부족한 탓에 스스로 무덤을 판 격이 되었다.

종부세 과세대상 기준을 9억 원에서 6억 원으로 하향조정한 것도 과욕에 의한 치명적 실책이었다. 소득이 없는 은퇴자의 문제가 한층 더 높은 강도로 제기되는 계기를 만들었기 때문이다. 정치적 기상을 조금이라도 읽을 줄 아는 사람들이었다면 그런 무리수는 두지 않았을 것이다. 그 무리수가 종부세의 때 이른 죽음을 가져온 중요한 이유 중 하나였음에 의문의 여지가 없다.

현 정부는 정권을 잡자마자 미리 만들어둔 계획에 따라 '종부세 죽이기' 작전에 들어갔다. 압도적 다수 의석을 확보한 데다가 보수 언론에 의해 오도된 여론의 도움까지 받아 그들의 미션은 이렇다 할 저항 없이 순조롭게 완수될 수 있었다. 이로 인해 우리 조세제도의 공평성을 획기적으로 높여주는 동시에 주택 투기도 억제하는 역할까지 할 수 있었던 종부세가 때 이른 죽음을 맞게 되었다.

그렇지만 지난 일을 후회해보았자 아무 소용이 없다. 잘못 태어난 죄로 어린 나이에 세상을 떠나게 된 종부세에 작별의 인사나 보낼 수밖에 없다. 그 죽음이 우리 조세제도의 역사상 가장 불행한 사건 중 하나였다는 진실이 밝혀지려면 상당한 시간이 흘러야 할 것이다. 그러나 그날이 반드시 오고야 말 것임을 믿어 의심치 않는다.

(2009.1.6)

'아마추어' 정부의 첫 1년

4

Quo Vadis

독자에게
드리는 글

2007년 11월 〈한겨레〉가 저에게 기명 칼럼을 쓸 의향이 있느냐고 물어왔습니다. 평소 같았으면 별 생각 없이 거절하고 말았을 텐데, 그때는 상황이 조금 달랐습니다. 앞으로 사회비평의 성격을 가진 글을 제법 많이 써야 할 것 같다는 예감이 들었기 때문입니다. 대통령 선거가 거의 막바지에 이르고 있었는데, 이명박 후보의 당선이 거의 확실했습니다. 머지않아 우리 사회가 대격변의 소용돌이 속으로 휘말려 들어갈 것도 분명해 보였습니다.

'좌파정권 10년의 청산'이란 구호는 사회 전체를 오른쪽으로 돌려놓겠다는 선언을 뜻했습니다. 참여정부 말기의 무거운 사회분위기를 생각할 때 무언가 새 바람이 필요한 것은 사실이었습니다. 그러나 모든 것을 싹쓸이하듯 갈아치우겠다는 태도가 자못 위험해 보였습니다. 개혁이라는 것이 말만 쉽지 실제로 해보면 얼마나 어려운 일인지 모릅니다. 손을 대지 않아도 되는 것까지 손을 대는 과욕은 오히려 혼란만 가중시킬 뿐입니다.

저는 대선 승리 예감에 도취해 있는 그들에게 이 냉엄한 현실을 깨우쳐주어야 한다고 느꼈습니다. 그러려면 앞으로 글을 많이 써야 할 것 같다는 생각에서 〈한겨레〉의 제의를 받아들였습니다. 그해 12월 '이준구 칼럼'에 쓴 첫 글 〈섣부른 실험 삼가야 한다〉에는 앞으로 벌어질 일에 대한 제 걱정이 잘 드러나 있습니다. 검증되지 않은 아이디어로 온 사회를 뜯어고치겠다고 나서는 데 대한 걱정 말입니다.

그 후 1년 동안 이 칼럼에 열 몇 편의 글을 썼는데, 대부분 이명박 정부를 비판하는 내용이었습니다. 그래서 제 지인들로부터 "당신은 이 정부를 왜 그렇게 싫어하느냐?"는 말까지 들었습니다. 그러나 이 정부가 싫기 때문에 비판을 하는 것은 결코 아닙니다. 나라를 이끌어가는 막중한 책임을 맡은 정부가 잘못하는 점이 있으면 가차 없이 비판을 하는 것이 지식인의 임무입니다. 저는 그 지식인의 임무에 충실하려고 노력했을 뿐입니다.

참여정부를 늘 따라다니던 수식어가 바로 '아마추어 정부'라는 것이었습니다. 현실 정치의 경험이 별로 없는 운동권들이 주축을 이루고 있기 때문에 국정 운영이 미숙하다는 비아냥이었지요. 이명박 후보가 대선에서 그렇게 많은 표를 얻은 것은 '프로'에 대한 기대 때문이었을 겁니다. 화려한 경력의 소유자인 이 후보라면 진정한 프로의 면모를 보여줄 것이라는 기대가 있었기 때문에 아낌없이 표를 던져준 것이 아닐까요?

그런데 막상 뚜껑을 열고 보니 그게 아니었습니다. 지난 1년 동안 정부가 해온 것을 보면 프로다운 면모를 전혀 찾아볼 수 없습니다. 프로라면 이 목표 저 목표 사이에서 오락가락하며 위기 앞에서 갈피를 못 잡고 허둥대는 모습을 보이지는 않겠지요. 결론적으로 말해 이명박 정부가 첫 1년 동안 우리에게 보여준 모습은 참여정부 못지않은 아마추어 정부였습니다.

이 정부가 갖고 있는 태생적 한계는 '747'이라는 비현실적 공약입니다. 어느 정도 성숙한 단계에 들어선 경제가 연평균 7%의 성장률을 달성한다는 것은 거의 불가능한 일입니다. 그런데 그것이 가능하다는 말로 표를 얻었기 때문에 계속 발목이 잡혀 있는 상태입니다. 국민에게 무언가 보여주려고 하면 무리수를 둘 수밖에 없는 상황이 되어버렸습니다. 순리에 맞게 경제를 운영해왔던들 상황이 지금보다는 훨씬 더 나았을 것이라고 생각합니다.

또 하나의 심각한 문제는 국민과 소통하려는 적극적인 의지가 없다는 점입니다. 모든 일을 불도저식으로 밀어붙이려고만 할 뿐 국민의 소리에 겸허하게 귀 기울이려는 태도를 보이지 않습니다. 정말로 중요한 것은 다른 생각을 가진 사람들의 소리인데, 자기 편이 아니라고 생각하면 철저하게 귀를 막습니다. 국정을 맡은 사람들이 내 편, 네 편을 따지는 편협한 태도를 가지면 안 되는데요.

지금처럼 경제위기가 심각한 상황에서 모든 국민이 힘을 합쳐 경제 살리기에 나서야 한다는 말은 맞습니다. 그러나 정부가 입으로는 그렇게 말하면서 실제로는 다른 행동을 보입니다. 역사 교과서를 다시 쓰는 일이나 미디어업계를 재편하는 일 등 국민을 두 편으로 쪼개는 일에 더욱 열성을 보입니다. 경제상황이 이렇게 급한 터에 이념 투쟁 같은 데 에너지를 소모해서야 되겠습니까? 반대편에 있는 사람들까지 끌어안고 협조를 구해야 할 판인데요.

저는 지난 1년 동안 대략 이런 내용을 가진 글들을 그 칼럼에 써왔습니다. 2008년 12월 칼럼니스트 생활을 정리하며 마지막으로 쓴 글의 제목은 〈어둡고 긴 한 해를 보내며〉였습니다. 이 제목이 말해주듯, 이명박 정부의 첫 1년에 대한 제 평가는 그다지 호의적이지 않습니다. 더 이상의 시행착오가 없었으면 하는 제 간절한 바람을 그 글에서 읽어내실 수 있을 겁니다.

이 장에 실린 글들은 대부분 그 칼럼에 실렸던 것들입니다. 1720자라는 지면의 제약을 받았기 때문에 각 주제들에 대해 충분한 논의를 할 수 없었던 측면이 있습니다. 그러나 간결하게 요점 위주로 논의를 전개한다는 점에서 다른 글들과는 다른 맛을 느낄 수 있을지 모릅니다. 이 글들을 쓸 때 한정된 지면에 제 생각을 최대한 펼쳐 보이려고 안간힘을 쓰던 기억이 아직도 생생하게 남아 있습니다.

앞으로 꽤 많은 글을 써야 할 것 같다는 제 예감은 그대로 들어맞았습니다. 물론 저 아니라도 정부의 잘못된 점을 지적해줄 사람은 많습니다. 그러나 어디가 잘못되었는지를 정확하게 집어내 비판하는 사람은 그리 많지 않습니다. 어디가 잘못되었는지 알면서도 어떤 이유에서인지 의도적인 침묵을 지키는 사람도 많은 것 같습니다. 저는 지식인으로서의 임무를 다하기 위해 지난 1년 동안 부지런히 글을 써왔고, 이 점에 대해 나름대로 자부심을 갖고 있습니다. 하여튼 제가 느끼기에 정말로 긴 한 해였던 것 같습니다.

섣부른 실험 삼가야 한다

요즈음 우리 사회에서 지식인 대접을 받으려면 몇 가지 조건을 갖추고 있어야 한다. 무엇보다 우선 시장에 대해 조건 없는 지지를 보낼 마음의 준비가 돼 있어야 한다. 시장의 실패, 정부의 역할 같은 촌스런 말을 하는 사람은 지식인 자격이 없다. 시장의 '보이지 않는 손'이 모든 문제의 해결사라는 믿음에 털끝만큼의 흔들림이 있어도 안 된다.

또한 지금 우리 경제가 엉망으로 돌아가고 있다는 견해를 갖고 있어야 한다. 성장률은 반 토막 나고 한국경제는 샌드위치 신세가 되었다는 절망감에 사로잡혀 있어야 한다. 왜 이렇게 어려운 처지에 빠지게 되었느냐는 의문을 제기할 필요는 없다. 반기업적 정책에 모든 책임이 있다는 분명한 답을 이미 찾아놓고 있기 때문이다.

교육의 측면에서는 평준화와 3불정책을 모든 악의 근원으로 보는 안목이 필요하다. 평준화만 깨면 학력이 바로 향상되고 사교육은 모두 사라져버린다고 점칠 수 있어야 한다. 실제로는 저소득층이 평준화로 말미암아 손해를 보고 있다는 믿음도 필요하다. 그리고 대학의 경쟁력을 떨어뜨리는 원흉은 3불정책이라고 잘라서 말할 수 있어야 한다.

또 한 가지 필수조건은 영어를 잘하는 것만이 우리의 살 길이라는 믿음이다. 영어강의 비율을 높여야 우리 대학이 세계 일류가 될 수 있다고 고집을 부릴 수 있어야 한다. 세계 시민이 되려면 국어와 국사까지 영어로 배워야 한다는 선구자적 비전이 필요하다. 초등학교 때부터 영어수업을 시작하자는 화끈한 자세도 지식인답게 보이는 데 도움이 된다.

주택문제는 시장에 내맡기는 것만이 유일한 해법이라는 신념을 갖고 있어야 한다. 건설업자가 어떤 집을 지어 얼마에 팔든 그냥 내버려 두어야 한다. 누가 주택을 몇 채나 갖고 있든 다른 사람이 상관할 바 아니다. 집을 더 짓지 않는 한 집값 상승은 어떤 방법으로도 막을 수 없다. 이런 말들을 자신 있게 할 줄 알아야 지식인처럼 보인다.

한층 더 중요한 조건은 종부세의 문제점을 조목조목 지적할 수 있는 능력이다. 집 한 채밖에 없는 '불쌍한' 사람이 과세대상의 29%나 된다는 데 분노를 느껴야 한다. 과세대상 주택의 90%가 다주택 소유자의 것이라고 말하는 사람은 지식인답지 못하다. 또한 세금을 부과해보았자 집값은 꿈쩍도 않는다고 비웃을 줄도 알아야 한다.

약간의 과장이 있지만, 지금까지의 말이 그리 틀린 것은 아니라고 본다. 최소한 지도층을 자처하는 사람들이 여론을 그런 방향으로 몰아가고 있는 것만은 분명한 사실이다. 언론매체를 장악한 이들의 막강한 영향력은 이제 거의 온 국민의 생각을 지배하기에 이르렀다. 이 상황에서 그들과 다른 목소리를 내는 것은 만용에 가까운 일이 되어버렸다.

현실에 이런저런 문제점이 있다는 그들의 지적에는 귀담아들어야 할 부분이 많다. 그러나 자신의 주장만이 옳다고 주장하는 일부 지식인의 태도는 독선에 가까울 정도다. 본질적으로 정책과 관련된 문제에서 정답은 존재할 수 없다. 정답을 알고 있는 듯 말하지만, 사실은 아직 검증도 되지 않는 아이디어를 갖고 있는 데 불과할 뿐이다.

새 정부의 출범과 함께 각 방면에서 대대적인 실험이 시작되리라고 예상할 수 있다. 나도 국민의 한 사람으로서 이 실험들이 성공을 거두기를 간절히 바라고 있다. 그러나 마음 한구석에 자리 잡고 있는 불안감을 떨쳐버리기 어렵다. 섣부른 실험이 더 큰 비효율성과 혼란을 가져올 수 있음을 알기 때문이다. 개혁을 표방한 변화가 개악으로 끝나버린 숱한 사례가 과연 무엇을 말해주고 있을까.

(《한겨레》, 2007.12.26)

검은 고양이, 흰 고양이

"검은 고양이든 흰 고양이든 쥐만 잘 잡으면 된다." 흑묘백묘론(黑猫白猫論)은 실용주의적 개혁의 상징처럼 사람들의 입에 오르내리고 있다. 일반적인 상황에서 목적을 이루기 위해 수단방법을 가릴 필요가 없다는 말을 하면 그리 큰 공감을 얻을 수 없다. 어떤 사람을 가리켜 마키아벨리를 연상케 한다고 말하는 것이 결코 칭찬이 될 수 없다는 사실이 이를 잘 말해주고 있다. 그러나 덩샤오핑이 '흑묘백묘론'을 제기했을 때의 중국처럼 절박한 상황에 있을 때는 이 말이 아주 다르게 우리 마음에 와 닿게 된다. 그야말로 절박한 상황에서 수단이나 절차의 정당성을 따지는 것처럼 짜증나고 부질없는 일은 없을 것이기 때문이다.

이 당선자가 새로 출범할 정부는 보수적인 정부가 아니라 실용적인 정부가 되리라고 말한 것은 의미심장한 일이다. 그의 평소 성향으로 보아 새 정부의 기본적 성격이 보수일 것으로 기대한 사람에게는 이 말이 의외로 들렸을지 모른다. 그러나 이와 같은 방향 설정 그 자체는 매우 바람직하다고 말할 수 있다. 사실 경제를 살리는 데는 보수 이데올로기보다 실용주의적 접근법이 훨씬 더 효과적일 것이 분명하다.

다른 측면에서도 이데올로기에 구속 받지 않고 그때그때 필요한 변화를 유연하게 추구하는 것이 바람직한 방향이라는 데 별 이의가 없을 것이다.

그러나 실용주의가 도를 넘으면 원칙이 실종되고, 유연성이 주는 이득보다 원칙의 결여로 인해 생기는 손실이 더 커지게 된다. 대통령직 인수위원회(이하 인수위)가 보이는 행보에서 이런 과도한 실용주의의 낌새를 찾아볼 수 있는데, 이는 특히 영어 교육을 강조하는 교육 정책에서 짙게 나타나고 있다. 영어를 강조한다는 것 그 자체가 지극히 실용주의적인 접근법을 뜻한다. 영어를 잘해야 이 세상을 좀 더 편하게 살 수 있다는 생각이 그 어떤 심오한 철학에 기반을 두고 있을 리 없기 때문이다.

더군다나 영어 교육 강화를 추진하는 과정에서 보이는 인수위의 행태는 극단으로 흐른 실용주의의 모습을 보이고 있다. 그 단적인 예를 영어능력 우수자에게 병역특혜를 주는 방안을 고려하겠다는 말에서 찾을 수 있다. 이 말이 나오자마자 비판 여론이 끓어오르는 것을 보고 서둘러 철회하고 말았지만, 이런 생각을 했다는 자체가 인수위의 기본 성향을 그대로 잘 보여주고 있다. 이 당선자 측에서는 이제 그렇게 할 계획이 없으니 안심하라고 말할 테지만, 그들의 기본 성향이 바뀌지 않는 한 그와 비슷한 일이 계속 일어날 수 있다.

도를 넘는 실용주의는 경제의 측면에서도 나타날 가능성이 커 보인다. 경제를 살리기 위해 친기업적 정책을 쓰겠다는 이 당선자의 말에서 그런 징후를 느낄 수 있다. 지금까지 그 어떤 정치인도 감히 드러내놓고 친기업적 정책을 쓰겠다고 말한 사례는 없었다. 그런 솔직함과 과감함이 이 당선자가 갖는 매력 중 하나라는 것은 잘 알고 있지만, 어딘가 불안한 구석이 없지는 않다. 친기업적 정책이란 말이 갖는 의미를 정확하게 파악할 수 없기 때문이다. 예컨대 대불공단의 전신주를 뽑아주는 것 같은 배려에 그칠 것인지, 아니면 재벌의 요구를 무차별적으로 수용하는 데까지 이를지는 아직까지 분명하지 않다.

그동안 이 당선자나 인수위가 보여온 태도로 미루어 보면, 친기업적 정책이 재벌을 중심으로 한 기업들의 요구를 대폭 수용하는 것을 뜻한다고 보는 쪽이 맞을 것 같다. 물론 지금까지 기업들의 자유로운 활동을 방해해온 여러 가지 불필요한 규제는 이 기회에 말끔히 청산해야 한다. 그러나 이윤을 추구하는 기업의 생리상 자기중심적인 요구가 나올 수 있는데, 이에 대해 어떤 대응을 할 것인가는 매우 민감한 문제다. 기업이 돈을 잘 벌어야 국민이 잘살 수 있다는 근거에서 기업의 요구를 무분별하게 수용할 가능성이 있는데, 바로 이 점이 가장 우려스러운 대목이다.

예를 들어 지금 한창 물의를 빚고 있는 삼성그룹 비자금 문제를 친기업적 입장에서 처리한다는 것이 과연 무슨 뜻일까? 모든 일을 법률에 따라 엄격하게 처리하되 부당하게 기업 활동이 위축되는 것은 막도록 하겠다는 것일까? 아니면 삼성그룹이 국가경제에서 차지하는 비중을 감안해 그동안 저지른 비리를 적당한 선에서 눈감아준다는 것일까? 대규모의 비리를 저질렀다는 것이 명확하게 드러나는 경우에는 어쩔 수 없을 테지만, 성격이 애매하고 규모도 그리 크지 않은 것으로 드러난다면 적당히 봉합하려는 태도가 나올 가능성이 크다. 만약 이것이 바로 친기업적 정책의 실체라면 과도한 실용주의의 폐해를 우려하지 않을 수 없다.

무슨 색의 고양이든 간에 쥐만 잘 잡으면 그만이라는 접근법은 상황이 아주 심각할 때에 한해 설득력을 갖는다. 온 사회가 이런 편의주의적, 실용주의적 사고에 젖어 있으면 원칙이 바로 서기가 어렵다. 원칙이 무시되는 사회는 건강할 수 없고, 장기적 발전 또한 어렵다. 지금 우리 사회가 과감한 변화를 희구하고 있다는 것은 맞는 말이지만, 과도한 실용주의가 요구될 만큼 급박한 상황은 아니다. 어떤 점에서 보면 실용주의적 접근법을 정당화하기 위해 이 당선자 측이 위기를 과장하고 있다는 느낌까지 든다.

이 당선자가 기치로 내걸고 있는 실용주의적 접근법 그 자체를 비판하려는 의도는 없다. 다만 영어능력 우수자에게 병역특혜를 준다는 것 같은 비상식적 차원에서의 실용주의를 경계하고 있는 것이다. 이처럼 누가 보아도 말이 되지 않는 계획이 인수위에서 진지하게 논의되었다는 사실이 우리를 걱정스럽게 만든다. 이 사건을 계기로 이 당선자 측에서는 실용주의적 접근법의 정확한 진로를 다시 한 번 냉철하게 점검해보아야 한다. 또한 도를 넘는 실용주의를 스스로 통제할 수 있는 내부적 장치도 마련해놓아야 한다. 도를 넘는 실용주의는 사회의 원칙을 훼손하고 공정성에 대한 의문을 제기하게 만듦으로써 이득보다 더 큰 손해를 가져온다는 점을 잊지 말아야 한다.

(2008.2.4)

무리한 경기 부양 꿈 버려야

고속도로에서 빠른 속도로 달리다 시내에 들어오면 자동차가 느림보 거북이처럼 느껴진다. 시속 60킬로미터라면 느린 속도가 아닌데도 빠른 속도에 익숙하다 보니 그런 느낌이 드는 것이다. 그러니 늘 고속도로만 달리는 사람은 조금만 속도가 줄어도 짜증이 나는 '고속도로 증후군'에 걸리게 된다.

우리 경제도 이 고속도로 증후군으로 인해 심한 몸살을 앓고 있다. 10% 가까운 성장률에 익숙해진 우리들인지라 5%의 성장률에도 조바심을 내기 쉽다. 이 조바심 때문에 무리한 정책수단을 동원하게 되고, 그 결과 경제는 더욱 엉망이 되어간다. 시내에서 고속도로 속도로 달리는 무리를 저지르면 당연히 문제가 생길 수밖에 없는 것이다.

지난 몇 년 동안의 4, 5%대 경제성장률이 훌륭한 성과라고 말할 사람은 아무도 없다. 그러나 이것을 초라하기 짝이 없는 성과라고 깎아내리는 것은 공정한 평가가 될 수 없다. 사실 5%대 성장률이라 해서 그리 만만하게 볼 것은 아니다. 매년 5%씩 꾸준히 성장하면 14년 만에 국민소득이 두 배 수준으로 늘어날 수 있으니 말이다.

새 정부는 야심차게 7% 성장률을 공약했지만, 그 약속을 지키기가 결코 쉽지 않을 것이다. 경제가 어느 정도 성숙한 단계에서 그 정도의 성장률을 계속 유지하는 것은 아주 어려운 일이다. 지난 30년 동안 선진국들의 평균 성장률이 4% 수준을 넘은 적은 한 번도 없었다. 더군다나 최근에는 물가가 불안한 조짐을 보이고, 세계경제의 움직임까지 자못 심상치 않다.

입만 열면 '잃어버린 10년'을 외쳐온 터에 성장률 목표를 그때 수준으로 낮추기도 겸연쩍을 것이다. 상황이 어려운데도 올해의 목표를 6%로 잡아 '호기'를 부린 배경을 짐작하기는 그리 어렵지 않다. 7%를 약속한 터에 적어도 6%는 되어야 체면이 선다고 생각했을 것임에 틀림없다. 약속을 지키겠다는 의지는 좋지만, 너무 무리한 것은 아닌가 걱정이 된다.

목표 달성을 위해 인위적 부양이란 극약처방에 의존한다면 우리 경제에 치유하기 힘든 상처를 남길 수 있다. 인위적 부양을 하지 않겠노라고 다짐하지만 그 말을 액면 그대로 믿기는 힘들다. 거의 모든 전문가들이 경제성을 의심하는 대운하사업에 그토록 강한 집착을 보이는 것만 보아도 그렇다. 경기 부양이란 젯밥을 노리고 무리하게 몰아붙이고 있는 것이 아닐까?

사실 1997년 말의 외환위기는 성장의 엔진이 저속 모드로 바뀌는 과정에 제대로 적응하지 못한 데서 불거진 문제였다. 더 이상의 고속성장이 가능하지 않게 되었는데도 과거의 습관대로 경제를 운영한 대가가 바로 외환위기였던 것이다. 투자 수익률이 마이너스로 떨어지는 단계에까지 이른 과잉투자, 단기로 자금을 끌어와 장기로 빌려주는 만용이 그 단적인 예였다.

그렇다면 외환위기의 진정한 수습은 새로운 상황에 적응하기 위한 체질 개선이 그 핵심이 되었어야 했다. 그런데도 당시의 정책담당자는 고속성장의 시대로 돌아가기 위한 시대착오적 대응으로 일관했다. 그 대표적 예가 카드사용 촉진, 벤처붐 조성, 건설경기 부양 같은 무리한 정책들이었다. 당시의 정책담당자들은 중증의 고속도로 증후군을 앓고 있었던 것이다.

지금 우리 경제가 앓고 있는 중병들은 그런 시대착오적인 정책이 남긴 불행한 유산이다. 그런데 문제는 우리들이 이런 실패에서 아무것도 배운 바가 없다는 사실에 있다. 정책담당자나 사회여론을 주도하는 사람들이 모두 아직도 고속도로 증후군을 벗어던지지 못하고 있는 것이다.

7%라는 목표에 근시안적으로 매달리는 것은 결코 바람직하지 않다. 진정한 경제 살리기는 단순히 성장률을 끌어올리는 것 이상의 근본적인 변화를 뜻한다. 영양주사로 몸의 컨디션을 잠깐 끌어올린다 해서 건강이 근본적으로 개선되지는 않는 것과 똑같은 이치다. 문제의 핵심은 성장의 기반을 착실하게 다지는 데 있으며, 이는 오랜 시간에 걸친 꾸준한 노력을 필요로 하는 작업이다.

설사 운 좋게 성장률 목표를 달성한다 하더라도 이것만으로 모든 국민이 더 행복해진다는 보장도 없다. 4, 5%의 성장률이 크게 나쁜 것이 아님에도 국민의 불만이 높았던 것은 서민들의 삶이 개선되지 못했기 때문이다. '수출이 잘 되고 기업들은 돈을 잘 번다는데 우리는 뭐냐'라는 불만이 온 사회에 가득했다. 이 점이 시정되지 못한다면 7%대 성장은 빛 좋은 개살구에 지나지 않는다.

'747공약'을 허황된 것이라고 비난하고 싶은 마음은 추호도 없다. 실현가능한 목표가 아니라 하나의 비전으로 보아달라는 요청도 흔쾌히 받아들일 수 있다. 그러나 너무 화려한 장밋빛 청사진으로 국민의 기대 수준을 한껏 높여놓은 책임에서 자유로울 수는 없다. 가장 걱정스러운 것은 높아진 기대 수준에 부담을 느껴 무리수를 두게 될지도 모른다는 사실이다. 그렇게 되면 경제 살리기는 영영 이룰 수 없는 꿈이 되고 만다.

새 정부가 공약을 이행했는지의 여부는 임기가 끝난 후에야 진정한 평가가 가능할 것이다. 임기 중 반짝 성장으로 7% 목표를 달성했다고 해서 공약을 제대로 이행했다고 볼 수는 없다. 그 공약의 진정한 의미는 지속가능한 잠재성장률을 그 수준으로 올린다는 것이기 때문이다. 또한 경제성장이 '저들만의 잔치'로 끝나지 않고, 모든 국민이 그 혜택을 고루 누릴 수 있어야 한다. 이는 규제 몇 개 풀고, 세금 깎고, 이자율 낮추는 것만으로 해결될 문제가 아니다. 훨씬 더 근본적인 차원에서의 개혁이 필요하다는 사실을 잊어서는 안 된다.

(2008.3.17)

20%대 지지율의 굴욕

사상 최대 표차로 당선된 대통령의 지지율이 취임 석 달도 안 돼 20% 수준으로 곤두박질쳤다. 모든 여론조사 결과가 그렇게 나오는 것을 보면 국민의 실망이 이만저만 큰 게 아닌가 보다. 대통령 자신도 당혹스럽겠지만, 더욱 딱한 것은 큰 기대를 걸고 그를 찍어준 국민이다. 요즈음 사람들의 얼굴을 보면 희망은커녕 짜증이 가득 찬 표정이다.

사실 지지율 급락은 인수위 시절부터 이미 예견된 것이었다. 갖가지 설익은 정책으로 국민을 당황스럽게 만들 때부터 무언가 조짐이 좋지 않았다. 이에 이은 인사 파문과 쇠고기 파동을 거치면서 민심의 이반은 걷잡을 수 없는 속도로 번져나갔다. 만약 지금 이 순간 총선이 치러진다면 여당은 과연 몇 석이나 차지할 수 있을까?

모두가 잘 알고 있는 지지율 급락의 원인들을 구구하게 나열할 필요성을 느끼지 않는다. 그런데 이 모든 것의 근저에는 압도적 표차로 당선되었다는 데서 온 과도한 자신감이 있다. 바로 여기에서 웬만한 허물과 실책은 적당히 눈감아줄 것이라는 안이한 기대가 생겨났다. 또한 자기가 추진하는 모든 일을 무조건 지지해줄 것이라는 착각이 만들어졌다.

대중스타의 열렬한 팬은 그의 모든 점을 맹목적으로 사랑한다. 웬만한 잘못을 저질러도 오히려 그것을 매력으로 받아들이는 너그러움을 발휘한다. 그러나 아무리 압도적인 표차로 당선되었다 해도 대통령은 한낱 정치인일 뿐 대중스타가 아니다. 정치인은 한 걸음을 내디딜 때마다 자기를 찍어준 사람의 눈치를 조심스럽게 살펴보아야 한다.

냉정하게 말해 지난 대선은 오직 경제 살리기 공약 하나로 결판이 난 게임이었다. 따라서 이명박 후보의 압승을 그의 모든 측면, 그가 내건 모든 공약에 대한 조건 없는 지지라고 보기 어렵다. 그 반대로 '경제를 살릴 수 있다면'이란 조건부적 지지가 대선의 승패를 좌우했다고 보는 게 맞다. 조건부적 지지를 맹목적 지지로 오인한 데서 수많은 실책이 빚어졌다.

어떤 일을 하겠다고 기세 좋게 나섰다가 여론의 호된 질책을 받고 물러선 사례가 벌써 한둘이 아니다. 철저한 검증작업과 여론수렴 없이 설익은 아이디어를 마구잡이로 정책화하려 든 탓이었다. 그런 국정운영 방식까지 너그럽게 보아줄 맹목적 지지자는 별로 없다. 민심의 동향에 아랑곳하지 않는 태도가 20%대 지지율이라는 굴욕을 불렀다.

불행히도 대통령의 지지율은 아직 바닥을 친 것 같지 않은 느낌이다. 앞으로 지지율을 한층 더 떨어뜨릴 것으로 예상되는 요인들이 잠복상태에 있기 때문이다. 예를 들어 그동안 새 정부가 교육분야에서 시도한 섣부른 실험들은 머잖은 장래에 심각한 부작용을 드러내기 시작할 것이다. 그 부작용이 가시화하면서 지지율은 또다시 하향곡선을 그릴 수 있다.

여론에 순종하겠다는 겸손한 태도로 돌아가지 않는 한 지지율 상승은 불가능한 일이다. 그러나 최근의 상황을 보면 겸손함의 회복을 기대하기 어려워 보인다. 대운하 문제가 그 단적인 예지만, 여론에 구애받지 않겠다는 고집이 아직도 여전하다. 도대체 대운하 반대 여론이 지금보다 얼마나 더 높아져야 그 허황한 꿈을 접을까?

대통령의 지지율이 이렇게 낮은 수준에 머무는 것은 아무도 바라지 않는다. 자신을 뽑아준 국민을 위해서라도 분발해 지지율을 높여야 한다. 어떻게 보면 임기 초에 호된 시련을 겪는 것이 오히려 잘된 일인지 모른다. 고쳐야 할 점이 있으면 하루라도 빨리 고치는 것이 낫기 때문이다. 이것이 20%대 지지율에 담긴 국민의 바람이라는 사실을 잊어서는 안 된다.

〈한겨레〉, 2008.5.28

문제는 민생이야, 바보

  벌써 두 달이 되어가는데도 서울광장을 뒤덮고 있는 촛불은 꺼질 기색을 보이지 않는다. 그들이 밤잠 설치고 찬이슬 맞아가며 촛불을 밝혀야만 하는 이유는 과연 무엇일까? 얼마나 답답하고 화가 났으면 금쪽같이 귀한 아기들을 유모차에 태우고 거리로 나왔을까? 새 정부의 앞날은 이 속에 담긴 민심을 얼마나 정확하게 읽어내느냐에 달려 있다.

퍼주기식으로 쇠고기 협정을 체결한 배경에는 "그까짓 쇠고기쯤이야"라는 안이한 생각이 깔려 있었을 것이다. 쇠고기를 장기판의 졸 정도로 생각했기에 미국도 놀랄 만큼 선선히 모든 것을 양보해버렸음에 틀림없다. 국민이 그토록 강하게 반발할지 몰랐다고 한다면 그것은 아마추어의 구차한 변명에 지나지 않는다.

서민들 처지에서 볼 때 먹을거리의 안전은 무엇과도 바꿀 수 없는 중요한 문제다. 이념이니 뭐니 하는 것은 '고상한' 사람들에게나 중요할 뿐 서민의 삶과는 거리가 먼 문제다. 먹을거리의 안전 같은 원초적인 민생문제야말로 그 무엇보다 더 중요한 관심사가 될 수밖에 없다. 국민의 눈높이를 잘 몰랐다는 때늦은 후회는 우리를 안타깝게 만들 뿐이다.

그동안 새 정부는 경제·사회 정책의 기조를 오른쪽으로 돌려놓는 데 정신이 팔려 있었다. 그 밑에는 모든 문제가 지난 두 정부의 좌파적 정책 때문이었다는 맹목적 믿음이 깔려 있다. 이렇게 이념을 앞세우다 보니 민생문제는 뒷전으로 밀려나고 말았다. 이념도 결국 민생에 도움이 되는 한에서만 의미가 있다는 평범한 진리를 망각한 탓이었다.

사실 지난 두 정부가 이렇다 할 좌파적 정책을 써본 적도 별로 없다. 사유재산을 몰수해가지도 않았고, 기업을 국유화하지도 않았을 뿐더러, 세금을 천문학적 수준으로 높인 일도 없었다. 두 정부가 채택한 정책의 기본 골격은 종전의 보수적 정부를 그대로 답습한 것이라고 볼 수 있다. 오죽하면 참여정부를 신자유주의 정부라고 비판하는 사람까지 나오겠는가.

어쨌든 모든 정책을 이념의 잣대로 평가하는 것은 바람직한 태도가 될 수 없다. 어떤 정책이 바람직한지는 궁극적으로 국민의 복지에 기여하는 바에 따라 평가되어야 한다. 공허한 이념에서 벗어나지 못하면 정말로 국민에게 이득이 되는 정책을 펼 수 없다. 새 정부의 지난 100일이 기대에 크게 못 미친 이유가 다른 데 있는 것이 아니다.

공기업 민영화 문제만 해도 그렇다. 비효율적으로 운영되는 공기업들에 민영화란 극약처방이 필요한 것은 어느 누구도 부정하지 않는다. 그러나 민영화에 이득만 있는 것이 아니라 비용도 함께 따르는 것이라면, 사안별로 득실을 냉철하게 따져 추진 여부를 결정해야 마땅하다. 우선순위와 범위에 대한 진지한 고려 없이 맹목적으로 밀어붙이는 민영화가 문제인 것이다.

그런데도 보수진영에서는 새 정부가 더욱 강력한 이념투쟁을 전개해주기를 원한다. 어떻게 잡은 정권인데 이런 좋은 기회를 놓치려 하느냐는 말을 입에 달고 산다. 이들에게 꼭 해주고 싶은 말이 하나 있다. "문제는 민생이야, 바보!"라는 말이다. 1992년 미국 대선에서 클린턴 후보가 "문제는 경제야, 바보!"(It's the economy, stupid.)라고 외친 것처럼 말이다.

시장의 원리를 도입해 경제와 사회를 활성화한다는 아이디어 그 자체는 전혀 나무랄 데 없다. 문제는 이념의 노예가 되어 시장은 좋고 정부는 나쁘다는 식의 맹목적 사고를 한다는 데 있다. 시장원리의 도입이 때로는 서민들의 삶을 한층 더 팍팍하게 만들 수도 있다는 점을 잊어서는 안 된다. 사람들이 촛불을 통해 경고하려고 하는 바가 바로 여기에 있다.

(〈한겨레〉, 2008.6.23)

영혼이 없는 존재

대통령직 인수위원회의 서슬이 퍼렇던 시절 '공무원은 영혼이 없는 존재'라는 한 고위 관료의 말이 화제가 된 적이 있었다. 그때 대부분의 사람들은 너무나 자조적인 말이 아니냐는 반응을 보였다. 최소한의 자존심은 갖고 있어야 할 공직자가 그런 말을 서슴없이 내뱉으면 어떻게 하느냐는 게 일반적인 정서였다. 솔직히 말하면 나도 그렇게 생각한 사람 중 하나였다.

그런데 시간이 흐르면서 그런 말을 하게 된 심정을 점차 이해하는 쪽으로 바뀌어갔다. 정치인이 이래라 저래라 하는 대로 따라가야 하는 것 그 자체도 무척 피곤한 일임에 틀림없다. 어디 그뿐인가? 열심히 일을 해도 정권이 바뀌면 열심히 일한 것 그 자체가 시비의 대상이 되는 판이다. 오죽 답답했으면 자신을 영혼이 없는 존재라고 비하했을까.

현 정부가 들어오면서 공무원의 입지는 과거보다 한층 더 좁아진 듯한 느낌이다. 공무원을 개혁의 동반자가 아니라 개혁의 대상으로 보는 것 같다고 느낄 때가 많다. 심지어는 정치인의 허물을 덮는 도구로 공무원을 이용하고 있다는 인상까지 받는다. 이런 상황에서 공무원의 사기가 땅에 떨어지지 않는다면 그것이 오히려 이상한 일이다.

쇠고기 파동의 경우만 해도 그렇다. 대통령 스스로 초기 단계에서 솔직하게 사과하고 국민의 이해를 구했어도 사태가 그 정도로 번지지는 않았을 것이다. 그렇게 하지 않고 미적거리는 바람에 결국 방패막이로 나선 공무원들이 엄청난 고초를 겪어야 했다. 촛불 드라마에 등장한 수많은 영혼 없는 공무원들을 보면서 안타까운 마음을 금할 수 없었다.

172　공무원들은 이번 여름의 유난스런 무더위를 냉방이 제대로 되지 않은 사무실에서 견뎌내야 했다. 공무원이 에너지 절감에 앞장서야 한다는 그럴듯한 명분 때문이었다. 민간부문에서는 2천 원짜리 라면을 사먹는 사람도 냉방의 혜택을 누릴 수 있다. 그런데 나라를 위해 일하는 공무원들은 30도를 넘나드는 더위에도 부채질로 비지땀을 식혀야 한다.

뿐만 아니라 난데없는 승용차 홀짝제로 인해 많은 공무원들이 출퇴근에 어려움을 겪고 있다. 올림픽을 치른 중국을 빼놓고, 주요국에서 홀짝제란 과격한 규제로 고유가에 대처한 경우는 하나도 보지 못했다. 그렇게 상황이 급박하다면 전국적으로 홀짝제를 실시할 것이지 왜 공무원에게만 적용하는지 의문이 아닐 수 없다. 결국 만만한 공무원을 홀짝제 쇼의 엑스트라로 동원했다는 말밖에 되지 않는다.

공무원들이 행동으로 에너지 절감에 앞장서야 한다는 것이 틀린 말은 아니다. 그러나 공무원에게 주어진 더욱 막중한 임무는 에너지 절감의 근본적 대책을 마련하는 일이다. 부채질로 땀을 식히고 이틀에 한 번 차를 쓰지 않는 쇼는 진정으로 국민을 위하는 길이 아니다. 별

효과도 없는 전시성 정책에 공무원을 도구로 이용하는 데 문제가 있
는 것이다.

　뒤늦게 대통령이 공무원 다독이기에 나섰으나 수사만 있을 뿐 알맹
이는 없다. 아직도 문제의 핵심이 어디에 있는지 잘 모르는 눈치다.
평범한 공무원의 진솔한 목소리에 귀 기울이려고 노력하지 않으니 상
황 파악이 제대로 될 리 없다. 활짝 열린 마음으로 다가가지 않는 한,
입 다물고 사는 데 익숙한 공무원의 진심을 알아내지 못한다.

　물론 공무원들이 반성해야 할 점도 많은 것이 사실이다. 공공부문
의 혁신이 우리 사회의 주요한 현안과제라는 데 한 점 이의가 있을 수
없다. 그러나 잘못된 것은 철저히 고치되, 쓸모없는 희생을 강요해 공
무원의 사기를 떨어뜨리는 일은 하지 말아야 한다. 현명한 지도자라
면 그들이 즐거운 마음으로 나라를 위해 일할 수 있는 분위기를 만들
어주어야 한다.

（〈한겨레〉, 2008.9.11）

오락가락 정부

요즈음 경제가 돌아가는 상황을 보면, 경제를 살리겠다고 호언장담하며 들어선 정부가 과연 맞는지 의문을 갖게 된다. 지난 정부 때보다 더 나아지기는커녕 외환위기 이후 최대의 위기 국면으로 치닫고 있다. 성장도 지지부진한 데다가 물가, 외환, 주식시장 등 불안하지 않은 것이 하나도 없다. 근래에 우리 경제가 이토록 심각한 총체적 어려움에 빠졌던 적이 있던가 기억하기 힘들 정도다. 오죽하면 '9월 위기설' 같은 근거 없는 루머가 그렇게 널리 유포되는 지경에 이르렀을까?

물론 세계경제 상황이 어쩔 수 없이 경제를 어렵게 만든 것은 어느 정도 인정해줄 수 있다. 그러나 "이 정도면 선방한 셈이다"라는 말이 시사하듯, 모든 것을 세계경제 상황의 탓으로 돌리는 것은 너무나도 무책임한 태도다. 현 정부의 명백한 과오, 그것도 한두 개가 아닌 수많은 과오들이 위기상황을 불러왔다는 것은 너무나도 분명한 일이기 때문이다. 이렇게 짧은 기간 안에 그토록 많은 정책상의 과오를 저지른 정부는 그 예를 찾기 힘들 것이다.

일관성 결여가 위기 초래

그동안 정부가 저지른 가장 심각한 과오는 정책의 일관성을 유지하려는 노력을 전혀 하지 않았다는 데 있다. 상황이 전개되는 데 따라 임기응변적 대응으로 일관한 나머지 정책의 일관성을 거의 완벽하게 상실하고 말았다. 그 결과 시장이 엄청난 혼란에 휩싸이게 되고, 정부가 어떤 정책을 써도 그 약효가 제대로 발휘되지 못하는 상황이 초래되었다. 바로 이것이 지금 우리 경제가 직면해 있는 위기의 본질이며, 이것은 세계경제의 상황과 아무런 관련을 갖지 않는다. 다시 말해 지금의 위기상황은 거의 전적으로 '오락가락' 정책이 빚은 결과라고 볼 수 있다.

정책 일관성의 결여가 가장 심각한 부작용을 가져온 사례로 성장과 물가안정 목표 사이에서 오락가락해온 것을 들 수 있다. 정부가 들어선 직후는 도저히 '747공약'을 지킬 수 없는 상황이었고, 그렇다면 정책의 중심축을 물가안정에 놓아야 했다. 그런데도 747이라는 허황된 약속에 스스로 발목을 잡힌 정부는 오직 성장률을 높이는 데만 혈안이 되어 있었다. 그 결과 가중되는 물가상승 압력에 대한 초기대응에 실패해 물가까지 걱정해야 하는 상황을 만들었다.

정부는 뒤늦게 물가안정의 중요성을 깨닫고 성급하게 방향전환을 시도했지만 이미 엎질러진 물이었다. 그나마 물가안정 대책이랍시고 나온 것이 특정 품목의 가격 상승을 집중적으로 관리한다는 케케묵은 정책이었다. 개발독재 시대라면 이런 정책이 약효를 발휘했을지 모르지만, 지금처럼 민주화되고 다원화된 경제에서는 어떤 긍정적 효과도 낼 수 없다. 불과 몇 달 만에 성장에서 물가안정으로 방향을 반전시킨

데다가, 그나마 아무 효과 없는 정책으로 일관함으로써 정부에 대한 신뢰는 땅에 떨어지고 말았다.

이와 같은 오락가락 정책의 부작용이 가장 극적으로 드러나는 곳이 바로 외환시장이다. 정권 출범 직후 외환시장이 비교적 안정되어 있던 상황에서 정부는 쓸데없이 고환율정책을 추구해 혼돈의 첫 장을 열었다. 그러나 바라던 수출 증대는 일어나지 않았고 물가 불안요인만 잔뜩 부풀리는 결과를 가져왔다. 섣부른 개입은 '긁어 부스럼'이었을 뿐 아니라, 판도라의 상자를 열어 외환시장의 모든 불안요인이 한꺼번에 터져 나오게 만든 악수(惡手)였다.

그런데 더 큰 문제는 불과 몇 달이 지나지 않아 갑자기 저환율로 정책기조가 바뀌고 외환시장에 대한 정부의 대규모 개입이 감행되었다는 데 있다. 몇 달 사이에 정책기조가 정반대로 바뀔 정도로 오락가락하니 시장은 매우 큰 혼란에 휩싸일 수밖에 없었다. 환율을 내리기 위해 보유 외환을 대규모로 내다 팔았지만, 이를 비웃듯 환율은 근래 최고의 수준으로 치솟아 올랐다. 이 두 차례의 불행한 개입으로 인해 외환시장의 자율적 조정기능은 일시적으로 거의 마비상태에 빠져버리고 말았다.

순전히 가정이지만, 정부가 개입하지 않고 외환시장의 자율에 맡겨두었더라면 과연 어떤 결과가 나타났을까? 달러가 강세로 전환되어가는 추세에 따라 환율이 어느 정도 오르는 것은 불가피했을 것이다. 그러나 환율 상승의 과정이 상대적으로 더 부드러웠을 것은 분명한 일이며, 따라서 급격한 환율 변동으로 인한 부작용도 훨씬 더 줄어들었을 것이다. 정부는 지금 우리가 겪고 있는 어려움을 세계경제의 상황에 핑계를 돌리고 싶겠지만, 그와 같은 정책실패로 인한 인재(人災)의 성격을 강하게 갖고 있다.

말 뒤집기를 밥 먹듯

정부의 오락가락하는 태도는 공기업 민영화 문제에서도 찾아볼 수 있다. 예컨대 수도사업을 민영화하겠다는 말이 나오다가 얼마 지나지 않아 민영화는 없다는 말이 나온다. 이것은 정부의 기본 입장이 달라져서 그런 것이 아니라, 당정청(黨政靑) 사이의 불협화음 때문에 생긴 혼란이다. 그렇지만 일반 사람들은 정부의 태도에 변화가 생긴 것으로 인식하게 마련이고, 정책의 일관성에 대한 신뢰가 떨어지게 된다. 더군다나 한편으로 민영화를 통한 효율성 제고의 필요성을 강조하면서도, 다른 한편으로는 어느 정권보다 더 노골적인 공기업 낙하산 인사를 감행하는 모순적인 태도는 정부에 대한 신뢰를 한층 더 깎아먹는 요인이 되고 있다.

당정청이 사전조정을 제대로 하지 못하고 각자 제 마음대로 발언해 혼란을 일으키는 현상은 참여정부의 전매특허처럼 여겨져온 것이 사실이다. 바로 거기에서 경험이 없는 사람들이 이끄는 '아마추어 정부'라는 비아냥거림이 나온 것이다. 그런데 현 정부가 들어서면서 당정청 사이의 불협화음은 종전과 비교도 되지 않을 정도로 더 자주, 그리고 더 크게 들려오고 있다. 참여정부를 아마추어 정부라고 불렀다면 도대체 이 정부는 무엇이라고 불러야할지 궁금해진다.

최근 다시 그 모습을 드러낸 한반도 대운하사업의 망령에서 오락가락 정책의 극치를 보게 된다. 국민이 원하지 않으면 대운하사업을 포기하겠다고 말한 지 겨우 두 달 정도밖에 되지 않았다. 이제 거의 모든 국민이 대운하는 지나간 과거로 생각하고 있다. 그 사이에 대운하사업에 대한 지지가 극적으로 커질 이유가 그 어디에도 없다는 것은 두말할 나위도 없다. 그런데도 국토해양부 장관은 뜬금없이 대운하사업을 다시 생각해볼 수 있다는 말을 꺼낸다. 단지 말실수였다면 대통령의 호된 꾸지람이 뒤따라야 할 텐데 조용한 것을 보면 그것은 고도로 계산된 발언임에 틀림없다.

그렇다면 불과 두 달 전의 말을 번복하고 싶어 하는 정부의 태도는 과연 어디에서 나온 것일까? 땅바닥을 기던 대통령 지지율이 올림픽 특수에 힘입어 얼마간 올라간 데서 자신감을 얻은 것일까? 아무리 판단력이 무딘 사람들이라도 지지율이 잠깐 상승한 데 고무되어 대운하사업을 다시 띄워보려는 생각을 갖기는 힘들 것이다. 대통령, 그리고 대운하사업에 대한 국민의 지지도가 그리 높지 않다는 사실을 너무나 잘 알고 있을 테니 말이다.

그럴듯한 추측은 토목사업을 통해 경기를 활성화하고 싶은 구시대적 욕망이 가장 중요한 동기라는 것이다. 요즈음 갑자기 신도시, 재개발, 재건축을 통해 일자리를 창출해야 한다는 말들이 많이 나오는 것을 보면 대략 짐작할 수 있다. 토목공사로 경제를 살릴 수 있다는 낡은 사고방식의 소유자들에게 대운하사업은 정말로 포기하기 힘든 호재임이 분명하다. 그러나 불과 두 달 정도의 짧은 기간에 대운하사업 포기에서 재고로 오락가락하는 태도를 보임으로써 정부는 자신에 대한 신뢰를 스스로 깎아먹는 우를 범하고 있다. 그렇지 않아도 정부에 대한 신뢰가 바닥에 떨어진 터에 대운하사업이라는 위험한 카드를 만지작거리고 있는 모습은 불안하기 짝이 없다.

반시장적 개입 삼가야

세계경제 상황이 너무나도 어렵기 때문에 경제가 당장 살아나기를 기대할 수는 없다. 그러나 한 가지 분명한 것은 정부의 잘못된 대응이 문제를 더욱 심각한 국면으로 몰고 갔다는 사실이다. 정부가 출범 초부터 무리한 개입을 삼가고 오락가락하는 태도를 보이지 않았다면 경제상황은 지금보다 훨씬 더 나았을 것이라고 믿는다. 바람이 거셀 때는 몸을 납죽 엎드려 날려가는 위험을 피하는 것이 상책이다. 공연히 바람에 맞서 싸우겠다고 몸을 꼿꼿이 세우는 만용은 피해를 더 크게 만들 뿐이다. 정부가 바보같이 그런 만용을 부렸기 때문에 우리는 지금 겪지 않아도 되는 고통까지 겪고 있다.

그토록 시장을 부르짖으면서 등장한 정부가 걸핏하면 개입을 일삼아 시장의 자율조정 기능을 손상시킨 것은 매우 역설적인 일이 아닐 수 없다. 그나마 개입이 시장친화적인 성격을 가졌다면 부작용이 줄었겠지만, 정부가 즐겨 사용하는 개입의 방식은 반(反)시장적 규제일 경우가 많다. 현 정부는 최근 우리가 보아온 정부 중 가장 반시장적 정부 중 하나로 꼽혀야 마땅하리라고 생각한다. 정부는 지난 6개월을 되돌아보고 무엇이 잘못되었는지를 뼈저리게 반성해야 한다. 이런 반성 없이 지금까지의 반시장적 정책기조를 고수한다면 우리 경제는 상당히 오랜 기간 동안 어려움에서 빠져나올 수 없을 것이다.

747공약은 현 정부가 벗어던지려야 벗어던질 수 없는 태생적 한계다. 그 공약을 지키려고 안간힘을 쓰면 쓸수록 더 깊은 수렁으로 빠져들 수밖에 없는 상황에 직면해 있다. 이제 우리 경제의 잠재성장률은 5% 수준으로 내려와 있기 때문에 5년이란 짧은 기간 안에 성장률을 7%대로 올리는 것은 거의 불가능에 가까운 일이다. 어떤 이유로 세계경제가 전대미문의 호황국면으로 접어든다면 모를까 정상적인 상황에서는 달성할 수 없는 목표다. 지금처럼 어려운 상황에서는 그 공약을 지키려고 몸부림쳐보았자 상황을 더욱 꼬이게 만들 뿐이다.

정부는 지금 이 시점에서 무엇이 진정으로 국민을 위하는 길인지 깊이 생각해 앞으로의 진로를 결정해야 한다. 체면을 지키기 위해 7% 성장이 불가능하지 않다고 억지를 부리는 것은 결코 바람직한 일이 아니다. 현 상황에서 가장 시급한 과제는 정책의 일관성을 회복해 정부에 대한 신뢰를 높이는 일이다. 이를 통해 경제 전반을 안정시켜야만 시장의 자율조정 기능이 되살아날 수 있다. 그 대가가 너무 크기는 했지만, 지난 6개월은 아마추어들의 수습기간으로 접어줄 수 있다. 그렇지만 앞으로의 4년 6개월 동안에도 '오락가락 정부'의 오명을 그대로 달고 산다면 우리 경제는 치유하기 힘든 중병을 앓게 될 것이다.

(2008.9.6)

사이비 이론의 화려한 부활

한 무명 경제학자가 종이 냅킨 위에 그린 그림이 레이거노믹스 (Reaganomics)에 영감을 불어넣었다고 한다. 래퍼곡선이라고 하는 이 그림은 세율을 내리면 조세수입이 오히려 늘어난다는 것을 보여주고 있었다. 세율 인하가 경제를 활성화해 세원을 더 크게 만들기 때문에 그런 결과가 나온다는 것이다. 줄기차게 감세를 부르짖어오던 레이건으로서는 천군만마의 힘을 얻은 것이나 다름없었다.

그러나 레이거노믹스가 거품이었던 것으로 드러남에 따라 래퍼곡선은 사람들의 기억에서 사라져갔다. 그리고 래퍼곡선이 기반을 두고 있는 이른바 공급중시 경제학에 대한 신뢰도 땅에 떨어지게 되었다. 경제학 교과서 어느 것을 펴보아도 공급중시 경제학을 진지하게 다룬 사례는 하나도 찾아볼 수 없다. 시류를 타고 한때 반짝한 사이비 이론에 지나지 않기 때문이다.

흥미로운 것은 사망선고가 내려진 지 20년이 넘은 이 사이비 이론이 태평양 너머 한국에서 화려하게 부활하고 있다는 점이다. 감세가 경제를 살리는 묘방이라도 되는 양 떠들어대는 사람들이 그 부활의 주역임은 두말할 나위도 없다. 우리 경제가 또 한 번 이런 사이비 이론의 시험대가 되려 한다는 사실이 걱정스럽기 짝이 없다.

정부는 이번에 취한 감세정책이 대폭적 투자 증가를 가져올 것이라고 자신 있게 말한다. 도대체 어떤 근거에서 그런 자신감을 갖게 되었는지 의아스러울 따름이다. 나는 법인세율 인하가 투자 증가를 가져왔다는 믿을 만한 분석 결과를 한 번도 본 적이 없다. 경제학계에서는 심지어 법인세의 성격이 과연 무엇이냐에 대해서조차 의견의 일치를 보지 못하고 있는 실정이다.

만약 내기를 한다면 법인세율 인하의 투자 촉진효과가 별로 없다는 데 자신 있게 걸 용의가 있다. 현 상황에서 우리 기업들이 투자를 머뭇거리는 결정적 이유가 다른 데 있다고 보기 때문이다. 엄청난 현금을 깔고 앉아 있으면서 대통령의 읍소에도 꿈쩍 않는 이유가 무거운 법인세 부담에 있다고 볼 수 있을까? 이것은 대답할 가치조차 없는 의문이라고 생각한다.

투자 촉진을 위해 법인세뿐 아니라 상속세까지 깎아주겠다고 한다. 그러나 상속세 깎아준다고 중소기업들이 대규모 투자에 나서리라고 기대하는 것 역시 엄청난 오산이다. 그들의 가장 큰 고민거리는 죽어버린 소비심리, 좁디좁은 대출창구, 그리고 널뛰는 환율이다. 상속세 부담에 대한 두려움이 투자심리를 위축시키는 주 원인이라는 인식은 현실과 동떨어져 있어도 한참 동떨어져 있다.

특히 지금처럼 시스템 그 자체가 불안정한 상황에서는 감세가 허공에 대고 주먹질을 하는 격이 될 수 있다. 감세정책은 시스템이 안정되어 있는 상황에서만 기대하는 효과를 낼 수 있기 때문이다. 나중에 감세정책의 효과가 없는 것으로 판명되면 정부는 또 핑곗거리를 찾을 것이다. 그러나 주변 여건을 고려하지 않고 무리수를 둔 책임에서 자유로울 수는 없다.

결국 이번 감세정책은 부자들만을 위한 잔치로 끝날 가능성이 매우 크다. 정부는 중하위 소득계층에도 감세의 혜택이 돌아간다고 강변하지만, 그 크기는 고작 떡고물 정도에 지나지 않는다. 2006년에 상속세를 한 푼이라도 낸 사람은 0.7%에 불과한데, 감세의 최대 수혜자가 바로 이 최상위 소득계층이라는 것은 이론의 여지가 없다.

별 효과도 없는 감세정책으로 인해 미미하기 짝이 없는 우리 조세 제도의 재분배 기능은 한층 더 약화되고 말았다. 한번 내린 세금을 다시 올리기 힘들기 때문에 나중에 바로잡기도 어려운 형편이다. 경제 살리기 효과도 의심스러운 정책 탓에 두고두고 안고 가야 할 부담을 떠안게 된 셈이다. 부작용을 신중하게 고려하지 않고 막무가내로 밀어붙인 대가가 너무 클 것 같아 걱정이다.

(〈한겨레〉, 2008.9.24)

쿠오 바디스?

 역시 세상은 돌고 도는 법인가 보다. "나를 배우라"고 으스대던 미국이 서브프라임 미사일 한 방에 맥없이 비틀거리고 있다. 황금알을 낳는 거위로 부러움의 대상이었던 투자은행은 미국호의 침몰을 가져올지도 모르는 애물단지로 전락해버렸다. 시장의 자율을 부르짖던 미국 정부가 다급해지자 서슴없이 7천억 달러 돈 보따리를 풀어놓았다.

그동안 애오라지 미국 모델을 본뜨려고 노력해온 우리로서도 허탈함을 금할 수 없다. 이제 우리는 어디로 향해 나아가야 할까? 시장의 시대가 종언을 고하게 되었다는 것은 너무 성급한 진단이다. 위기가 지나가고 나면 시장의 힘찬 고동은 다시 전 세계로 울려 퍼질 것이다. 그러나 시장이 만능은 아니라는 점 하나만은 분명하게 밝혀졌다.

시장과 정부 사이의 적절한 역할 분담이란 문제에는 정답이 있을 수 없다. 나라에 따라 그리고 시대에 따라 그 답이 달라질 수밖에 없기 때문이다. 그런데도 우리는 미국 모델이 마치 모범답안이라도 되는 양 그저 베껴오기에 여념이 없었다. 이제 미국 모델이 가진 한계가 명백해진 이상 그것을 베껴오는 전략에도 근본적 수정이 필요해졌다.

스티글리츠(J. Stiglitz) 교수가 잘 지적했듯, 금융위기를 통해 시장의 위선이 적나라하게 드러났다. 잘나갈 때는 정부 간섭을 뿌리치다가 다급해지면 정부의 도움을 구걸하는 위선 말이다. 시장의 탐욕은 시스템의 위기를 가져오고, 결국 그 뒤치다꺼리는 납세자의 몫이 된다. 정부가 시장의 고삐를 놓쳤을 때 얼마나 큰 위험이 닥칠 수 있는지 생생하게 목격했다.

이번 금융위기에서 한 줄기 위안을 찾을 수 있다면, 시장근본주의의 폭주에 제동을 걸 기회를 갖게 되었다는 점이다. 정부를 몰아내고 그 자리에 시장을 갖다 앉히면 그게 바로 개혁이라는 맹목적 논리는 이제 설 자리를 잃게 되었다. 시장의 자율 못지않게 시장에 대한 적절한 감시와 통제도 중요하다는 점이 분명해졌다.

쓸모없는 규제를 대폭 정리해야 한다는 데 전혀 이의가 없다. 그러나 규제 완화의 와중에서 필요한 규제까지 떠내려가는 것은 경계해야 한다. 몇몇 금융기관의 도덕적 해이가 시스템 전체의 위기로 비화할 수 있음을 보지 않았는가? 이 점에서 볼 때 금산분리 완화 방침은 아주 위험한 도박이 아닐 수 없다. 위기의 확산을 더 빠르게, 더 광범하게 만들 것이기 때문이다.

이 순간 우리는 당장 발등에 떨어진 불부터 꺼야 하는 절박한 상황에 처해 있다. 머지않아 금융위기의 후폭풍이 거세게 휘몰아칠 것이다. 자칫 잘못하면 공들여 쌓았던 탑이 하루아침에 무너질 수도 있다. 발생 가능성이 크다고 보지는 않지만, 가장 경계해야 할 것은 부동산 거품 붕괴다. 이것만 막을 수 있다면 최악의 상황은 면할 수 있으리라고 본다.

부동산경기 부양책쯤으로 거품 붕괴를 막을 수 있으리라고 생각하면 그것은 큰 오산이다. 이런저런 부양책을 내놓아도 시장은 꿈쩍도 하지 않는 것을 눈여겨보아야 한다. 패닉의 홍수 앞에 부양책은 모래 주머니로 만든 둑에 불과할 뿐이다. 문제의 핵심은 패닉의 확산을 조기에 차단하는 데 있다. 이는 정부의 위기관리 능력에 대한 신뢰의 회복 없이는 불가능한 일이다.

지금 우리 경제는 가혹한 환경에서 대응 능력을 시험 받고 있다. 이 위기상황을 슬기롭게 헤쳐나갈 리더십이 그 어느 때보다 더 절실하게 요구되는 시점이다. 그러나 현 정부가 지금까지 보여준 것은 믿고 의지할 수 있는 리더십과 거리가 멀다. 무능력과 소통 부족으로 우리에게 실망감만 안겨주었을 따름이다. 이 리더십의 문제가 해결되지 않는 한 위기는 현재진행형으로 남아 있을 수밖에 없다.

(〈한겨레〉, 2008.10.20)

어둡고 긴 한 해를 보내며

187

유달리 길게 느껴진 한 해였다. 그렇게 느낀 것이 비단 나뿐이 아닐 것이라고 생각한다. 연초 인수위 시절부터 이런저런 일들이 한 달이 멀다 하고 터져나왔으니 그렇게 느낄 만도 하다. 뿐만 아니라 갖가지 내우에 외환까지 겹쳐 어두움이 가실 날 없는 한 해였다. 이처럼 많은 어려움이 한꺼번에 밀려온 때가 별로 없었던 것 같다.

더 큰 문제는 얼마나 더 오래 이 어두운 골짜기를 헤매야 할지 모른다는 데 있다. 아무리 어려운 상황이라 해도 곧 빠져나갈 희망이 보이면 그리 두렵지 않다. 그러나 지금의 총체적 난국은 언제나 되어야 그 수습의 가닥이 잡힐지 그저 막막하기만 한 실정이다. 경제만 어려운 게 아니다. 온 사회가 심각한 갈등 국면으로 치닫고 있다는 느낌이다.

미국발 금융위기가 현 정부의 가장 큰 불운일 수 있다. 그러나 역설적으로 현 정부의 허물을 모두 덮어버리는 편리한 핑곗거리도 될 수 있다. 그들이 나지막한 소리로 중얼거리는 것을 들어보라. 아무리 능력 있는 정부라도 이런 위기상황에서는 어쩔 수 없다는 변명을 말이다. 큰 소리로 그렇게 외치고 싶겠지만 차마 체면 때문에 그러지 못하고 있으리라.

이게 맞는 말일까? 천만의 말씀이다. 금융위기가 본격적으로 가시화되기 이전에도 숱한 실정(失政)으로 경제의 기반이 흔들리고 있었다. 줏대 없는 오락가락 정책 때문에 시장은 극도의 혼란에 빠져버리고 말았다. 이런 와중에 금융위기의 불길이 우리 경제에 옮아 붙기 시작한 것이다. 금융위기는 총체적 경제위기 전개과정의 마지막 매듭에 지나지 않을 뿐이다.

경제위기의 어두운 그림자가 점차 짙어지는데도 이에 대한 대응은 안이하기 짝이 없다. 시스템의 위기가 문제의 핵심인데, 고작 토목공사로 경기 부양을 할 생각이나 하고 있다. 이런 시대착오적 발상 때문에 틈만 나면 대운하의 망령이 고개를 든다. 유가가 반 토막이 난 상황에서 공직자 승용차 홀짝제로 경제 살리자고 떠드는 것을 보면 웃음이 터져나올 지경이다.

이 정부의 가장 큰 문제점은 국민이 무엇을 바라는지 전혀 모른다는 데 있다. 언제나 그렇고 지금처럼 어려울 때는 더욱 그렇지만, 국민의 가장 간절한 바람은 민생의 안정이다. 지난 대선에서 왜 국민이 그런 압도적인 지지를 보냈을까? 그 이유는 단 한 가지, 경제를 살리겠다는 약속 때문이었다. 길 가는 사람 누구를 붙잡고 물어봐도 똑같은 말을 할 것이다.

민생의 안정에 온 힘을 모아도 모자랄 판에 정부는 쓸모없는 일에 노력을 낭비하고 있다. 국민의 광범한 이익을 대변해야 할 본분을 망각하고 특정 이념집단의 대표 노릇을 하는 실정이다. 당장의 끼니가 급한 서민에게 '역사 바로잡기'라는 것이 과연 어떤 의미를 가질지 궁금하다. 좌파의 잔재를 쓸어낸다는 것도 극소수 이념가들의 관심사에 불과할 뿐이다.

양극화에 맞서 싸워야 할 정부가 불난 데 부채질을 하고 있는 모습을 보면 기가 막힌다. 종부세 문제만 해도 그렇다. 억울한 납세자를 구제해준다는 데 누가 반대를 하겠는가? 그런 핑계로 서민들 주머니 털어 부자들 주머니에 넣어주려고 하니 문제가 되는 것이다. 대놓고 부자를 위하는 정책 탓에 사회통합의 기반이 심하게 흔들리고 있다.

다가오는 새해는 좀 더 밝고 편안했으면 좋겠다. 나날이 쪼그라들어 가는 서민들의 주머니가 두둑해질 수 있는 기적을 바라고 싶다. 소수의 이익이 아니라 전 국민의 이익을 위해 일하는 정부를 보고 싶다. 우리에게 참다운 리더십의 모범을 보여줄 겸손하고 현명한 지도자를 보고 싶기도 하다. 길고 어두운 한 해를 보내면서 간절히 빌어보는 소망이다.

(〈한겨레〉, 2008.12.8)

시지프스의 바위, 교육

5

Quo Vadis

독자에게
드리는 글

 우리 사회에서 가장 걱정되는 부분이 어디냐고 물으면 '교육'이란 대답이 압도적으로 많으리라고 생각합니다. 자식 가진 사람 치고 교육 때문에 속을 썩인 경험이 없는 경우는 거의 없을 테니까요. 그 숱한 시행착오를 거치고도 좀체 개선되는 기색조차 보이지 않으니 걱정만 쌓일 따름입니다. 도대체 언제나 되어야 교육이 제대로 자리를 잡게 될지 막막한 심정입니다.

우리 교육에 대대적인 혁신이 필요하다는 점에 대해서는 모두가 동의하고 있습니다. 그러나 그 혁신의 구체적 내용과 방법에 대해서는 의견이 크게 엇갈리고 있습니다. 이 문제처럼 사람들의 의견이 각양각색인 경우가 드물 정도입니다. 그렇다고 어린 학생들을 실험 대상으로 삼아 어느 쪽 의견이 맞는지 검증해볼 수도 없는 일 아닙니까? 답이 없는 문제와 씨름하고 있다는 절망감을 느낄 때가 많습니다.

정부와 보수진영 사람들은 시장원리의 도입만이 우리 교육을 살리는 유일한 길이라고 믿는 것 같습니다. 학교에 자율성을 부여하고 서로 경쟁하게 만들면 모든 문제가 저절로 풀린다고 생각하는가 봅니다. 시장의 보이지 않는 손이 경제를 효율적인 방향으로 이끌어주듯,

교육에서도 그와 같은 보이지 않는 손의 마법이 발휘될 수 있다는 믿음이겠지요.

그들은 '3불정책'이 우리 교육을 망치는 주범이라고 말합니다. 고등학교들 사이에 학력 격차가 엄연히 존재하는데도 이를 무시한다는 게 말이 되느냐고 목청을 높입니다. 대학이 자기 학생을 마음대로 뽑지 못하게 만드는 나라는 우리나라밖에 없다고 불평합니다. 아주 일리가 없는 말은 아니라고 생각합니다. 그렇지만 왜 3불정책을 채택할 수밖에 없었으며 이것의 폐지가 어떤 사회적 파장을 가져올지 심각하게 생각해본 적이 있느냐고 묻고 싶습니다.

제가 보기에 우리 사회는 3불정책에 대해 너무 가혹한 평가를 내리고 있습니다. 우리 현실에서 3불정책은 어쩔 수 없이 채택할 수밖에 없는 고육책입니다. 그런데도 여론의 뭇매를 맞는 것은 부당한 일이라는 생각에서 〈억울하게 매 맞는 '3불정책'〉을 쓰게 되었습니다. 3불정책이 모든 문제의 근원인 양 말하지만, 아무리 따져봐도 결국 그 방법밖에 없다는 점을 납득시키고 싶었습니다.

3불정책이 버젓이 살아 있던 참여정부 말기에도 대학들은 교묘한 수단으로 이를 피해갔습니다. 면접이나 논술고사를 감추어진 본고사의 형태로 변질시키는 동시에, 내신 반영률을 현저히 낮춰 고교등급제 금지의 실질적 무력화를 꾀했습니다. 저는 이런 꼼수를 쓰는 대학들의 무책임한 태도에 참기 힘든 분노를 느꼈습니다. 대학이 갖는 사회적 책무를 조금이라도 생각한다면 그런 무책임한 일은 감히 하지 못했을 것입니다.

〈내신, 수능과 관련된 오해와 진실〉에는 그와 같은 제 분노가 여과

없이 표현되고 있습니다. 은밀하게 내신 반영률을 낮추는 편법을 쓰는 대학들의 무책임한 태도를 강한 어조로 비판하는 것을 보실 수 있을 겁니다. 내신성적은 그들이 생각하는 것보다 훨씬 더 중요한 정보를 담고 있을 뿐 아니라, 우리 현실에서 고교등급제를 채택하는 것은 교육자의 양심에 어긋나는 일임을 깨우쳐주고 싶었습니다.

이명박 정부의 출범과 함께 대학들은 더 이상 꼼수를 쓸 필요가 없어졌습니다. 대학들이 마음대로 입시제도를 선택할 수 있도록 만들었으니까요. 또한 고교평준화의 기본 틀을 부수려 하고 있기 때문에 이제는 고교등급제 금지도 의미를 잃게 되었습니다. 보수진영의 오랜 꿈이었던 자율과 경쟁이 3불정책을 몰아내고 새로운 교육의 기본 규칙으로 자리 잡게 되었습니다.

그렇다면 자율과 경쟁이 보이지 않는 손의 마법을 발휘할 수 있을까요? 제가 보기에 그것은 순진하기 짝이 없는 기대입니다. 난마처럼 복잡하게 얽혀 있는 우리 교육의 현실에서 자율과 경쟁은 결코 만병통치약이 될 수 없습니다. 저는 우리 교육의 현실에서 섣부른 자율과 경쟁은 더 큰 혼란으로 이어질 가능성이 크다고 봅니다. 최근 고려대학교의 수시모집을 둘러싼 극도의 혼란은 앞으로 닥칠 더 큰 혼란의 서곡에 불과합니다.

저는 이명박 정부의 교육개혁 구상에 본질적인 의문을 갖고 있습니다. 무엇보다 우선, 특정계층의 이해관계에 부응하는 방식으로 개편을 추진하는 것이 아니냐고 묻고 싶습니다. 그 특정계층이 부유층이라는 것은 구태여 밝힐 필요가 없겠지요. 뿐만 아니라 무엇을 위해 기존의 교육제도를 뜯어고치려 하는지도 분명하게 납득할 수 없습니다.

〈누구를 위한, 무엇을 위한 교육개혁인가?〉에는 이와 같은 제 의문들이 조목조목 제시되고 있습니다.

또 한 가지 의문은 도대체 무엇 때문에 영어 교육을 그토록 중시하느냐는 것입니다. 세계화의 시대에 영어 교육의 중요성이 날로 커진다는 사실을 부정하지는 않습니다. 그러나 정부의 영어 교육에 대한 편애는 누가 보아도 도에 넘칩니다. 그리고 영어 교육을 강화하는 방안에도 문제점이 많습니다. 초등학생에게까지 영어몰입교육을 실시하겠다는 희한한 발상이 그 좋은 예입니다.

영어몰입교육이 하나의 해프닝으로 끝난 것은 그나마 다행입니다. 고집을 꺾으려들지 않았으면 큰일 날 뻔 했는데요. 그러나 정부의 영어 교육 강화방안에는 아직도 많은 문제가 남아 있습니다. 〈영어 공교육 강화, 무엇이 문제인가?〉는 좀 더 신중한 자세가 필요하다는 점을 강조하고 있습니다. 현재의 안대로 밀고 나간다면 수많은 부작용이 발생할 게 뻔하기 때문입니다.

우리 사회에서 필요 이상으로 영어를 중시하는 풍조는 거의 사대주의에 가까울 정도입니다. 이런 사대주의는 정부뿐 아니라 언론기관과 대학에서도 찾아볼 수 있습니다. 유력 일간지가 대학을 평가할 때 영어강의의 비중을 평가항목 중 하나로 포함시키는 것이 그 좋은 예입니다. 실제로 영어강의가 얼마나 비효율적이라는 것을 안다면 그렇게 하지 못할 텐데요.

영어강의의 비중이 높아질수록 교육의 질이 향상된다는 것은 실상을 모르고 하는 말입니다. 아니 실상을 잘 알면서도 거짓말을 하고 있을 가능성이 큽니다. 언론기관이든 대학이든 그렇게 뻔한 사실을 모

를 리 없으니까요. 〈영어강의가 대학교육을 망친다〉는 이와 같은 대
학의 위선을 고발하려는 의도에서 쓴 글입니다. 대학에 몸담고 있는
저까지 입을 다문다면 진실은 영원히 파묻혀버리고 말지 모릅니다.

　어찌 되었든 우리 교육은 건국 이래 가장 큰 변화의 시기를 맞고 있
습니다. 그 변화가 과연 어떤 결과를 내게 될지는 아직 점치기 어렵습
니다. 솔직히 말해 저는 긍정적 효과보다 부정적 효과가 훨씬 더 클
것이라 예상하고 있습니다. 공교육 충실화는 여전히 이룰 수 없는 꿈
으로 남는 한편, 어린 학생들이 입시지옥에서 헤매는 딱한 상황은 한
층 더 심화될 것 같아 보입니다. 그러나 국민의 한 사람으로 이런 제
예측이 틀린 것으로 드러나기를 간절하게 바라고 있습니다.

억울하게 매 맞는 '3불정책'

최근 3불정책(본고사, 기여입학제, 고교등급제 금지)이 새삼스럽게 동네북처럼 여기저기서 매를 맞고 있다. 언론과 대학들이 한 목소리로 지금 우리 대학이 안고 있는 모든 문제가 마치 3불정책의 탓인 양 떠들어대고 있다. 다른 문제에 대해서는 각양각색의 의견을 내놓던 대학 행정가들이 3불정책과 관련해서는 어쩌면 이렇게 잘도 입을 맞추는가 하는 감탄이 나올 정도다. 아무리 인기 없는 정부(* 이 글에서의 정부는 '참여정부'를 뜻함)가 추진하는 정책이라지만, 이렇듯 변호하는 사람 하나 없이 뭇매를 맞아도 좋은가?

3불정책 중 기여입학제 금지 부분에 대해서는 아무 말도 하지 않으려고 한다. 이 문제에 대해서는 나의 이성과 감성이 충돌하고 있기 때문에 어느 한 방향으로 자신 있는 말을 하기 힘들기 때문이다. 이성은 기여입학제를 활용해 대학이 안고 있는 여러 문제를 해결하는 것이 바람직하다는 생각이 들게 한다. 그러나 감성은 우리 사회에서 그나마 유일하게 남은 성역, 즉 능력과 노력만이 통할 뿐 돈은 통하지 않는 영역이 함락되어서는 안 된다고 외친다. 자신 있게 말할 수 없는 부분에서는 입을 다무는 것이 상책이라고 생각한다.

본고사 실시 주장은 이기주의의 산물

그러나 본고사 금지와 고교등급제 금지와 관련해서는 하고 싶은 말이 많다. 무엇보다 우선 본고사 금지와 고교등급제 금지로 인해 대학의 경쟁력이 떨어지고 있다는 말은 정말로 터무니없는 주장이라는 점을 지적하고 싶다. 세계 유수의 대학과 비교해 우리 대학의 경쟁력이 떨어진다는 것이 사실이라면, 그 핵심적 원인은 입시제도가 아닌 다른 곳에 있다. 대학의 현실을 잘 아는 사람들이 그런 어처구니없는 핑계를 대는 것은 염치가 없는 행동이라고 생각한다.

대학의 경쟁력이란 것이 과연 무엇을 뜻하는가? 세계적으로 인정받을 수 있는 좋은 연구업적을 내고 좋은 학생들을 길러내는 것 아닌가? 그런데 입시제도 때문에 경쟁력이 떨어진다는 것은 무슨 뜬금없는 주장인지 도대체 이해가 가지 않는다. 어떤 대학이 조금 더 높은 수능 점수 얻은 학생을 받아들인다고 해서 당장 더 좋은 연구업적이 쏟아져 나올까? 그런 학생을 뽑는다고 해서 교육의 질이 당장 향상될 것인가? 조금만 생각해보면 자명한 답이 나올 수 있으리라고 믿는다.

더 좋은 연구업적을 내고 교육의 질을 향상시키는 것은 대학 스스로 담당해야 할 일이지 입시제도 탓을 할 일이 결코 아니다. 스스로 해야 할 일을 제대로 하지 못하고 애꿎은 입시제도 탓을 하는 것은 무책임한 태도가 아닐 수 없다. 지금 당장 세계적인 연구업적을 내기는 어려운 일일지 모른다. 그러나 교육의 질을 높이는 것은 조금만 노력해도 당장 이룰 수 있는 일이다. 지금 전국의 여러 대학들이 교육의 질을 높이기 위해 과연 어떤 노력을 기울이고 있는지 가슴에 손을 얹고 반성해야 한다. 기껏해야 영어강의 한답시고 교육의 질을 떨어뜨리는 일이나 하고 있는 것이 우리 대학의 현실이다.

어떤 대학이 누구를 신입생으로 뽑느냐는 기본적으로 영합게임 (zero-sum game)의 성격을 갖고 있다. 능력 있는 학생을 A대학이 뽑지 않으면 B대학이나 C대학이 뽑게끔 되어 있다. 어떤 대학이 다른 대학보다 특별하게 교육을 잘 시키지 않는 한, 어느 대학이 그 학생을 뽑아가느냐는 사회적인 관점에서 아무런 의미가 없다. 좀 더 중요한 것은 공정한 게임의 규칙을 확립해 본인이 노력한 만큼 원하는 결과를 얻을 확률을 높여주는 일이다.

본고사를 실시하지 못해 안달을 하는 대학이 많은데, 그 근저에는 맹목적인 이기심이 도사리고 있다. 어떤 한 대학이 좀 더 능력 있는 학생을 뽑는다는 점에서 볼 때 본고사가 도움이 될지 모른다. 따라서 능력 있는 학생을 먼저 뽑아가려 한다는 이기적 관점에서 보면 바람직한 입시제도일 수 있다. 그러나 사회적 관점에서 보면 본고사 실시가 이렇다 할 이득을 가져다주지 못한다. 본고사로 인해 고교 교육이 충실해질 것을 기대하기도 힘들거니와, 대학의 연구와 교육의 질이 높아지기를 기대하는 것은 더욱 힘들다.

본고사 실시의 사회적 이득은 아주 미미한 반면, 이로 인해 발생하는 사회적 비용은 엄청날 것으로 예상된다. 사교육은 선택사항이 아닌 필수사항으로 고착될 것이며, 이에 따라 서민들은 극도의 경제적 압박과 정신적 스트레스에 시달리게 될 것이다. 그렇지 않아도 파행의 길을 가고 있는 고교 교육은 한층 더 심각한 위기에 처하게 될 것이 분명하다. 비용-편익분석의 관점에서 볼 때, 본고사제도 도입은 일고의 가치도 없는 비합리적 대안이 아닐 수 없다.

근거 없는 고교등급제

고교등급제에도 본고사의 경우와 똑같은 논리를 적용할 수 있다. 개별 대학의 입장에서 보면 좀 더 나은 학생을 뽑을 수 있겠지만, 사회 전체로 보면 아무런 이득이 생기지 않는다. 사회 전체로 보아 이득될 것이 없다는 점에서 보면 본고사제도의 경우보다 오히려 더 나쁜 제도라고 말할 수 있다. 본고사제도는 그나마 학생들이 좀 더 열심히 공부할 유인을 줄 수 있는 장점이 있을 수 있지만, 고교등급제의 경우에는 사회적 관점에서 볼 때 그 어떤 긍정적 효과도 기대할 수 없기 때문이다.

고교등급제와 관련한 상황은 완벽한 영합게임의 성격을 갖는다. 따라서 높은 등급을 받게 될 학교의 학생들이 받는 이득은 상대적으로 낮은 등급을 받게 될 학생들이 받는 손실로 완전히 상쇄되기 마련이다. 대학은 좀 더 능력 있는 학생을 선발할 수 있다고 좋아하겠지만, 사회 전체의 관점에서 본 이득은 바로 0 그 자체다. 현 상황에서 B대학에 갈 학생을 고교등급제를 채택해 A대학에 배정함으로써 우리 사회에 과연 어떤 이득이 오게 될까?

반면에 고교등급제가 우리 사회에 가져오게 될 부작용은 결코 만만치 않다. 서울과 지방, 그리고 서울 안에서 강남과 강북 사이의 양극화가 한층 더 심각한 양상으로 치달을 것은 불을 보듯 뻔한 일이다. 우리 사회에서 교육이 갖는 중요성을 생각해보면, 교육의 측면에서 발생한 양극화가 사회 전반에 걸쳐 어떤 부작용을 가져올지는 너무나도 분명한 일이다. 그렇지 않아도 균형이 무너진 사회에서 아무 실익도 없는 고교등급제를 실시해 불균형을 한층 더 심화시키는 것은 상식에 어긋나는 일이다.

현행 제도하에서는 학력 수준이 높은 일부 고등학교 학생들이 불이익을 받는 공평성의 문제가 있다는 주장에도 아무 설득력이 없다. 만약 어떤 학생이 그 고등학교에 들어가도록 강요를 받았다면 분명 공평성의 문제가 제기될 수 있다. 그러나 자유롭게 거주지를 선택할 수 있는 현재의 상황에서는 그런 주장이 설득력을 잃게 된다. 불이익을 받기 싫으면 내신의 측면에서 유리하다고 생각되는 고등학교 주변으로 거주지를 옮기면 된다. 돈을 더 들여가며 일부러 좋은 학군을 찾아간 사람들이 새삼스레 불이익을 거론하는 것은 논리에 맞지 않는다.

이기주의 버려야

결론적으로 말해 3불정책이 비록 최선의 대안은 되지 못한다 하더라도 즉각 폐기되어야 할 규제는 아니다. 우리 사회의 현실에 비추어 볼 때 그와 같은 규제에는 어느 정도 불가피한 측면이 있다. 대학은 입만 열면 3불정책의 폐기를 주장하고 있지만, 자기 대학만 잘되자는 이기주의가 그 밑에 깔려 있다. 물론 대학의 자율성을 보장해주는 것이 바람직하다는 데는 아무 이의가 없다. 그러나 대학이 입시의 기본 틀을 짤 때 사회적 파장에 대한 충분한 고려 없이 이기적인 관점만 강조되는 현실에는 분명 문제가 있다.

지금의 상황에 이르게 된 과정을 돌이켜보면, 대학이 스스로 자율을 포기한 측면도 강한 것이 사실이다. 만약 어떤 대학이 다른 대학보다 학생들을 분명하게 더 잘 가르칠 능력을 갖고 있음을 명백하게 입증한다면 그 대학에 우수한 학생을 우선적으로 배정하는 것이 의미 있을 수 있다. 만약 그런 대학이 실제로 있다면, 고교등급제든 본고사든 아니면 다른 방법을 통해서든 그 대학이 우수한 학생을 선점하도록 허용하는 데 반대하지 않는다. 그러나 지금의 현실을 보면 서울대학교를 위시한 그 어떤 대학도 이 점에 대해 명확한 증거를 제시하지 못하고 있다. 이런 상황에서 입시제도 타령만 하는 것은 무책임한 태도가 아닐 수 없다.

우리 사회의 대학들이 정말로 심각하게 고민해야 할 일은 어떻게 하면 자기 대학에 들어온 학생들을 훌륭한 인재로 키워낼 수 있느냐다. 훌륭하게 교육할 능력도 없으면서 입학할 시점에서 좀 더 준비가 잘된 학생을 뽑기에만 혈안이 되어 있는 모습은 보기 흉할 따름이다. 사실 입학 때 조금 준비가 덜 된 학생들을 훌륭한 인재로 키워내는 것은 한층 더 보람 있는 일이다. 이런 중요한 과업은 뒷전에 밀어둔 채 3불정책 타령만 하고 있는 한 우리 대학은 후진성에서 결코 벗어날 수 없다.

(2007.3.24)

내신, 수능과 관련된 오해와 진실

에피소드 1: 처음 서울대학교에 부임했을 때 선배 교수 한 분에게 출석 체크는 어떻게 하느냐고 여쭤 보았다. 그분 대답이 출석하지 않아도 시험 잘 치면 공부 잘하는 사람인데 구태여 출석을 부를 필요를 느끼지 않는다는 것이었다. 나도 그분을 따라 한동안 출석을 부르지 않고 지냈다(내 강의는 대개 1백 명이 훨씬 넘는 대형 강의이기 때문에 출석을 부르기도 어려운 실정이다). 그런데 어느 때 문득 "이게 아닌데"라는 생각이 들어 그 후부터는 출석을 체크하고 결과를 성적에 반영하는 것으로 방침을 바꾸었다. 이제 나는 단지 출석만이 아니라, 정시에 강의실로 들어오는 것까지 강조한다. 일부 학생들의 불만을 알지만, 지각하는 사람은 결석으로 처리해버리는 방침을 고수하고 있다.

에피소드 2: 몇 년 전 미국 대학들을 방문하던 중 보스턴 근교의 벙커힐 커뮤니티 칼리지(Bunker Hill Community College)에 들러 그곳의 교수들과 얘기를 나누었다. 그때 한 교수가 자기가 길러낸 제자의 성공담을 자랑스럽게 들려준 것이 아직도 생생하게 기억에 남는다. 그 학생이 처음에는 공부를 못해 2년제 대학에 들어올 수밖에 없었지만,

분발해 공부한 결과 MIT에서 박사학위까지 땄다는 자랑이었다. 그 교수 말이 학생들 중에는 'late bloomer'(우리말로는 '늦되는 사람')가 있을 수 있어, 그런 사람의 감추어진 능력을 발휘할 수 있도록 도와주는 데 온 힘을 기울여왔다고 했다.

내신, 수능 그리고 코앞에 닥친 대학입시

204 2008년도 대학입시가 불과 몇 달 남지 않은 이 시점에서 내신성적을 어떻게 반영할 것인지를 두고 온 사회가 들끓고 있다. 입시전쟁을 치러야 할 학생들과 그들의 부모들이 얼마나 속을 끓이고 있을지 능히 짐작이 간다. 그런 딱한 사정은 안중에도 없는 듯 내신 상위 40%를 만점으로 처리하겠다, 안 된다 싸움을 벌이는 교육부와 대학들이 몹시 무책임해 보인다. 지금 이 시점에서 가장 중요한 것은 어찌 되었든 내년도 입시를 어떤 방식으로 진행하겠다는 확실한 방침을 하루라도 빨리 제시해주는 것이다.

최근의 언론보도를 보면, 이 싸움은 학생 선발의 자유를 확보하려는 대학과 이에 간섭해 자신의 의지를 관철하려는 교육부의 대결구도처럼 보인다. 그 아래에는 어떤 방식으로 신입생을 선발하든 대학이 자유롭게 결정하는 것이 가장 바람직하다는 의미가 깔려 있다. 원론적으로 보면, 대학이 자율적으로 선발 기준을 결정할 수 있어야 한다는 것은 맞는 말이다. 그러나 교육이 갖는 사회적 의미를 생각해본다면, 선발 기준이 전적으로 대학의 이해관계에 의해서만 결정되어서는 안 된다는 점 역시 부정하기 힘들다.

나는 지난 몇 년 동안의 대학입시 제도 변화 과정을 비교적 가까운 거리에서 관찰할 수 있었다. 서울대학교의 입시제도를 어떻게 바꾸어야 하는지 논의하는 과정에도 참여한 바 있어, 어떤 과정을 거쳐 지금의 이 지경에 이르게 되었는지를 비교적 잘 안다고 말할 수 있다. 솔직히 말해 그 논의 과정에서 나는 언제나 소수파에 속했고, 그래서 서울대학교의 입시 제도가 내가 바람직하다고 생각하는 것과 다른 방향으로 치달아가고 있는 것을 그냥 바라만 보고 있을 수밖에 없었다.

내가 보기에 이 모든 혼란의 근본적 원인은 현실을 무시한 정부(* 이 글에서의 정부는 '참여정부'를 뜻함)의 과욕에 있다. 좀 더 구체적으로 말하자면, 수능성적을 점수가 아닌 등급으로 발표해 입시전형 자료로 삼겠다고 욕심을 부린 데서 이 모든 문제가 파생되어 나왔다. 학생들이 수능성적 1, 2점에 목을 매달지 않아도 되게 만든다는 이상 그 자체는 고매하기 짝이 없다. 그러나 우리 사회, 특히 대학사회의 성향을 제대로 고려하지 않고 내려진 것이라는 데 그 치명적 약점이 있었다.

수능을 등급제로 만든 데는 대학들이 신입생을 선발할 때 작은 점수차에 신경을 쓰지 말라는 의도가 깔려 있었을 것이다. 그러나 이것은 대학교수들의 성향으로 보아 전혀 받아들일 수 없는 주문이었다. "내가 가르칠 학생을 대충 뽑는다고? 어림도 없는 소리지." 대학교수들이 정부의 주문에 순순히 응할 리 없다는 것은 너무나도 뻔한 결과였다. 수능 등급제에 대해 각 대학들이 '감추어진 본고사'라고 말할 수 있는 소위 '심층논술'이라는 무기를 들고 나온 것은 당연한 수순이었다. 정부에 의해 잘못 꿰어진 첫 단추는 대학입시를 극도의 혼란으로 몰고 가는 기폭제의 역할을 한 것이다.

205

수능 등급제의 또 다른 감추어진 의도는 내신의 상대적 비중을 높이자는 데 있었을 것이다. 대학들은 바로 이 점을 간파하고 내신을 무력화하기 위해 온갖 머리를 짜내고 있다. 내신 상위 40%를 모두 만점으로 처리한다는 것이 그리 떳떳하지 못하다는 것은 대학교수 자신들이 잘 알고 있으리라고 생각한다. 교육적인 관점에서 그것을 정당화할 수 있는 근거를 단 하나라도 찾아낼 수 없을 것임은 너무나도 뻔한 일이다. 오직 내신을 무력화하고 싶은 욕심에서 그런 무리수라도 둘 수밖에 없다고 느꼈을 것이라는 짐작이 간다.

여기서 우리는 한 가지 근본적인 의문을 제기해볼 필요가 있다. 그것은 과연 내신이 신입생의 자질을 평가하는 기준으로서 그토록 쓸모없는 것인지의 여부다. 상위 40%를 모두 만점으로 처리한다는 것은 100명 중 1등과 40등의 학생이 똑같은 자질을 가진 것으로 간주한다는 것을 뜻한다. 내가 묻고 싶은 것은 과연 이것이 적절한 평가 방식이 될 수 있느냐는 것이다. 다시 말해 내신에 담겨진 정보가 개인의 자질을 평가하는 데 그토록 가치가 없느냐고 묻고 싶은 것이다.

나는 결코 그렇지 않다고 생각한다. 내신은 수능이나 논술과는 다른 성격의 정보를 담고 있으며, 이것은 대학의 입장에서 볼 때 매우 중요한 정보가 될 수 있다는 것이 나의 믿음이다. 이 문제는 대학과 대학교육의 존재의의가 무엇이냐는 문제와 직결되어 있다. 바로 이 점에 대한 무지가 내신을 무시하는 적절치 못한 태도로 연결되었다는 것이 내 생각이다. 따라서 대학의 사회적 역할 그리고 대학교육이 갖는 진정한 의미가 무엇인지를 논의하는 일부터 시작해보기로 하겠다.

대학의 사회적 역할은 무엇인가?

나는 교육학자가 아니기 때문에 대학교육이 갖는 총체적 의미를 체계적으로 논의할 자신이 없다. 다만 경제학자의 입장에서 대학교육이 갖는 사회적, 경제적 의미를 논의해보려고 한다. 교육은 그것을 받는 사람의 생산성을 높여 그가 얻을 수 있는 소득을 높여주는 기능을 한다고 볼 수 있다. 그러나 정보경제이론의 시각에서 보면 교육의 주요한 기능은 단지 개인의 능력에 관한 정보를 전달해주는 데 있다.

기업이 사람을 뽑을 때 겉보기만으로는 그 사람의 능력을 정확히 판단할 수 없다. 이 상황에서 기업은 간접적인 방법으로나마 그 사람의 능력에 관해 평가하고 그 결과에 기초해 사람을 뽑을 수밖에 없다. 이때 가장 흔히 쓰이는 방법이 그 사람의 '학벌'을 보는 것이다. 어떤 학교를 어떤 성적으로 졸업했다는 사실에 기초해 그 사람의 능력에 대한 판단을 한다는 말이다. 말하자면 교육은 능력 있는 사람을 골라내는 '선별의 수단'(screening device)으로서 주된 의미를 갖는다는 뜻이다.

예를 들어 어떤 기업이 서울대학교 경제학부 졸업생을 채용했다고 하자. 그 사람이 갖고 있는 경제학 지식의 양을 보고 그 사람을 뽑았을까? 그것도 고려 대상이 되기는 했겠지만, 정말로 중요한 것은 서울대학교 경제학부를 졸업했다는 사실 그 자체다. 거기에다 어떤 성적으로 졸업했다는 사실까지 추가적으로 파악함으로써 그 사람이 갖고 있는 능력을 평가했던 것이라고 볼 수 있다. 이는 대학이 기업을 대신해 기업이 원하는 자질을 갖춘 사람을 골라내고 그것에 대한 정보를 전달해주는 역할을 했다는 것을 뜻한다.

이와 같은 정보경제이론의 시각이 약간 독특한 점을 갖고 있는 것은 사실이다. 그러나 현실 사회에서 교육이 수행하는 역할을 관찰해보면 이와 같은 시각이 매우 큰 현실설명력을 갖고 있음을 깨닫게 된다. 그런데 유감스럽게도 우리 사회에서 이루어지고 있는 교육에 관한 논의에는 이 정보경제이론의 시각이 전혀 반영되어 있지 못한 것을 볼 수 있다. 교육의 역할에 대한 정확한 이해 없이 진행되는 논의가 잘못된 교육정책으로 이어지게 된다는 것은 두말할 나위도 없다.

그렇다면 사회에서 원하는 자질이란 구체적으로 무엇을 뜻하는 것일까? 물론 지적인 능력이 중요한 요소임은 분명하지만, 그것에 그치는 것은 아니다. 머리는 좋은데 노력을 하지 않는 데다가 참을성까지 없는 사람은 기업의 입장에서 결코 바람직한 사람이 될 수 없다. 따라서 대학은 머리만 좋은 데 그치지 않고 성실하게 노력할 뿐 아니라 참을성도 있는 사람을 찾아내 그 사람을 써도 좋다는 신호를 기업으로 보내줘야 한다. 에피소드 1에서 내가 깨달은 바 있어 출석을 중시하는 정책으로 바꿨다는 것은 바로 이 때문이다.

기업은 일반적으로 신입사원을 뽑을 때 학점이 좋은 사람을 우대하는 정책을 쓴다. 학점이 자질에 관한 신호를 보낸다는 생각에서 그렇게 하는 것일 텐데, 이 상황에서 대학이 오직 지적 능력만을 기준으로 학점을 부여한다고 가정해보자. 이 경우 기업은 오래지 않아 학점을 중시하는 채용방침이 바람직하지 않다는 것을 깨닫게 된다. 그렇기 때문에 대학에서의 평가에 대한 신뢰를 확보하기 위해서는 지적 능력뿐 아니라 노력과 성실성, 인내심까지 고려 대상으로 삼아 학점을 부여해야만 하는 것이다.

내가 깨달은 바는 머리가 좋아 강의에 나오지 않고서도 시험을 잘 치는 학생에게 A학점을 주는 것이 바람직하지 않다는 점이다. 강의가 지루하다고 느껴도 꼬박꼬박 출석할 만큼의 성실성과 인내심을 갖는 것이 중요하다는 깨달음이었다. 그래서 출석 상황을 학점에 반영하는 정책으로 바꿨을 뿐 아니라, 강의시간에 정확히 맞춰 오는 것까지 강조하기 시작했다. 단지 머리만 좋아서는 안 되고 성실성과 인내력까지 갖춰야 A학점을 맞을 수 있게 만들어 학점이 올바른 정보를 전달할 수 있게 만들자는 것이 나의 의도였다.

나는 바로 이와 같은 정보경제이론의 시각이 대학입시 정책에도 반영되는 것이 바람직하다는 믿음을 갖고 있다. 대학이 신입생 선발 기준으로 자나 깨나 학력만을 부르짖는 것은 대학의 사회적 책임을 망각한 처사다. 내가 말하는 사회적 책임이란 사회가 원하는 자질을 갖춘 사람을 골라내는 동시에 그 자질의 정도를 평가한 정보를 전달해주는 일이다. 다음 절에서는 바로 이런 관점에서 대학들의 내신 무력화 시도를 평가해보려고 한다.

내신을 무시해도 좋은가?

내신과 수능 사이의 관계에 대해 흔히 듣는 한 가지 말이 있다. 어떤 학생이 내신은 1등급인데 수능성적은 형편없는 반면, 내신성적이 별로 좋지 않은 어떤 학생이 수능성적은 전국 상위 몇 %에 들 정도로 좋은 것처럼 양자 사이의 상관관계가 그리 크지 않다는 말이다. 이렇게 내신과 수능 사이에 차이가 나는 경우, 대부분의 사람들은 수능이 좀 더 정확한 학력의 척도인 것으로 생각하는 경향이 있다. 무슨 이유에서인지 몰라도 내신성적이 갖는 의미를 상당히 깎아서 생각하는 분위기가 지배적인 것이다.

요즈음 신문을 펼쳐보면 온갖 자료를 동원해 '내신 깎아내리기'에 혈안이 되어 있는 것을 볼 수 있다. 내신과 수능을 비교한 글들을 보면 하나같이 내신의 변별력(辨別力)이 수능에 비해 상대적으로 열등하다는 결론으로 끝나고 있다. 나는 그 '변별력'이라는 말이 정확하게 무엇을 뜻하는지 잘 모른다. 사람마다 저마다의 생각에서 이 말을 쓰고 있기 때문에 그 정확한 의미를 파악하기 힘든 점이 있다. 내 짐작으로는 많은 사람들이 학력의 척도라는 뜻에서 변별력이라는 말을 쓰고 있는 것 같다.

나는 학력의 척도로서 왜 내신성적이 그와 같은 푸대접을 받아야 하는지 잘 납득이 가지 않는다. 교육에 관해서는 전문가라고 할 수 있는 고등학교 선생님들이 평가한 것인데 일반인들이 그렇게 쉽사리 무시해버려도 좋은 것인지 의문이 아닐 수 없다. 그러나 백 보를 양보해 수능성적이 내신성적보다 더 우월한 학력의 척도라는 사실을 인정한다 하더라도, 내신을 무력화하려는 시도에는 전혀 찬동할 수 없다. 내신에는 바람직한 신입생을 뽑는 일에 귀중한 도움을 줄 수 있는 정보가 많이 포함되어 있다고 믿기 때문이다.

사회가 바람직하다고 생각하는 인재로서의 자질은 개인의 지적인 능력에 국한되지 않는다. 맡은 바 일을 성실하게 수행할 수 있는 마음의 자세와 어려운 일이라도 참고 버텨내는 인내심도 머리나 지식 못지않게 바람직한 자질이다. 내신과 수능이 과연 이와 같은 자질들의 어떤 측면과 더욱 밀접한 관계를 갖는지 생각해보자. 단정해 말하기는 어려울 수 있지만, 수능이 머리나 지식 쪽과 더 밀접한 관계를 갖는 한편 내신은 성실성이나 인내심과 더 밀접한 관계를 갖는다고 볼 수 있지 않을까?

만약 이것이 사실이라면 내신은 바람직한 신입생을 뽑는 데 아주 중요한 정보를 제공해주는 셈이다. 예를 들어 꾀부리지 않고 학교에 열심히 다니며, 수능과 관련 없는 과목이라도 열심히 듣는 사람이 높은 내신 평가를 받을 것이다. 오늘날의 비뚤어진 학교문화의 측면에서 보면 이런 사람은 똘똘하지 못하고 뭔가 바보스러운 사람이라고 말할 수 있을지 모른다. 수능과 관계없는 과목은 과감하게 제껴버리고 수업 중에 졸기를 밥 먹듯 하면서 높은 수능점수를 받는 학생을 스타로 대접할 것이라고 짐작한다. 그러나 이것이 어떤 사람의 자질에 대한 올바른 평가가 아니라는 것만은 분명한 일이다.

결론적으로 말해 어떤 사람의 자질에 대해 내신과 수능은 각기 다른 정보를 제공하고 있다. 대학은 신입생을 선발할 때 이 모든 정보들을 소중하게 활용해야 한다. 수능성적이 주는 정보만이 쓸모 있고 내신성적이 주는 정보는 쓸모없다는 생각은 잘못된 것이다. 사회에서 대학이 수행하는 역할이 무엇인지에 대한 무지가 그와 같은 잘못된 생각을 낳게 된 원인이다. 사회가 원하는 자질을 갖춘 사람을 선발해 교육하고 각자의 자질을 평가해 그 정보를 사회에 전달하는 것이 대학의 주요한 사명이라는 사실을 제대로 인식한다면 결코 내신을 무시할 수 없을 것이라고 믿는다.

고등학교 사이의 학력 격차가 크다?

내신 무력화의 또 다른 근거는 고등학교 사이의 학력 격차가 매우 크다는 점이다. 나 역시 고등학교 사이의 학력 격차가 존재하고 있음을 구태여 부정하지 않는다. 그러나 그와 같은 격차가 존재하기 때문에 고교등급제를 실시하는 것이 필요하다는 주장에는 전혀 동의하지 않는다. 설사 학력 격차가 존재한다 해도 그것이 고교등급제를 실시해야 할 충분조건을 제공해주는 것은 결코 아니다.

예를 들어 A지역 고등학교 학생의 평균적 학력이 B지역의 그것보다 현저하게 더 높다고 하자. 그렇다면 그와 같은 학력 격차가 발생한 원인이 과연 무엇일까? 애당초 A지역에는 머리 좋은 학생들만 살고, B지역에는 머리 나쁜 학생들만 살기 때문에 그런 격차가 발생한 것일까? 어느 누구도 이 질문에 자신 있게 "그렇다"라고 대답하지 못할 것이다. 그것이 아니라면 A지역 학생의 평균적 노력 수준이 B지역보다 더 높아서 그런 것일까? 나는 이런 의문을 제기하는 것 자체가 우스꽝스러운 일이라고 생각한다.

그렇다면 B지역의 고등학교에 다니는 학생의 낮은 학력을 그의 개인적 책임으로 돌릴 수 없다. 굳이 낮은 학력의 책임 소재를 찾는다면 가족 배경이나 사회적 맥락에서 찾아야 마땅하다. 어떤 종류의 사교육을 얼마만큼 받을 수 있는지, 그가 다니는 고등학교가 얼마나 대학 입시에 중점을 두는지 등에 따라 학력의 차이가 생기는 것이 분명하기 때문이다. 거주지에 위치한 고등학교에 진학해야만 하는 현재의 구도하에서 평균적 학력이 낮은 지역의 고등학교 학생에게 불이익을 주는 것은 공정한 일이 아니다.

만약 누구든 전국의 고등학교를 마음대로 선택해 진학할 수 있다면 고등학교 사이의 학력 격차를 입시전형에 반영하는 것이 어느 정도의 정당성을 가질 수 있다. 이 경우라면 평균적 학력이 높은 고등학교에 진학했다는 사실 그 자체가 의미를 갖게 될 것이기 때문이다. 이 점에서 볼 때 특목고의 경우에는 현행의 내신제도에서 예외를 인정해야 될지도 모른다. 그러나 특목고에 진학한 학생은 이미 내신의 불이익이 있음을 분명히 알고 선택한 경우이기 때문에 오히려 특혜를 주는 것이 불공정한 일이 된다.

앞으로 특목고에 대해 예외를 인정하는 것으로 정책을 바꿀 수는 있다. 우리 교육의 현실을 생각할 때 이 문제를 진지하게 검토할 필요가 있다고 생각한다. 그러나 정책이 바뀌지 않는 한 특목고 우대는 사회질서의 공정성에 대한 심각한 위협이 될 수밖에 없다. 누구든 떼를 쓰면 원하는 것을 얻을 수 있다는 나쁜 선례를 남기게 되기 때문이다. 대학이 우수한 학생을 선발하기 위한 일념에서 공정성을 파괴하는 일에 앞장선다면 사회적 책임을 다하지 못했다는 비난에서 결코 자유로울 수 없다.

우수한 학생을 선발하려는 욕심을 갖는 것은 자연스러운 일일 수 있다. 나 역시 똑똑한 제자를 가르치고 싶은 욕심을 갖고 있음을 감히 부정하지 않는다. 그러나 대학들이 현행 제도하에서 그 욕심을 맘껏 채울 수 없다고 몽니를 부리는 것은 쩨쩨한 태도가 아닐 수 없다. 내신 상위 40%에게 만점을 주겠다는 대학의 태도는 몽니를 부리는 어린애와 다를 바 없는 것처럼 보인다. 정도의 차이는 있지만 1, 2등급을 모두 만점 처리하겠다는 서울대학교도 별로 다를 바 없다. 과거에도 내신 상위 10%에 만점을 부여했기 때문에 1, 2등급 모두에게 만점을 주어도 문제가 없다는 변명은 옹색하기 짝이 없다.

대학이 현행 제도의 문제점을 당당히 지적하고 이것의 시정을 요구한다면 이를 탓할 사람이 아무도 없다. 나 역시 현행 제도가 많은 문제점을 안고 있다는 데 아무런 이의가 없다. 정부에 대해 일정한 시한을 제시하고 그 안에 문제가 해결되지 못하면 나름대로 대책을 강구하겠다는 식의 떳떳한 자세로 나왔다면 오죽 좋았을까. 지성의 보루라고 할 대학이 정도를 걷지 않고 유치한 대응책으로 일관하는 것은 무척 딱해 보인다. 그런 유치한 대응이 고등학교 교육에 어떤 영향을 미칠지 생각해 보기나 했느냐고 묻고 싶다.

이 점과 관련해 앞에서 말한 벙커힐 커뮤니티 칼리지의 에피소드는 우리에게 많은 것을 생각하게 해준다. 비록 수능점수는 낮을지라도 잠재적 능력에서는 다른 사람에 뒤지지 않는 사람이 있을 수 있다. 특히 현행의 평준화 체제하에서는 그런 감추어진 인재들이 더욱 많을 수 있다. 제대로 배울 기회가 없어 영어, 수학을 잘 못하지만 머리만은 남들에 뒤떨어지지 않는 사람을 주위에서 얼마든지 볼 수 있는 것이다. 이런 사람들을 발굴해 그 잠재능력이 화사하게 꽃필 수 있도록 도와주는 것이 진정한 교육의 보람 아닐까? 수능점수 몇 점 높은 사람을 뽑기 위해 혈안이 되어 있는 모습은 참다운 교육과 거리가 멀다.

먼 앞날을 내다보자

지금 우리 교육이 중한 병을 앓고 있다는 것은 누구나 다 알고 있는 사실이다. 그리고 이 문제의 궁극적인 해답이 공교육의 정상화에 있다는 것도 모두가 동의하고 있는 사항이다. 어떻게 하면 공교육을 정상화할 수 있는지는 많은 논의가 필요한 문제다. 지금까지 수많은 말들이 나왔지만 어느 것 하나 뾰족한 대안이 될 수 없는 서글픈 현실이다.

피폐해진 공교육으로 인해 가장 직접적인 영향을 받는 것은 아무래도 대학일 수밖에 없다. 따라서 대학이 공교육 정상화에 특별히 많은 관심을 갖고 그것을 위해 많은 노력을 기울이려는 것은 자연스러운 일이다. 그런데 이 점과 관련해 우리의 대학들은 한 가지 큰 오해를 갖고 있는 것처럼 보인다. 입시 제도를 통해 공교육 정상화에 기여할 수 있다는 오해가 바로 그것인데, 그것은 대단히 큰 착각이다. 이런 착각은 교육정책을 담당하는 사람들 사이에서도 발견할 수 있다.

'개가 꼬리를 흔드는' 것이 아니라 '꼬리가 개를 흔들어댄다'(tail wags the dog)는 말이 있다. 대학입시 하나만으로 공교육을 정상화 하겠다는 생각은 꼬리가 개를 흔들려고 하는 것만큼 어처구니없는 발상이다. 공교육이라는 거대한 몸통을 대학입시라는 꼬리 하나만으로 흔들어댈 수는 없는 일이기 때문이다. 대학이 입시 정책을 이런저런 방식으로 바꾸면 전국의 고등학교가 굽신거리며 그것에 따라오리라고 기대할 수 있을까? 공교육의 정상화는 대학입시 제도의 변화 이상의 광범한 노력을 필요로 하는 작업이다.

대학이 갖고 있는 또 하나의 오해는 지금 자신들이 취하고 있는 행동이 공교육 정상화에 도움을 준다는 잘못된 생각이다. 내신 상위 40%에 만점을 몰아주는 것이 정말로 실천에 옮겨진다면 전국의 고등학교에서 무슨 일이 벌어질 것인지 짐작해보자. 고등학생들이 예전보다 더욱 진지한 자세로 수업에 열중하는 모습은 상상하기조차 힘들 것이라고 생각한다. 수능과 관련이 없는 과목의 수업 열기가 하늘을 찌를 듯 높아지는 것은 더더구나 상상하기 어렵다. 적당히 해서 상위 40%에만 들면 된다는 분위기가 지배적이 될 것임은 누구나 쉽게 짐작할 수 있는 일이다.

나는 대학들에게 그와 같은 내신 무력화가 공교육의 정상화에 어떤 영향을 미칠지 진지하게 생각해본 적이 있느냐고 묻고 싶다. 공교육을 담당하는 사람들을 성원하고 격려해주어도 모자란 판에 그들의 자존심을 그토록 무참하게 꺾어버리면 과연 누가 공교육 정상화의 무거운 짐을 선뜻 떠안으려고 할 것인지 걱정이 아닐 수 없다. 그런 생각 없는 행동으로 공교육 정상화의 시계를 거꾸로 돌려버리면 도대체 우리는 언제나 되어야 자식을 마음 놓고 보낼 수 있는 학교를 보게 될 수 있을까?

2008년의 대학입시가 목전에 다다른 이 시점에서 더 이상의 혼란은 용납될 수 없다. 대학이 양보하든 정부가 양보하든 하루 빨리 결론을 내 수험생과 학부모들의 고통을 덜어주어야 한다. 과연 어느 쪽이 옳았는지는 먼 훗날 역사가 심판해줄 것으로 믿는다. 일단 급한 불을 끈 다음, 공교육 정상화라는 지상의 과제를 해결하기 위해 우리 모두의 지혜를 모아야 한다. 매년 입시철마다 이와 같은 혼란이 되풀이되지 않게 만들려면 긴 안목에서 1백 년을 갈 수 있는 좋은 계획을 찾는 노력부터 시작해야 한다.

(2007.6.21)

누구를 위한, 무엇을 위한 교육개혁인가?

머리말

정부(* 이 글에서의 정부는 '이명박 정부'를 뜻함)가 가장 큰 역점을 두고 있는 개혁 대상이 교육이라는 것은 인수위원회 시절부터 분명하게 드러났다. 그동안 우리 교육에 지적된 수많은 문제점을 생각해볼 때, 정부가 교육개혁에 가장 높은 우선순위를 두는 것은 당연한 일이라고 할 수 있다. 우리 국민을 쓸데없이 불행하게 만든 원인 중 하나가 교육이라는 것은 부정하기 힘든 사실이다. 현 정부가 교육개혁 하나에서만이라도 성공을 거두어도 역대 최고의 정부로 칭찬 받게 될지 모른다.

그러나 문제는 교육개혁이라는 것이 말처럼 쉽지 않다는 데 있다. 이전의 모든 정부도 현 정부 못지않게 교육에 많은 관심을 가져왔다. 이것도 해보고 저것도 해보는 식으로 온갖 것을 다 실험해보았지만 나아진 것은 거의 없었다. 학생들은 여전히 쓸모없는 공부에 시달리고 있으며, 학부모들은 엄청난 사교육비 부담에 짓눌려 허리 한 번 펼 틈도 없이 살아가고 있다.

구체적으로 우리 교육의 어디가 잘못 되어 있는지 말해보라고 하면 다양한 의견이 나올 수 있다. 그중 가장 많은 사람들이 지적하리라고 예상되는 것은 단연 부실한 공교육이다. 교육개혁 과제의 우선순위를 매길 때 거의 모든 사람들이 '공교육 충실화'를 가장 높은 순위에 올려놓을 것이 분명하다. 공교육이 충실화되기만 하면 지금 우리 교육이 안고 있는 많은 문제들이 한꺼번에 해결될 것임은 의심의 여지가 없는 사실이다.

그러나 공교육 충실화라는 것이 구체적으로 무엇을 뜻하느냐에 대해서는 의견의 통일이 쉽지 않다. 두 사람이 똑같이 공교육 충실화를 부르짖고 있어도 교육이 어떻게 변화해야 하는지에 대해서는 천양지판으로 다른 생각을 갖고 있을 가능성이 크다. 예컨대 "학교에서 잘 가르쳐야 한다"는 말이 실제로는 수없이 다른 의미로 사용되고 있다. 이처럼 의견이 분분한 상태가 진정한 공교육 충실화를 추진하기 어렵게 만드는 주요한 원인으로 작용하고 있다.

많은 사람들이 "공교육이 충실해져야 사교육 수요가 줄어든다"는 말을 하고 있다. 이 말에서의 공교육 충실화는 입학시험 준비를 만족스럽게 시켜줄 수 있음을 뜻한다. 말하자면 학교가 학원 같은 입시준비기관으로 다시 태어나는 것을 바로 공교육 충실화로 보고 있는 셈이다. 그러나 학교는 입시준비기관이 될 수도 없고 되어서도 안 된다. 학교가 학교이기를 포기하고 학원을 닮아가려고 한다면 우리 교육은 헤어나오기 힘든 타락의 구덩이로 빠져버리고 말 것이다.

교육개혁의 첫걸음은 진정한 의미에서의 공교육 충실화가 무엇인지를 정립하는 것으로부터 떼어야 한다. 학교로 하여금 무엇을 어떻게 가르치도록 만들 것인지에 대한 명확한 답을 찾아놓아야 비로소 교육개혁의 밑그림을 그릴 수 있다는 말이다. 그런데 현 정부의 신자유주의적 교육개혁안에는 이 점에 대한 고민의 흔적을 전혀 찾아볼 수 없다. 그렇기 때문에 이 교육개혁안은 알맹이가 빠진 빈껍데기 같은 느낌만을 주고 있다.

정부 교육개혁안의 핵심은 평준화의 기본 틀을 해체하고 경쟁구도를 도입한다는 데 있다. 경쟁을 통해 교육의 효율성을 높일 수 있다는 논리지만, 그 경쟁의 성격이 무엇인지를 생각하면 문제가 그리 간단치 않을 것임을 쉽게 짐작할 수 있다. 수많은 자사고, 특목고들이 설립되어 자유경쟁체제로 들어간다고 할 때, 이들이 무엇을 경쟁의 수단으로 삼게 될까? 좋은 대학에 얼마나 많은 학생을 입학시키느냐를 경쟁의 수단으로 삼을 것이 너무나도 뻔하다. 이와 같은 경쟁이 진정한 교육의 질 향상을 가져올 가능성은 거의 0에 가깝다 해도 과언이 아니다.

교원평가제나 전국단위 학력평가(이하 일제고사) 등의 평가 제도를 통해 교육의 효율성을 높인다는 구상도 현실의 높은 벽에 부딪혀 좌초할 가능성이 크다. 정부는 그와 같은 평가 제도가 가져올 긍정적 효과만 강조하지만, 막상 그 제도가 시행되었을 때 나타날 부작용은 의외로 클 수 있다. 현재의 정부안대로 평가 제도를 도입할 때 얻는 것과 잃는 것을 비교해보면, 잃는 것이 더 많다는 결론이 나올 가능성이 크다.

지금 정부가 추진하고 있는 신자유주의적 교육개혁이 진정한 의미에서의 공교육 충실화를 가져올 가능성은 지극히 희박하다. 오히려 그 반대로 학교들이 입시준비기관으로 타락하는 추세를 부추길 가능성이 크다. 창의성과 경쟁력을 갖춘 인재의 양성은커녕, 쓸모없는 입시준비로 무기력해진 젊은이들만 대량생산하는 결과를 빚게 될 것이다.

뿐만 아니라 다음과 같은 두 가지의 심각한 부작용으로 인해 거센 후폭풍이 예상되고 있다. 하나는 사교육 수요가 엄청나게 늘어나 서민들의 생계비 압박이 한층 더 심해질 것이라는 점이다. '사교육 대란'의 조짐은 이미 우리 사회 도처에서 목격되고 있다. 자사고, 특목고, 국제중이 하나씩 문을 열 때마다 사교육 수요는 기하급수적으로 늘어갈 것이라는 데 의문의 여지가 없다.

또 다른 하나는 신분이동의 통로가 좁아져 사회적 계층구조가 고착화되는 결과를 낳게 될 것이라는 점이다. 그동안의 우리 교육에 그나마 밝은 면이 하나 있다면, 그것이 활발한 신분이동의 통로 역할을 해왔다는 점이다. 지금 우리 사회의 상층부를 구성하고 있는 많은 사람들이 이 교육이라는 통로를 이용해 현재의 위치로 옮겨왔다는 것은 잘 알려진 사실이다. 신자유주의적 교육개혁으로 인해 이 통로가 엄청나게 좁아지는 결과가 나올 것은 거의 분명한 사실이다.

사전에 모든 부작용을 고려해 정책을 만드는 것은 현실적으로 불가능할지 모른다. 그러나 생각할 수 있는 것은 모두 고려해 정책에 반영해야 개혁이 '개악'으로 변질되는 것을 막을 수 있다. 그런데도 정부는 뻔히 예상되는 부작용에도 전혀 주의를 기울이지 않고 막무가내로 신자유주의적 교육개혁을 밀어붙이고 있다. 이로 인해 우리 국민이 치러야 할 비용을 생각하면 벌써부터 한숨이 나온다. 섣부른 실험으로 인해 우리 교육에 또 한차례 불어닥칠 혼란의 폭풍이 두렵기만 할 따름이다.

무엇을 어떻게 가르치느냐가 문제의 핵심이다

현 정부와 이를 지지하는 사람들은 평준화의 틀을 깨지 않는 한 교육의 개혁은 불가능한 일이라고 생각하는 것 같다. 평준화가 학생들의 실력 저하는 물론 사교육의 창궐을 가져오는 등 모든 악의 근원인 것처럼 인식하고 있는 듯하다. 현재 우리가 채택하고 있는 평준화의 기본 틀이 많은 문제를 안고 있다는 것을 부정하는 사람은 없다. 그러나 평준화를 해체한다고 해서 모든 문제가 해결되는 것은 아니라는 데 우리의 고민이 있다.

좋든 싫든 간에 30년 이상의 역사를 가진 평준화는 우리 교육의 현실이 되어버렸다. 사람은 누구나 현실에 적응해 살게 마련이고, 따라서 우리 모두가 이런 교육 현실에 적응한 상태로 살아왔다. 이런 상황에서 평준화의 기본 틀을 하루아침에 해체해버린다면 사람들은 새로운 환경에 적응하기 위해 천문학적인 비용을 지불해야 한다. 평준화 해체가 어떤 긍정적 효과를 낼지 몰라도, 이런 엄청난 사회적 비용을 상쇄하고도 남을 정도인지는 의문이 아닐 수 없다.

솔직히 말해 평준화 도입 초기단계에서는 나도 그것에 반대하는 입장을 가졌다. 그러나 이미 하나의 현실이 되어버린 지금의 상황에서는 평준화의 기본 틀을 계속 유지하는 것이 바람직하다는 것으로 생각이 바뀌었다. 평준화 해체라는 과격한 변화를 추구하기보다는 평준화의 기본 틀을 유지하면서 바람직하지 못한 측면을 고쳐나가는 쪽이 더 낫다는 믿음을 갖게 되었기 때문이다.

평준화의 틀을 깨기만 한다고 해서 우리가 바라는 개혁이 저절로 이루어지는 것은 아니다. 학습능력이 천차만별로 다른 학생들을 함께 모아 교육하는 것이 비효율적임을 부정하기 힘들다. 또한 고등학교들이 평준화 체제에 안주해 교육의 질을 높이려는 노력을 소홀히 하고 있다는 지적에도 일리가 있다. 그러나 학습능력이 비슷한 학생들을 모아놓고 고등학교들이 서로 경쟁하게 만드는 것만으로 모든 문제가 저절로 해결되는 것은 아니다.

현실적으로 고등학교 사이에서의 경쟁은 어느 학교가 대학입시에서 더 좋은 성적을 올리느냐는 관점에서 이루어질 가능성이 크다. 사람들이 말로는 '공교육 충실화'를 부르짖지만, 마음속으로는 '공교육의 대입 준비기관화'를 바라고 있음을 부정하기 힘들다. 고등학교들이 대입 준비에 목을 걸고 있는 한 진정한 의미에서의 공교육 충실화는 이루어질 수 없다. 그런 차원에서의 경쟁이 심화된다면 우리 교육은 한층 더 극심한 황폐화의 길을 걷게 될 것이 뻔하다.

진정한 교육개혁은 교육의 내용을 혁신하는 데 있다. 무엇을 어떻게 가르쳐야 할 것인지가 문제의 핵심이며, 학교들 사이에서의 경쟁은 바로 이 관점에서 이루어져야 한다. 공부가 학생들의 삶에 도움이 되도록, 그리고 흥미를 느껴 스스로 공부할 수 있도록 만든다는 차원에서의 경쟁이 이루어져야 한다는 말이다. 이런 성격의 경쟁이 이루어져야만 교육의 질이 개선될 수 있으며, 진정한 의미에서의 공교육 충실화가 이루어질 수 있다.

그렇지만 정부가 제시한 교육개혁안에는 이 점에 대해 이렇다 할 대책이 마련되어 있지 못한 상황이다. 다만 자사고, 특목고를 많이 만들어 경쟁을 부추기면 모든 문제가 저절로 해결된다는 식의 맹목적 논리만이 보일 뿐이다. 어느 학교가 대학입시 준비를 더 잘 시켜줄 수 있는지를 놓고 치열한 경쟁을 벌이는 것은 결코 문제의 해결에 도움이 될 수 없다. 이런 소모적 교육하에서 창의성과 경쟁력을 갖춘 인재를 길러내는 일은 꿈조차 꿀 수 없는 일이 되고 만다.

무엇을 어떻게 가르쳐야 하는지의 문제는 평준화 해체 여부와 직접적 관련이 없다. 평준화의 기본 틀을 깨야만 교육 내용의 혁신이 가능한 것은 아니기 때문이다. 적절히 보완하기만 하면 평준화의 기본 틀을 그대로 유지하면서도 획기적인 교육 내용의 혁신을 이룰 수 있다. 그런데도 평준화의 기본 틀을 깨는 데만 열중하고 있는 정부의 태도를 보면 본말이 전도되었다는 느낌을 받는다. 이런 맹목적인 접근방식은 개혁이 아닌 개악을 가져올 가능성이 크다.

평가 제도에 대한 과도한 의존은 위험하다

정부는 교육의 질을 향상시키는 핵심 수단으로 교원평가제나 일제고사를 활용하려는 계획을 갖고 있다. 이와 같은 평가 제도가 교육의 효율성을 높이는 데 어느 정도 유용한 역할을 할 수 있는 것은 사실이다. 교사들과 학생들에 대한 일체의 평가를 거부하는 것은 정당한 주장이 될 수 없다고 본다. 그러나 그와 같은 평가 제도가 갖는 본질적인 한계를 신중히 고려해 적절한 평가 방식을 생각해내지 않으면 안 된다.

공교육의 충실화를 위해 주도적 역할을 해야 할 사람들이 바로 교사들이라는 데 이의가 있을 수 없다. 그리고 교사들이 이런 막중한 임무를 성공적으로 수행하기 위해서는 크게 분발해야 한다는 데도 대부분의 사람들이 의견을 같이 하고 있다. 현재의 부실한 공교육의 모든 책임을 교사에게 묻는 것은 부당한 일이지만, 최소한 부분적인 책임은 져야 한다고 생각한다.

문제는 어떤 방법으로 교사들의 분발을 촉구하느냐에 있다. 정부는 교원평가제가 교사들로 하여금 능력 배양에 힘쓰고 열심히 가르치게 만드는 당근과 채찍의 역할을 할 수 있다고 믿는 것처럼 보인다. 이 믿음은 능력과 성실성이 객관적 수치로 평가되어 나오고 이것이 인사에 반영되면 교사 스스로 최선의 노력을 기울일 것이 아니냐는 단순 논리에 그 근거를 두고 있다. 시장에서 유용한 역할을 하는 유인체계를 교육에도 도입해보자는 발상이라고 볼 수 있다.

어떤 방식으로든 교사의 능력과 성실성에 대한 평가가 이루어져야 한다는 점에 대해서는 전혀 이의가 없다. 그러나 현재의 정부안처럼 학생과 학부모가 교사에 대한 평가에 참여하는 방식에 대해서는 심각하게 재고해볼 필요가 있다. 얼핏 생각해보면 교육의 실수요자인 학생과 학부모가 교사 평가에 참여하는 것이 당연한 일일 수 있다. 또한 그들이야말로 교사의 능력과 성실성을 가장 잘 평가할 수 있는 사람이라는 논리도 성립할 수 있다.

그러나 현실적 관점에서 볼 때, 학생과 학부모들이 교사를 평가하는 체제는 얻는 것보다 잃는 것이 더 많을지 모른다. 이 체제로 인해 얻게 되는 것으로는 학생과 학부모가 교사의 무능력과 불성실함에 대한 효과적인 견제수단을 갖는다는 점을 들 수 있다. 그러나 학생과 학부모가 교사를 자신의 구미에 맞게 좌지우지하는 수단으로 악용할 가능성을 배제할 수 없다. 만약 이런 일이 실제로 일어나고 교사가 학생과 학부모에 영합하려는 태도를 취한다면 교육은 엉망진창이 되어버리고 말 것이다. 얻는 것보다 잃는 것이 더 많을 수 있다는 예측은 바로 여기에 그 근거를 두고 있다.

교사를 평가하는 방법이 오직 학생과 학부모에 대한 직접적 설문조사 한 가지만 있는 것은 아니다. 교사와 학생, 교사와 학부모 사이의 건전한 관계를 해치지 않으면서 학생과 학부모의 의견을 수렴하는 방법이 얼마든지 있을 수 있다. 아무리 좋은 의도에서 시행된 정책이라도 그 방법이 적절하지 못하면 결코 바람직한 것이 될 수 없다. 현재 논의되고 있는 교원평가제는 이 점에서 심각한 문제를 안고 있다.

전국적인 차원에서 학생들의 학력을 평가한다는 의도로 실시되는 일제고사도 긍정적 효과 못지않게 부정적 효과가 클 가능성이 있다. 어떤 형태의 시험이든 그것을 치러야 하는 학생은 심적 부담을 갖게 마련이다. 그렇지 않아도 이런저런 스트레스에 시달리는 어린 학생들에게 추가적인 부담을 지우는 것이 과연 바람직한 일인지 심각하게 생각해볼 필요가 있다. 이론적으로 생각할 수 있는 긍정적 효과뿐 아니라 필연적으로 발생할 부작용에 대해서도 충분한 고려를 해야 마땅한 일이다.

학교 간의 성적 격차가 일반에게 공개되었을 때의 사회적 파장도 결코 가볍게 생각할 일이 아니다. 정부는 절대로 공개하지 않겠다고 말하지만, 개인의 신상정보까지 번번이 누출되고 있는 세상이다. 학교별 성적분포가 일단 자료화되면 그것이 사람들에게 알려지는 것은 단지 시간문제일 뿐이다. 학교의 분발을 촉구한다는 점에서 성적이 공개되는 것이 오히려 바람직하다고 생각하는 사람이 있을지 모른다.

그러나 그것은 우리 사회의 독특한 현실을 무시한 단순논리에 지나지 않는다.

성적분포가 공개되는 즉시 발생하리라고 예상되는 것은 학생들의 '쏠림현상'이다. 즉 성적이 좋은 학교로 학생들이 대거 몰려드는 현상이 발생할 것은 불을 보듯 뻔한 일이다. 이런 쏠림현상이 교육 양극화를 더욱 심화시킬 것이라는 점은 구태여 언급할 필요조차 없다. 좋은 학교인지 아니면 나쁜 학교인지가 사회, 경제적 요인에 더 많은 영향을 받는 우리 사회의 풍토에서 그와 같은 쏠림현상은 문제를 더욱 복잡하게 만드는 요인으로 작용할 가능성이 크다.

내가 갖고 있는 본질적 의문은 일제고사 이외에 학생들의 학력을 평가하는 다른 적절한 방법이 없느냐는 것이다. 만약 그것 못지않게 좋은 다른 방법이 있다면 구태여 반대를 무릅쓰고 일제고사를 고집할 이유가 없다. 내 생각만 옳다는 독선이 일제고사 문제를 둘러싼 혼란과 갈등의 원인이라고 생각한다. 일방적으로 밀어붙일 것이 아니라, 일제고사에 반대하는 사람과 머리를 맞대고 다른 좋은 대안이 없는지 함께 궁리해볼 필요가 있다.

일제고사 이외의 대안이 없다는 믿음은 미국이나 영국 같은 나라에서의 경험에 그 기초를 두고 있는지 모른다. 그러나 다른 나라에서 일제고사가 교육의 질 향상에 크게 기여했다 하더라도 우리나라에서도 똑같은 효과가 나오리라는 보장이 없다. 모든 정책은 그 사회의 특수한 여건과의 상호작용을 통해 그 효과가 만들어지게끔 되어 있기 때문이다. "강남의 귤나무를 강북에 옮겨 심으면 탱자나무가 된다"는 고사는 바로 이를 두고 하는 말이다. 외국의 제도를 무조건 모방하려는 태도야말로 정책담당자가 가장 경계해야 할 것이 아닐까?

교사의 평가든, 학생의 평가든 간에 평가 제도를 통해 교육의 질이 획기적으로 향상될 것이라고 기대하는 것은 무리다. 지금처럼 공교육이 대학입시에 발목이 잡혀 있는 상태를 근본적으로 시정하지 않는 한 공교육의 표류는 계속될 수밖에 없다. 공연히 평가 제도에 집착하기보다는 공교육이 나아가야 할 방향을 확실히 잡아주는 데 노력을 집중해야 한다. 그리고 평가를 꼭 하겠다고 한다면 좀 더 세련된 방법으로 할 수 있는 길을 적극적으로 찾아야 한다.

걱정되는 사교육 수요의 폭발적 증가

평준화 해체를 지지하는 사람들은 평준화 도입 이전의 사회에 일종의 향수를 갖고 있는 것처럼 보인다. 그들이 기억하고 있는 그때의 목가적인 사회에서는 사교육 받지 않은 사람도 좋은 대학에 문제없이 들어갈 수 있었다. 소위 명문 고등학교라는 곳에서 비교적 충실한 대학입시 준비교육이 이루어졌기 때문에 별도의 사교육이 필요하지 않았기 때문이다. 그들은 평준화를 해체해 명문 고등학교를 부활시키기만 하면 사교육 의존도가 바로 줄어들 것이라고 믿는다. 동화의 나라에 사는 사람들이나 가질 만한 순진하기 짝이 없는 믿음이 아닐 수 없다.

우리 사회의 지식층 가운데 이런 믿음을 갖고 있는 사람을 많이 발견할 수 있는데, 그와 같은 믿음의 원천은 자신의 개인적 경험일 것이라고 짐작한다. 자신은 별다른 사교육 없이도 원하는 대학에 들어갈 수 있었다는 경험 말이다. 그들은 그런 개인적 경험에 기초해 지금의 학생들도 그런 길을 밟을 수 있을 것이라는 순진한 기대를 한다. 그들이 간과하고 있는 것은 그때의 사교육과 지금의 사교육이 판이하게 다른 성격을 갖는다는 사실이다.

경험해본 사람들은 잘 알겠지만, 그때의 사교육은 그리 보편적이지 않았을 뿐 아니라 체계적이지도 않았다. 사교육은 일부 부유층에 국한된 현상이었으며, 대부분의 학생은 사교육을 받을 엄두조차 내지 못했다. 그리고 사교육 공급은 주로 대학생 아르바이트에 의해 이루어졌으며, 요즈음과 같은 '기술자' 수준의 공급자는 그 숫자가 극히 적었다. 그렇기 때문에 사교육을 받지 않는 학생도 그럭저럭 버틸 수 있는 공간이 있었던 셈이다.

요즈음처럼 사교육이 보편화된 상황에서는 사교육을 받지 않고 버티기 힘들다. 설사 사교육이 점수를 올리는 데 별 도움이 되지 않는다 해도 심리적 이유 때문에 사교육을 받지 않을 수 없다. 웬만큼 자신 있는 학생이 아닌 다음에야 다른 사람들이 모두 받는 사교육을 혼자만 받지 않는다는 심리적 중압감을 견디기 어렵기 때문이다. 학부모들이 궂은일로 돈을 벌면서까지 자식에게 사교육을 받게 만드는 이유가 바로 여기에 있다.

더군다나 요즈음의 사교육은 거의 '산업'이라 불러도 좋을 정도로 체계화되어 있는 상황이다. 이 사교육 산업에 종사하는 교육 기술자들은 내신, 수능시험, 면접, 논술 등 대학입시의 어떤 구성요소라 할지라도 철저한 연구와 분석을 통해 나름대로의 대응전략을 마련해놓고 있다. 그렇기 때문에 사교육을 받았는지의 여부는 입시에서의 성패를 가르는 결정적 요인이 되어버린 상황이다. 사교육을 전혀 받지 않고 우수한 성적으로 대학에 입학한 학생들은 지극히 예외적인 사례에 지나지 않는다.

평준화를 해체하면 사교육 수요가 줄어들 것이라는 환상을 갖고 있는 사람들은 지금의 명문 고등학교라 할 수 있는 특목고 학생들을 살펴볼 필요가 있다. 그들이 일반고 학생들보다 더 많은 사교육을 받고 있을까 아니면 더 적은 사교육을 받고 있을까? 내가 구태여 그 답을 말할 필요조차 없으리라고 생각한다. 학교에서 받은 교육이 불충분하다는 이유 하나만으로 사교육 수요가 발생하는 것은 아니다. 다른 사람보다 한 발 앞서서 대학의 문을 통과하려는 욕망이 사교육 수요의 원천인 것이다.

아무리 많은 자사고, 특목고가 만들어지고, 그런 학교에서 아무리 대학입시 준비교육을 철저하게 시킨다 해도 입시를 위한 사교육 수요는 전혀 줄어들지 않을 것이다. 지금까지의 경험에 비추어 볼 때 이것 하나만은 자신 있게 예측할 수 있다. 평준화의 기본 틀을 깨고 다양한 성격의 고등학교를 많이 만들어 사교육 문제를 해결하겠다는 발상은 현실을 잘 모르는 데서 나온 순진한 생각일 뿐이다.

더군다나 대학들이 변별력을 높인다는 구실로 명백한 혹은 감추어진 형태의 본고사를 실시하기 시작하면 사교육 수요는 폭발적으로 커질 수밖에 없다. 본고사야말로 학교에서 배우는 것만으로는 도저히 감당할 수 없는 성격의 시험이기 때문이다. 정부는 대학들이 본고사 실시를 자제해주기 바라는 눈치지만, 대입자율화의 날개를 단 대학들이 아랑곳할 리 없다. 이미 많은 대학들이 면접이나 논술을 감추어진 본고사로 사용하고 있는 것을 보면 쉽게 짐작할 수 있는 일이다.

평준화 해체는 좋은 고등학교에 들어가기 위한 치열한 경쟁을 유발할 것이고, 이와 관련해 새로운 사교육 수요가 대량으로 창출될 것이 뻔하다. 모든 고등학교가 완벽한 추첨제를 실시하지 않는 한, 어떤 입시제도를 채택하든 사교육 수요가 폭발적으로 증가할 것임은 불 보듯 뻔한 일이다. 이미 그 조짐이 보이고 있지만, 자사고, 특목고가 몇 백 개 들어섰을 때에는 가위 '사교육 대란'이라고 불러야 할 현상이 나타나게 될 것이다.

그뿐만이 아니다. 국제중학교란 그 설립목적마저 불분명한 학교의 설립은 사교육을 시작하는 연령을 초등학교 수준으로 낮추는 결과를 가져왔다. 지금은 국민 눈치를 보느라 추첨제로 학생을 뽑았지만, 언젠가는 자기네들 입맛에 맞는 전형 방식으로 바꿀 것이 뻔하다. 그 전형 방식에 맞춰 새로운 형태의 사교육이 우후죽순처럼 등장할 것임은 두말할 나위도 없다. 그때가 되면 초등학교 학생들까지 학원에서 밤을 새우는 일이 벌어지게 될 것이다. 정말로 걱정스러운 일이 아닐 수 없다.

누구를 위해서? 무엇을 위해서?

경제위기로 인해 경제의 모든 분야가 극도로 위축되어 있는 상황에서 오직 하나의 산업만이 전례 없는 호황을 구가하고 있다. 그것이 바로 사교육 산업이라는 사실을 모르는 사람은 별로 없다. 현 정부의 신자유주의적 교육개혁은 그들이 최소한 10년 동안 아무 걱정 없이 먹고살 길을 마련해주었다고 볼 수 있다. 개혁안의 내용 하나하나가 모두 사교육을 부추길 요인들을 내포하고 있기 때문이다.

그렇다면 더 많은 비용을 지출한 학생과 학부모들이 그에 상당하는 이득을 얻게 될까? 그 답은 당연히 "절대로 아니다"이다. 사교육에는 남들이 받으니까 나도 할 수 없이 받아야 하는 방어적 성격이 있다. 만약 남들이 사교육을 받지 않으면 나도 받을 필요가 없어지고, 이렇게 모두가 사교육을 받지 않는 상황이 훨씬 더 바람직하다는 것은 두말할 나위도 없다. 사교육을 통한 경쟁은 과거 미국과 소련 사이에서 벌어지던 핵무기 개발경쟁과 똑같은 낭비적, 소모적 성격을 갖고 있다.

모두가 사교육을 받지 않아도 되는 구도를 만들 책임을 갖고 있는 정부가 사교육을 더욱 부추기는 방향으로 판을 짜고 있는 것은 지극히 불행한 일이다. 교육개혁이 성공을 거두면 사교육 수요가 줄어들 것이라고 호언장담하고 있지만, 그 근거 없는 허황된 예측을 누가 선뜻 믿으려 하겠는가? 누구보다도 상황의 흐름을 잘 파악하고 있을 사교육업자들이 좋아서 벌린 입을 다물기 힘들어하는 것만 보아도 뻔히 알 수 있는 일이다.

과연 누구를 위해 교육개혁이란 미명하에 그런 위험한 도박을 벌이고 있는 것일까? 물론 정부가 사교육업자를 위해 그런 일을 하고 있을 리는 없다. 그러나 실제로는 학생과 학부모의 희생하에 사교육업자만 배불리는 결과를 빚게 될 가능성이 크다. 잘못하면 그런 결과가 나온다는 것이 아니라, 거의 확실하게 그런 결과가 나올 것이라는 말이다. 이런 가능성을 사전에 차단하지 못한다면 개혁의 성공은 기대할 수 없는 일이 되고 만다.

모두가 사교육을 받아야만 하는 상황이 되는 것을 가장 반길 사람들은 부유층이다. 그들은 좀 더 효과적인 사교육을 위해 아낌없이 돈을 뿌릴 것이며, 그 결과 그들의 자제들은 압도적인 경쟁상의 우위를 점하게 된다. 지금도 소위 명문이라고 불리는 대학의 학생들 중 부유층 자제의 비율이 점차 커지는 현상이 나타나고 있다. 사교육의 확대와 더불어 이런 추세는 급속도로 더 현저해질 것이 틀림없다.

등록금이 일반 학교의 서너 배에 이를 것으로 예상되는 자사고나 국제중의 출현도 부유층에게는 반가운 일이 아닐 수 없다. 과거에는 내 돈 내고 내 자식을 좋은 여건에서 공부시키려 해도 그렇게 할 수 없었다. 그런데 이제는 그것이 가능해졌으니 얼마나 반가운 일이냐는 말이다. 그런 학교가 실력 좋은 교사를 모두 스카우트해갈 때 중, 하위 소득계층의 자녀들이 주로 다니는 일반 학교에 어떤 영향이 올지는 구태여 말할 필요조차 없다.

어느 대학을 나왔느냐가 중시되는 사회에서 이런 구도는 계층의 세습을 가능케 하는 경로로 작용한다. 교육을 통한 신분의 상승은 점차 기대하기 어려운 일이 되고 만다. 따라서 신자유주의적 교육개혁은 사회적 계층구조를 한층 더 고착화하는 부작용까지 만들어낸다. 과연 누구를 위한 교육개혁이냐는 의문을 다시 한 번 제기하지 않을 수 없다.

정부가 평준화의 기본 틀을 깨고 교육에 경쟁원리를 도입하려는 배경에는 그렇게 해야만 창의성과 경쟁력을 갖춘 인재를 키워낼 수 있다는 논리가 깔려 있다. 솔직히 말해 나 역시 요즈음 학생들의 실력이 하향평준화 되어가고 있다는 데 우려를 갖고 있는 사람들 중 하나다.

그렇기 때문에 우리 교육에 무언가 획기적인 변화가 있어야 한다는
데는 전혀 이의가 없다.

그러나 자사고, 특목고를 많이 만들어 경쟁하게 하는 것만으로 창의
성과 경쟁력을 갖춘 인재가 키워지는 것은 아니다. 대학들이 어려운
본고사로 학생들을 선발한다고 해서 그런 인재가 키워지는 것은 더욱
아니다. 교육은 경제학자들이 생각하는 시장과 본질적으로 다른 성격
을 갖고 있다. 경쟁이 효율성을 촉진하는 만병통치약이라는 신자유주
의적 믿음을 교육에 적용하는 것은 위험스럽기 짝이 없는 일이다.

나는 소위 명문 고등학교가 존재하는 시절 본고사를 치르고 대학에
입학한 세대에 속한다. 우리는 대학의 관문을 통과하기 위해 국어, 영
어, 수학을 엄청나게 높은 수준으로 공부해야만 했다. 신자유주의적
교육개혁을 추구하는 사람 입장에서 보면 꿈에서나 볼 수 있는 이상
적인 환경에서 공부한 셈이다. 그러나 나 스스로 평가하기에 그런 교
육이 내 창의성을 북돋아준 점은 하나도 없다. 그 반대로 내 창의성은
철저하게 고갈되고 말았다는 것이 솔직한 심정이다.

우리 세대에서 '스타'로 불리던 사람들이 유학을 가서 고작 박사학
위 하나 손에 쥐고 귀국한 이유가 무엇이었을까? 코피 흘려가며 그렇
게 열심히 공부한 사람들이 주말마다 파티를 즐기는 미국 학생에 비
해 더 좋은 논문을 쓰지 못한 이유가 어디에 있을까? 우리 세대의 비
극은 고등학교들 사이에 경쟁이 없던 환경에서 공부한 데 있는 것도
아니고, 수준을 낮춰 공부를 한 데 있는 것도 아니다. 중학교, 고등학
교, 대학교 입시를 준비하면서 공부에 대한 열의와 창의성이 철저히
고갈된 데 있었던 것이다.

우리 세대에 비하면 평준화 세대인 내 제자들이 훨씬 더 창의성이 뛰어나다는 느낌을 받는다. 내 제자들 중 세계적인 경제학자의 반열에 드는 사람이 상당수 있다. 우리 세대의 내로라하는 스타들이 감히 꿈도 꾸지 못하던 일을 평준화 세대인 그들이 훌륭하게 해낸 것이다. 이 예만 보아도 평준화의 기본 틀을 깨어야 하느냐 여부는 문제의 핵심이 아닌 것을 잘 알 수 있다.

다시 한 번 강조하지만, 교육이 입시에 목을 매고 있는 상황에 근본적인 변화가 없는 한 창의성과 경쟁력을 갖춘 인재의 양성은 꿈도 꿀 수 없다. 교육개혁은 바로 이 구도를 근본적으로 바꾸는 데 그 초점이 맞춰져야 한다. 그러나 정부의 교육개혁안에는 이 점에 대해 이렇다 할 청사진이 전혀 제시되어 있지 않다. 성급하게 대입자율화를 허용한 탓에 입시에 목을 매는 풍토는 오히려 지금보다 한층 더 심화될 전망까지 보이고 있다.

입시 위주의 교육은 학생들이 행복한 삶을 추구하는 데도 큰 걸림돌이 된다. 제대로 놀지도 못하고 공부에 찌들어 사는 어린 학생들이 자신의 삶을 행복하다고 생각할 리 없다. 그 나이 또래에 맘껏 놀기도 하고 좋은 친구도 많이 사귀어야 한다는 것은 두말할 나위도 없다. 또한 공부를 통해 지식과 교양을 쌓아 미래의 삶을 더욱 풍족하고 행복하게 만들 준비도 해야 할 단계다. 자정이 넘어서까지 입시 학원을 전전해야 하는 어린 학생의 피곤한 얼굴에서 우리 사회의 불행한 미래를 보게 된다.

우리 교육이 처해 있는 이런 어두운 상황을 생각해볼 때, 과연 무엇을 위한 교육개혁인지를 묻지 않을 수 없다. 교육에 경쟁구도를 도입하고 평가 제도를 정착시킨다고 이런 문제들이 과연 해결될 수 있을까? 문제의 핵심은 교육의 방향을 올바로 잡는 데 있다. 지금과 같은 입시 위주의 교육을 근본적으로 수정하지 않는 한 진정한 의미에서의 교육개혁은 결코 이루어질 수 없다. 이 점과 관련해 정부의 교육개혁안에서는 그 어떤 희망적인 비전도 발견할 수 없다. 국민은 새로 짠 교육의 틀에 적응하기 위해 막대한 비용을 치러야 할 텐데, 과연 무엇을 위해 그런 희생을 해야 하는지 도저히 이해할 수 없다.

235

맺음말

대통령 선거에서의 압도적 지지가 그들이 내건 공약에 대한 무조건적인 승인으로 착각하고 있는 현 정부는 사회의 모든 측면을 자신의 생각대로 뜯어 고치는 작업에 착수했다. 각 사안별로 국민의 의견을 들어보면 국민 대다수가 지지하지 않는 것들이 상당히 많음을 발견할 수 있을 텐데, 도대체 의견을 들어볼 생각조차 하지 않는다. 보수 언론이 열렬히 편을 들어주고 국회에서도 여당이 압도적 다수를 차지하고 있기 때문에 정부의 브레이크 없는 질주를 막을 뾰족한 방법도 없는 실정이다.

나는 정부의 이와 같은 시도를 검증되지 않은 아이디어의 '섣부른 실험'이라고 본다. 책상 위에서는 그럴듯하게 보이는 개혁 프로그램이라 할지라도 현실에서는 엉뚱한 결과를 빚을 수 있다. 개혁을 추구할 때 마치 살얼음 위를 걷듯 조심에 조심을 거듭해야 하는 이유가 바로 여기에 있다. 그런데도 정부는 마치 모든 문제의 정답을 환히 알고 있는 듯 거침없는 태도로 모든 것을 바꾸려 하고 있다.

정부가 지금 시도하고 있는 일련의 섣부른 실험 중에서 특히 걱정스럽게 생각하는 것은 교육부문에서의 실험이다. 교육이 우리 사회에서 갖는 의미에 비추어 볼 때, 잘못된 결과가 나타났을 때의 사회적 파장은 이만저만 크지 않을 것이다. 한 단계, 한 단계 조심스럽게 접근해도 모자랄 판에 교육의 모든 것을 한꺼번에 뜯어고치겠다고 나서니 걱정스럽지 않을 수 없다. 교육개혁이 그렇게 쉬운 일이라면 왜 역대 정부가 번번이 실패하고 말았을까?

정부가 제시한 신자유주의적 교육개혁안으로 인해 이미 판도라의 상자는 열려버린 셈이 되었다. 내가 걱정하고 있는 부작용들은 서서히 그 정체를 드러내기 시작했다. 아직은 시작단계라 국민이 그 부작용으로 인한 고통을 크게 실감하지 못하고 있지만, 머지않아 심각한 고통에 시달리고 있는 자신을 발견하게 될 것이다. 이런저런 정책의 부작용이 한꺼번에 터져나올 때 우리 사회는 극도의 혼란을 면치 못하게 된다.

나는 정부에게 지금 당장 신자유주의적 교육개혁안을 포기하라는 비현실적 요구는 하지 않는다. 그렇게 요구한들 들어줄 정부도 아니다. 여론의 역풍에도 아랑곳하지 않고 고집을 꺾지 않는 정부의 태도를 보면 그 요구를 들어줄 리 만무하다는 것을 너무나 잘 알 수 있다. 더군다나 교육개혁은 현 정부가 가장 자랑스럽게 생각하고 있는 개혁 프로그램 중의 하나인데 그것을 어찌 포기할 수 있겠는가.

그렇지만 최소한 교육개혁안으로 인해 발생할 수 있는 부작용에 대해서는 정말로 신중한 검토가 필요하다. 이와 동시에 부작용을 최소화할 수 있는 방안을 적극적으로 찾아야 한다. 기본적으로는 똑같은 정책이라 할지라도 내용을 약간 달리 함으로써 부작용을 줄이는 것이 충분히 가능하다. 또한 교육에 도입한 경쟁구도가 학교들 사이의 건전하고 생산적인 경쟁을 가져오도록 유도할 수 있는 방법에 대해서도 생각을 아끼지 말아야 한다.

근본적으로 내가 현 정부에 대해 가장 간절하게 요청하고 싶은 것은 국민의 의견을 폭넓게 들어보려는 겸허한 자세다. 자기와 똑같은 의견을 가진 사람들 말만 들을 것이 아니라 다른 의견을 가진 사람들의 말에도 귀 기울일 줄 알아야 한다. 비판하는 사람들을 훼방꾼으로 모는 편협한 태도로는 성공적인 개혁을 이끌 수 없다. 중지를 모아 좀 더 바람직한 정책을 만들어보려는 열린 마음이 있어야 교육개혁이 성공을 거둘 수 있다.

(2009.1.7)

영어몰입교육 해프닝의 교훈

 요즈음 대통령직 인수위원회(이하 인수위)가 하는 일을 보고 있노라면 마치 '개혁 열병'에 걸린 환자 같다는 느낌이 든다. 나라를 사랑하는 마음에서 그러리라고 이해는 하지만, 단번에 해치우려는 듯 조급하게 밀어붙이는 모습이 어딘지 모르게 위험스러워 보인다. 어느 것 하나 그대로 놓아두지 않고 모든 것을 뜯어고치려 드는 바람에 도대체 정신을 차릴 수 없을 지경이다. 하루 자고 나면 또 하나가 바뀐다고 하니 이 세찬 변화의 바람 속에서 중심 잡기가 여간 어렵지 않다. 미처 검증도 되지 않은 수많은 아이디어를 마구잡이로 쏟아내는 모습을 보면서 우리가 과연 어디를 향해 가고 있는지 의아스러운 마음이 된다.

위험스런 실험

지금 이 순간 내 눈에 가장 위험스러워 보이는 것은 교육부문에서 시도하고 있는 일련의 실험들이다. 초등학교부터 대학교에 이르기까지 교육과정 전반을 손질하겠다고 나서는 인수위를 보면 의욕만 앞섰지 현실은 전혀 모르고 있다는 인상을 받는다. 초등학교부터 영어수업하고, 자사고를 1백여 개 만들고, 대학입시 제도를 자율화한다고 해서 골수까지 병든 우리 교육이 하루아침에 병상을 박차고 일어날 수 있을까? 그렇게 쉽게 치유될 수 있는 병이라면 이렇게 오랜 동안 시달릴 이유가 없었을 것이라고 생각한다.

최근의 사태 진전에서 그래도 한 가지 작은 위안을 얻을 수 있는 것은 소위 '영어몰입교육'이 백지화되었다는 사실이다. 이런 허무맹랑한 계획이 논의되었다는 것 자체가 큰 불행이지만, 그나마 백지화되어 한숨 돌릴 수 있게 되었다. 백지화한다는 소식을 듣고 그래도 우리 사회에 아직은 일말의 상식이 남아 있다는 느낌을 받았다. 자존심 추락이 두려워 원래 계획대로 초등학교부터 영어몰입교육을 강행했다면 우리 교육에 씻을 수 없는 오점을 남기게 되었을 것이다. 쓸모없는 자존심 대결로 치닫지 않고 하나의 해프닝으로 끝난 것이 불행 중 다행이라고 생각한다.

여론의 반대에 못 이겨 영어몰입교육을 포기한 것 그 자체는 정말로 다행스런 일이다. 그런데 반대의 근거를 들여다보면 정작 중요한 핵심은 빠져 있는 것을 발견할 수 있다. 영어몰입교육 실행에 따른 예산이나 교사 확보의 문제도 간단치 않지만, 그것은 지엽적인 문제에 지나지 않는다. 문제의 핵심은 어린 나이부터 교육을 제대로 받을 수 있는 계층과 그렇지 못한 계층이 갈리는 '교육격차'(educational divide)의 발생, 그리고 이로 인한 사회적 양극화의 심화에 있다. 양극화를 극도의 수준으로 치닫게 만들 위험성을 내포하고 있다는 점에서 영어몰입교육은 엄청난 잠재적 파괴력을 갖고 있는 프로그램이다.

양극화 부추기는 영어몰입교육

영어몰입교육이 양극화의 심화를 가져올 것임을 예상하는 데 높은 지능지수와 뛰어난 상상력이 필요한 것이 아니다. 예컨대 초등학교의 산수와 자연 과목을 영어로 가르치는 일이 정말로 실현되었다고 하자. 고작 알파벳과 발음법 정도를 배운 어린 학생이 그 수업 내용을 충분히 알아듣기란 하늘의 별 따기처럼 어려울 것이 분명하다. 대학에도 영어강의를 제대로 이해하지 못하는 학생이 많은데, 초등학교 학생이라면 구태여 말할 필요조차 없다.

수업에서 아무것도 알아듣지 못한 학생은 부모에게 그 고충을 토로할 것이고, 경제적 여유가 있는 가정이라면 지체 없이 사교육의 도움을 요청하게 된다. 똑같은 내용을 우리말과 영어 두 가지로 가르치는 학원들이 우후죽순처럼 나타나리라는 것은 너무나도 뻔한 일이다. 영어 설명만으로 도저히 이해할 수 없는 상황에서 유일한 대안은 사교육밖에 없기 때문이다. 이런 방법을 통해 경제적 여유가 있는 가정의 아동은 그런 대로 교과과정을 따라갈 수 있을 것이다. 반면에 경제적 여유가 없는 가정의 아동은 아무것도 제대로 알지 못하는 상태에서 초등학교 졸업장을 받아들게 된다.

여기서 중요한 점은 단지 영어능력의 측면에서만 양극화가 일어나는 것이 아니고, 교육 전체에서 양극화가 일어난다는 사실이다. 사교육의 도움을 받지 못하는 학생은 영어는 물론 다른 과목에서도 부진을 면치 못하는 신세가 된다. 이와 같은 양극화 상황은 중학교, 고등학교 과정에서도 전혀 변함없이 그대로 지속될 것이다. 초등학교 과정에서 뒤처진 학생이 중, 고등학교 과정에서 앞으로 나서게 된다는 것은 꿈도 꿀 수 없는 일이 된다. 초등학교 수학을 제대로 배우지 못한 학생이 고등학교 수학에서 두각을 나타내는 것을 상상이라도 할 수 있을까?

이 영어몰입교육 세대 학생들이 사회에 진출했을 때 과연 어떤 일이 일어날까? 사교육의 도움을 받아 성공적으로 교육과정을 마친 사람과 그렇지 못한 사람이 물과 기름처럼 정확하게 구분되는 결과가 빚어질 것은 너무나도 뻔한 일이다. 이 두 계층 사이에는 냉전시대의 '베를린장벽'만큼이나 견고한 장벽이 형성되어 이를 뛰어넘는 일은 거의 불가능에 가깝게 된다. 영어몰입교육 세대가 사회에 진출하는 시점에서의 양극화는 상호교류가 없는 두 개의 서로 다른 사회가 형성될 만큼 극심한 차원으로 치달을 것이 분명하다.

더군다나 영어몰입교육 세대에서 나타날 양극화는 부의 대물림과 연결되어 한층 더 심각한 양상을 띠게 된다. 사교육을 시킬 수 있는지의 여부가 계층을 가르는 결정적인 기준이 될 것이므로 가난한 가정의 자제가 신분 상승에 성공할 기회는 극도로 제한될 것이 분명하다. 교육이 신분 상승의 통로가 되기는커녕, 현존하는 계층구조를 한층 더 굳게 다지는 역작용을 만들어내는 통로가 된다. 이런 분위기하에서 '빈곤의 대물림'은 거역할 수 없는 대세가 될 것이며, 그 결과 새로운 계급사회가 등장하게 되리라는 것을 예상할 수 있다.

심각한 자기반성의 계기로 삼아야

영어몰입교육이 가져올 사회적 귀결에 대한 지금까지의 묘사가 하나의 시나리오인 것은 사실이다. 그러나 상식이 있는 사람이면 이 시나리오의 실현 가능성이 매우 높다는 사실을 바로 간파할 수 있으리라고 믿는다. 일이 아주 잘못될 경우에 발생할 수 있는 최악의 결과가 아니라, 기적이 일어나지 않는 한 거의 필연적으로 그런 결과가 나올 것이라는 말이다. 그 기적이란 초등학교 학생이 영어로 진행된 수업 내용을 혼자 힘으로 알아들을 수 있는 것을 뜻한다. 이런 기적이 일어나지 않는 한 앞에서 말한 끔찍한 결과를 회피할 방법이 없다. 애당초 영어몰입교육을 구상한 인수위원들은 과연 이와 같은 귀결을 예견하지 못했을까?

만약 예견하지 못했다면 교육이란 국가의 대사를 맡을 자격이 없는 사람이라는 비판을 피할 길이 없다. 그렇게 자명한 일조차 예견하지 못하는 사람이 어떻게 교육개혁이란 복잡하고도 어려운 과업을 수행할 수 있을까? 반대로 그런 결과가 나올 것을 예견하면서도 그 계획을 추진했다면 위험하기 짝이 없는 인물이라는 말을 들어야 한다. 건전한 상식의 소유자라면 부의 대물림에 기초한 양극화로 이 사회를 갈가리 찢어놓게 될 위험한 계획으로 불장난을 할 리 없다.

영어몰입교육이 우리 국민의 영어능력을 획기적으로 올려놓는 계기가 될 수 있음을 부정하는 것은 아니다. 그러나 이를 위해 지불해야 하는 사회적 비용이 너무나도 크기 때문에 애당초 고려 대상조차 되어서는 안 될 정책이었다. 뒤늦게나마 그 계획을 백지화함으로써 교육 대재앙을 가져올 수 있는 한 가지 불씨는 꺼버린 셈이 되었다. 그러나 반대 여론에 부딪혀 부득이 포기하게 될 단계까지 그런 위험한 계획을 밀어붙였다는 것은 철학과 현실감각의 총체적인 결여를 여실히 보여주는 중요한 단서가 아닐 수 없다. 인수위가 시도하고 있는 일련의 실험을 걱정스런 눈으로 바라볼 수밖에 없는 이유가 바로 여기에 있다.

인수위는 영어몰입교육 해프닝을 그저 덮어버리려 하지 말고 심각한 자기반성의 계기로 삼아야 한다. 그토록 자신 있게 밀어붙였던 프로그램이 현실의 벽 앞에 좌절한 이유가 무엇인지 곰곰이 되새겨보지 않으면 안 된다. 지금 추진하고 있는 교육개혁 프로그램 중에도 제2의 영어몰입교육 신세로 전락할 위험이 있는 것은 없는지 미리 점검해보는 신중한 태도가 필요하다. 이들에게 무엇보다 절실하게 필요한 것은 여러 사람의 의견을 폭넓게 수용할 수 있는 열린 마음이다. 자신들만 진리를 알고 있는 듯한 태도로 거침없이 밀어붙이는 인수위를 보면서 불안하다고 느끼는 사람이 비단 나 하나에 그치지 않을 것이라고 믿는다.

(2008.2.1)

영어 공교육 강화, 무엇이 문제인가?

머리말

새 정부의 교육 청사진에 기대를 거는 사람도 있지만, 걱정을 하는 사람이 더 많은 것 같다. 최근 새 정부에 대한 지지도가 10% 포인트 가량 떨어졌다는 여론조사 결과가 보도된 바 있는데, 교육부문이 주요한 감점 요인이었다는 것을 짐작하기는 그리 어렵지 않다. 심각한 문제를 일으킬 수 있었던 몇 가지 계획이 여론의 포화를 맞아 자진 철회된 것은 불행 중 다행이라고 볼 수 있다. 그러나 아직도 걱정스러운 부분이 많이 남아 있는 것이 사실이다.

무엇보다 걱정스러운 것은 욕심 많게 너무 많은 변화를 한꺼번에 추구하고 있다는 점이다. 지금 이 단계에서 새 정부가 추진하고 있는 교육 개혁안이 실제로 어떤 결과를 가져올지는 아무도 자신 있게 예측할 수 없다. 예컨대 대학입시 자율화가 입시제도를 어떻게 변화시킬지 예측하기 어려울 뿐 아니라, 자사고를 한꺼번에 백여 개나 새로 만드는 것이 공교육과 사교육에 어떤 영향을 미칠지도 예측하기 어려운 일이다. 긍정적 효과도 나올 수 있을 테지만, 전혀 예상하지 못했던 부작용이 나올 가능성도 크다.

개별적인 개혁안의 효과도 예측하기 어렵지만, 그것들의 총체적 효과는 더욱 예측하기 어렵다. 모든 정책은 그 본질상 다른 정책들과 연계된 상황에서 효과를 내게 된다. 그 어떤 정책도 다른 정책들과 분리된 상황에서 효과를 내지 못하게 되어 있기 때문이다. 따라서 그 자체로는 긍정적인 효과를 낼 수 있는 정책이 다른 정책들과의 연계하에서는 엉뚱한 부작용을 만들어낼 수 있다. 각 개혁안 자체의 긍정적인 측면만 보고 여러 개혁안을 한꺼번에 밀어붙이는 것이 위험한 이유가 바로 여기에 있다.

뿐만 아니라 개별적인 개혁안 그 자체도 새 정부 측에서 제대로 보지 못하는 문제점을 내포하고 있을 수 있다. 겉으로는 그럴듯해 보이지만, 엄밀하게 따져보면 이런저런 문제점들이 많이 발견될 수 있다는 말이다. 그 대표적인 예가 영어를 영어로 가르치는 것을 핵심으로 하는 영어 공교육 강화방안이다. 영어수업 시간을 늘리고 실제로 써먹을 수 있는 영어를 가르침으로써 온 국민의 영어실력을 획기적으로 향상시킨다는 아이디어가 그럴듯해 보이는 것은 사실이다. 그러나 영어 교육을 그런 방식으로 개편하는 것이 과연 최선의 대안이 될 수 있는지는 큰 의문이 아닐 수 없다.

본격적인 논의에 들어가기 전에 몇 가지 해두고 싶은 말이 있다. 무엇보다 우선 강조하고 싶은 점은, 영어 교육 그 자체의 중요성을 부정하려는 의도가 털끝만큼도 없다는 사실이다. 그동안 내가 영어 교육의 문제에 관해 쓴 몇 개의 글에 대한 반응을 보면, 마치 영어 교육을 모두 때려치우고 쇄국정책 시대로 돌아가자고 말하는 것인 양 오해하는 경우가 있었다. 내가 말하고자 하는 바는 영어 교육이 필요

없다는 것이 아니라, 영어 교육을 올바르게 하자는 데 있음을 거듭 밝히고 싶다.

또 하나는 내가 '반대를 위한 반대'를 하려는 목적으로 이 글을 쓰고 있는 것이 아니라는 점이다. 새 정부의 정책기조에 의문을 제기하면 으레 나오는 말이 바로 이 반대를 위한 반대라는 말이다. 이 말에는 자기들만 옳고 의문을 제기하는 상대방은 그르다는 짙은 독선이 깔려 있다. 아무리 똑똑하고 훌륭한 사람이라 할지라도 어느 경우에서나 올바른 판단을 할 수 있는 것은 아니다. 그렇기 때문에 건설적인 비판이 필요한 것인데, 이런 비판을 '발목잡기'로 매도해 버리는 것은 올바른 태도가 아니다.

마지막으로 하고 싶은 말은, 비판을 하는 사람에게 대안 제시의 부담을 지우는 것은 부당하다는 점이다. 어떤 점을 비판하면 으레 "그래, 너는 무슨 대안이 있느냐?"라는 퉁명스러운 대꾸가 돌아온다. 대안을 만드는 책임은 정책담당자에게 있지 비판을 하는 사람에게 있는 것이 아니다. "너도 좋은 대안이 없으면서 왜 비판을 하느냐?"는 말은 상대방의 입을 막아버리려는 불순한 의도가 그 밑에 깔려 있다.

다시 한 번 강조하지만, 이 글을 쓰는 목적은 영어 교육의 올바른 방향을 함께 생각해보자는 데 있다. 현재 새 정부가 제시하고 있는 영어 공교육 강화방안에 대해 몇 가지 의문을 제기함으로써 과연 우리가 올바른 방향으로 나아가고 있는지 따져보려는 것이다. 이 정책의 핵심은 영어수업을 영어로만 진행하게 만든다는 것과 영어수업 시간을 대폭 늘리겠다는 것 두 가지로 요약될 수 있다. 따라서 이 글에서의 논의도 이 두 가지에 관심의 초점을 맞춰보려고 한다.

충분한 준비과정을 거쳤는가?

새 정부의 영어 공교육 강화방안에 대해 무엇보다 우선 제기하고 싶은 의문은 과연 충분한 검토를 마치고 이 계획을 추진하고 있는지의 여부다. 일부 학교에서 실험적으로 영어수업을 영어로 진행한 경험이 있을지 몰라도, 이를 전면적으로 실시해본 경험은 거의 없는 상태다. 따라서 영어만 써서 영어를 가르쳤을 때 나타날 여러 가지 파급효과에 대해 어느 누구도 정확하게 알지 못하고 있다. 이를 추진하는 측에서는 영어실력이 급격하게 향상될 것이라는 점만을 강조하지만, 이에 따르는 부작용이 없다고 단언하기는 힘들다.

정책의 구상단계에서 앞으로 일어날 모든 파급효과를 완벽하게 예측하는 일은 불가능에 가깝다. 그렇다고 해서 어떤 파급효과가 나타날지 충분히 생각해보지도 않고 정책을 밀어붙이는 것은 바람직한 일이 아니다. 충분한 사전 검토 없이 졸속으로 시행된 정책이 좋은 결과를 가져오기를 기대할 수 없기 때문이다. 더군다나 교육정책처럼 사회적 중요성이 크고 긴 안목에서 수행되어야 하는 정책의 경우에는 충분한 사전 검토가 다른 어떤 경우보다 더 절실하게 필요하다.

영어 공교육 강화방안에 대해 걱정하고 있는 사람들은 다음과 같은 점들에 대해 의문을 갖고 있다. 첫 번째 의문은 영어만으로 영어를 가르치는 것이 가장 효과적인 영어 교육 방법이 될 수 있느냐는 점이다. 예컨대 영어수업의 일부는 우리말로 진행하는 방법과 비교해 어느 쪽이 더 효과적인가는 아직 잘 모르는 상태다. 상식적으로 생각하면 영어에 푹 빠져서 영어 공부를 하는 쪽이 더 효과적일 것 같지만, 그것이 엄밀하게 확인된 바는 없다. 여러 가지 영어 교육 방식에 대해 엄밀한 비교실험을 해보지 않고서는 정확한 답을 얻기 힘든 문제다.

영어로 가르치는 영어수업이 학생의 전반적인 지적 성장에 어떤 영향을 미치는지도 아직 정확하게 알려진 바 없다. 예를 들어 그런 영어수업 방식이 학생의 우리말 구사 능력을 더 높여줄지 아니면 떨어뜨리는 결과를 가져올지 잘 모른다. 또한 일반적인 사고 능력에 어떤 영향을 미칠지도 관심의 대상이 될 수 있다. 언어는 사고의 수단이기 때문에 언어환경이 바뀌면 사고능력에도 어떤 형태로든 영향이 올 수 있기 때문이다.

또 하나의 의문은 어떤 자격을 갖춘 사람으로 하여금 영어를 가르치게 할 것이냐에 대해 충분한 검토가 있었는가 하는 점이다. 영어교사 자격증을 가진 사람을 재교육해 영어수업에 투입할 것이냐 아니면 영어를 잘하는 일반인도 참여할 수 있게 만드느냐는 매우 민감한 사안이다. 특히 국내 대학에서 시행되는 단기간의 속성 TESOL 프로그램 이수자에게 영어수업을 맡겨도 좋은지는 논란의 소지가 있는 문제다. 영어를 가르치는 사람의 자질과 관련한 문제는 오랜 기간의 경험이 축적되어야만 정확한 답을 얻을 수 있다.

이런 본질적 의문에 답을 얻지 못한 상태에서 새 영어 교육 방식의 도입을 서두르는 것은 매우 위험한 일이다. 충분한 공론화의 과정을 거쳐 어떤 문제점들이 있을 수 있는지 차분하게 짚어보는 자세가 필요하다. 곧바로 전면적 실시로 들어갈 것이 아니라, 일정 기간의 실험을 통해 어떤 문제점들이 나타날 수 있는지 관찰하고 이에 대한 보완책을 마련하는 준비단계를 거쳐야만 한다. 충분한 준비단계를 거치지 않고 당장 내일이라도 새로운 영어 교육 방식을 도입할 듯 서두르는 모습이 우리를 불안하게 만들고 있다.

새 정부의 영어 교육 개혁작업이 본격화되면서 우리 교육의 기본구조에 큰 변화가 생길 것은 거의 분명한 사실이다. 이런 중요한 변혁을 논의하는 과정에서 교육 현장의 목소리가 충분히 반영되고 있는지 의문이 아닐 수 없다. 구체적인 내용은 잘 모르지만, 교육에 관해 잘 모르는 아마추어들이 판을 거의 독차지하고 있다는 느낌을 받는다. 책상물림의 이론에만 집착해 현장의 생생한 목소리를 듣지 않으려는 태도를 버리지 않는 한 그 어떤 변혁의 시도도 소기의 성과를 거둘 수 없다.

뿐만 아니라 교육의 실수요자라고 할 수 있는 학생과 학부모들의 목소리도 거의 반영되고 있지 않다는 느낌이다. 우리가 정말로 귀를 기울여야 할 것은 사교육을 시킬 수도 외국에 어학연수를 보낼 수도 없는 평범한 학부모들의 목소리다. 이들에게 아무런 걱정도 없는지, 만약 걱정을 갖고 있다면 어떤 점에서 그런 것인지를 조심스럽게 들어보아야 한다. 그런데도 이 문제를 논의하는 자리에서는 사이비 교육전문가들의 목소리만 높을 뿐 정작 중요한 실수요자의 목소리는 거의 들리지 않는 실정이다.

지금 새 정부는 충분한 논의와 실험과정을 거치지도 않은 채 우리 교육에 일대 변화를 가져올 계획을 밀어붙이고 있다. 충분한 사전 준비 없이 제대로 검증도 되지 않은 영어수업 방식을 전면적으로 실시하려는 것은 위험한 시도가 아닐 수 없다. 우리 어린 세대를 섣부른 실험의 대상으로 만들려 하는 무책임한 태도가 걱정스럽기만 하다. 막무가내로 서두를 것이 아니라, 시간을 두고 충분한 실험과 공론화의 과정을 거친 다음 실시해도 결코 늦지 않을 것이다.

이 세상에 공짜는 없다

사람들이 "이 세상에 공짜는 없다"는 평범한 진리를 무시하는 태도를 보일 때 경제학자로서 가장 큰 안타까움을 느낀다. 개인적인 일에서도 이 진리가 존중되어야 하지만, 정책의 측면에서 이 진리를 무시하면 큰 탈을 불러오게 된다. 영어 공교육 강화방안도 이런 평범한 진리에 반하는 측면을 갖고 있다는 점에서 우려를 자아내고 있다. 마치 국민의 영어실력 향상이 공짜로 얻어질 수 있다는 착각을 하게 만들고 있는데, 이는 현실과 180도 다른 완전한 허상일 뿐이다.

영어 공교육 강화방안을 실천에 옮기기 위해서는 엄청난 규모의 인력과 예산이 투입되어야 한다. 그렇지만 그와 같은 규모의 인력과 예산을 동원할 수 있느냐가 문제의 핵심은 아니다. 문제의 진정한 핵심은 그 엄청난 자원을 영어 공교육 강화에 투입하는 것이 과연 최선의 정책이 될 수 있는지 여부에 있다. 우리 공교육이 유독 영어 교육의 측면에서만 문제를 갖고 있다면 영어 공교육 강화에 엄청난 자원을 투입하는 것이 정당화될 수 있을지 모른다. 그러나 새 정부 측도 인정하겠지만, 우리 공교육은 지금 총체적 위기상황에 놓여 있다. 이 상황에서 영어 교육 하나에만 막대한 자원을 쏟아 붓는 것이 과연 현명한 일이라고 말할 수 있을까?

경제학에서 흔히 등장하는 기회비용(opportunity cost)의 개념을 생각해보면 내가 지금 말하고자 하는 바가 무엇인지 바로 알 수 있다.

어떤 일에 따르는 기회비용은 그 일을 하기로 결정함으로써 포기해야만 하는 다른 일의 가치로 평가된다. 영어 공교육 강화를 위해 막대한 자원을 투입하면 그만큼 다른 과목의 수업을 더 충실하게 만들 기회가 줄어들고, 학교시설을 수리할 기회도 줄어들고, 실험실습을 충실화할 수 있는 기회도 줄어들고, 나아가 좀 더 맛있고 영양가 있는 학교급식을 제공할 기회도 줄어들게 된다. 그렇기 때문에 영어 공교육 강화를 위해 투입된 막대한 자원은 결코 '하늘에서 떨어진 만나'가 될 수 없는 것이다.

우리가 갖고 있는 자원이 한정되어 있는 이상 여러 과제 사이의 우선순위를 정하고 이에 따라 자원을 배분할 수밖에 없다. 이 사실과 관련해 제기할 수 있는 의문은 현재 우리 공교육이 안고 있는 문제 중 영어 교육 강화가 가장 절실한 과제라고 말할 수 있느냐는 것이다. 영어 교육 강화가 중요한 과제 중 하나일 수 있지만, 그렇게 막대한 자원을 쏟아 부어야 할 정도로 높은 우선순위를 갖는 과제인지는 분명하지 않다. 내가 보기에 영어 교육을 강화하는 것보다 훨씬 더 시급한 공교육의 과제가 한둘이 아닌 것 같다.

기회비용의 관점에서 보면, 영어수업 시간을 대폭 늘리겠다는 계획에도 문제가 있을 수 있다. 예를 들어 초등학교 영어수업을 주당 1시간에서 3시간으로 늘린다면, 그 증가분 2시간 동안 다른 일을 할 수 있는 기회가 줄어들 수밖에 없다. 국어를 배우는 시간이 줄어들 수도 있고, 수학을 배우는 시간이 줄어들 수 있을 뿐 아니라, 음악을 배우는 시간이 줄어들 수도 있다. 심지어 학생들이 운동장에서 뛰어놀 수 있는 시간이 그만큼 줄어들 가능성도 있다. 2시간의 추가적 영어수업이 공짜가 아니고 다른 것을 희생해야만 얻어질 수 있는 시간이라는 말이다.

영어수업 시간을 더 늘리는 것이 정당화될 수 있는지의 여부는 그렇게 함으로써 희생해야 하는 것들의 가치에 의해 결정될 것이다. 만약 국어, 수학, 음악수업 시간을 영어수업 시간으로 대체함으로써 학생들이 더 큰 이득을 얻을 수 있다면 그렇게 하는 것이 정당화될 수 있다. 그러나 새 정부가 말하고 있는 영어 공교육 강화방안에는 그와 같은 고려를 한 흔적을 찾아보기 힘들다. 영어 교육을 많이 받을수록 더 좋은 것처럼 얘기되고 있는데, 그와 같은 논리는 시간의 기회비용이 '0'이라는 비현실적인 가정하에서만 정당화될 수 있다.

따라서 영어 공교육 강화로 인해 얻게 되는 영어실력 향상은 다른 기회들을 포기한 대가로 얻어지는 값비싼 이득이다. 사용할 수 있는 자원이 한정된 상황에서는 어떤 일이 바람직하다는 것 하나만으로 그 일을 해야 하는 당위성이 인정될 수 없다. 그 자원으로 할 수 있는 여러 가지 기회를 생각해보고 가장 효율적으로 활용하는 방안을 찾아야만 하는 것이다. 이와 같은 합리적 자원배분의 원칙으로 영어 공교육 강화방안을 재평가해보면 현 시점에서 그렇게 막대한 자원을 쏟아 부을 가치가 없는 계획으로 판명될지도 모른다.

사교육과 양극화를 부추기는 원인이 될 수 있다

영어 공교육 강화의 결과 우리 국민의 영어실력이 전반적으로 향상되는 것 그 자체는 환영할 만한 일이다. 사교육 없이도 공교육만으로 모두가 영어를 더 잘할 수 있게 된다니 좋은 일이 아닐 수 없다. 그러나 이것은 각자 알아서 자신의 영어실력을 늘리고, 학교는 그 기회를 제공하는 데 그친다는 것을 전제로 한 상황에서만 타당한 말이다. 만약 학교가 기회를 제공하는 데 그치지 않고 영어실력의 향상 정도를 평가에 반영하게 된다면 문제는 판이하게 달라진다. 영어실력의 전반적 향상이 각 개별 학생에게는 더욱 살벌한 경쟁 압력으로 작용하는 결과가 빚어질 수 있기 때문이다.

영어 공교육이 강화되면서 재학 중에 영어 내신에서 좋은 점수를 따기 위한 경쟁, 입학시험 영어 과목에서 좋은 점수를 따기 위한 경쟁은 한층 더 치열해질 것임을 쉽게 예상할 수 있다. 그렇기 때문에 영어 공교육 강화는 사교육 의존도를 오히려 더욱 높이는 결과를 가져올 가능성이 크다. 새 정부 측에서는 단순 논리에 입각해 공교육이 더 많은 부담을 떠안게 되면서 사교육 쪽의 부담은 당연히 줄어들 것이라는 안이한 예측을 하고 있다. 그러나 공교육과 사교육 사이의 관계는 그런 단순 논리로 이해할 수 없는 복잡성을 갖고 있다.

수능에서 영어 과목을 제외하겠다고 말하지만, 대학입시에서 어떤 형태로든 영어능력에 대한 평가가 반영되리라는 것은 너무나도 뻔한 일이다. 요즈음처럼 영어만능주의가 팽배한 현실에서 영어를 평가대상에서 제외하는 일이 일어나리라고 기대할 수 없기 때문이다. 더군다나 새 정부가 입시를 대학의 자율에 맡기겠다고 공언한 상태이기 때문에 정부가 이래라 저래라 할 수 없는 상황이 되어버렸다. 예컨대 어떤 대학이 거의 원어민에 가까운 영어회화 능력을 갖춘 사람을 선발하려는 태도로 나온다 하더라도 이를 통제할 수단이 없다.

새 정부 말을 들어보면 대학의 자율에 맡겨도 그런 일은 생기지 않을 것이라고 낙관하고 있는 것 같다. 그러나 불행히도 우리 대학들이 갖고 있는 사회적 책임성의 수준은 그리 높지 않다. 그들의 행태를 보면 사회적 책임성보다 우수 학생의 선발에 훨씬 더 높은 우선순위를 부여하고 있음이 너무나도 분명하게 드러난다. 새 정부의 체면을 세워주려는 듯, 한국대학교육협의회는 2009학년도 대학입시에서도 본고사는 없고 현 체제가 유지될 것이라고 말한다. 이런 협조의 무드는 오래가지 못할 것이 뻔하고, 머지않은 장래에 우수 학생들을 선점하기 위한 각개약진이 시작되리라는 것을 자신 있게 예측할 수 있다. 이 각개약진의 과정에서 영어가 입시에서 차지하는 비중이 높아지면 높아졌지 결코 낮아지지는 않을 것이 분명하다.

대학뿐 아니라 중학교나 고등학교의 입시에서도 영어로 인한 수험생의 부담이 가중될 것은 자명한 일이다. 모든 수업이 영어로 진행되는 국제중의 입시에서 영어가 높은 비중을 차지할 것임은 두말할 나위도 없다. 또한 자사고가 1백여 개 이상 늘어난 상황에서 고등학교 입시가 대학입시 못지않은 열기를 띠게 될 텐데, 여기에서도 영어가 매우 중요한 비중을 차지하리라고 쉽게 예상할 수 있다. 공교육에서의 영어 비중이 크게 늘었는데, 입시에서 영어가 차지하는 비중이 늘어나지 않을 리 없기 때문이다.

각급 학교의 입시에서 영어가 차지하는 비중이 점차 높아짐에 따라 영어 사교육에 대한 수요는 필연적으로 늘어나게 된다. 아무리 영어 공교육을 강화한다 해도 사교육에 대한 수요는 절대로 줄어들지 않는다고 자신 있게 예측할 수 있다. 입시는 그 본질상 점수에 의해 수험생들을 줄 세우는 속성을 갖고 있는데, 남들보다 더 앞에 있는 자리에 끼어들기 위한 유일한 방법은 사교육밖에 없다. 유치원부터 고등학교까지 모든 수준의 교육과정에서 영어 사교육이 창궐하게 될 것으로 예측하는 근거가 바로 여기에 있다. 영어의 중요성을 강조하면 할수록 영어 사교육이 더욱 크게 번져나가리라는 것은 너무나도 뻔한 이치다.

설사 입시에서 영어가 차지하는 비중이 현재 수준 그대로 유지된다 하더라도, 영어로 가르치는 영어수업의 특성상 사교육의 필요성이 더욱 커지게 된다. 영어 이외의 과목을 영어로 가르치는 것보다는 정도가 덜 심하겠지만, 영어로 가르치는 영어수업의 경우에도 제대로 따라가기 힘든 학생들이 많이 생길 것이다. 어린 학생은 적응력이 좋아 나름대로 따라갈 수 있으리라고 말하는 사람이 있지만, 이것은 아무 근거도 없는 허황된 낙관론이다. 원어민교사가 말하는 것을 알아듣지 못하는 학생이 기댈 수 있는 언덕은 오직 사교육뿐이다.

또한 영어로 가르치는 영어수업이 본격화되면서 각급 학교에서는 듣기나 말하기 같은 회화부문을 평가의 대상으로 삼게 될 것이 분명하다. 예전에는 단어의 스펠링을 외우거나 문장을 해석하는 정도로 시험 준비를 모두 마칠 수 있지만, 이제는 발음에도 신경을 써야 하고 영어 대화를 알아듣기 위한 훈련도 해야 한다. 아무리 영어 공교육이 강화된다 하더라도 사교육 없이 듣기나 말하기를 아주 잘하기는 힘들다. 영어를 공부해본 사람은 콩나물 교실에서 일주일에 몇 시간 영어수업을 듣는다고 유창하게 영어를 듣고 말할 수 없다는 것을 잘 알고 있다.

결론적으로 말해 영어 공교육 강화는 학생과 학부모의 부담을 덜어주는 것이 아니라 더욱 무겁게 만들 가능성이 크다. 사교육 수요가 크게 늘어날 것이 분명하며, 사교육을 감당할 수 있는 계층과 그렇지 못한 계층 사이의 격차를 한층 더 벌리는 결과를 가져오게 된다. 그렇지 않아도 양극화가 심각한 상황에서 교육정책마저 이를 한층 더 심각한 차원으로 몰아가는 것은 결코 용납될 수 없다. 새 정부는 신분 상승의 통로가 되어야 할 교육을 빈곤의 대물림을 강화하는 통로로 만들려는 위험한 노름을 하고 있는 셈이다.

좀 더 넓은 시각에서 공교육 강화방안을 논의해야 한다

많은 사람들이 우리 공교육에 심각한 문제가 있다는 데 생각을 같이하고 있다. 지금은 영어 교육 문제로 시끄럽기 때문에 잠시 관심의 대상 밖으로 밀려 있지만, 공교육을 충실화함으로써 사교육에 대한 수요를 획기적으로 줄여야 한다는 것은 아직도 절박한 숙제로 남아 있다. 뿐만 아니라 과연 우리가 어린 학생들을 올바른 방향으로 이끌어가고 있는지에 관한 본질적인 의문도 아직 해소되지 못한 채 남아 있다. 한마디로 말해 우리 공교육과 관련해 고민하고 개선해나가야 할 점이 한두 가지가 아닌 것이다.

우리 공교육이 안고 있는 숱한 과제 중에서 왜 하필이면 영어 교육 개혁만이 모든 관심을 독차지하게 되었을까? 공교육 전반에 대한 포괄적인 검토가 이루어진 후 이것보다 더 절박한 과제는 없다는 결론을 내렸기 때문일까? 내가 보기에는 절대로 그런 것 같지 않다. 영어 공교육 강화라는 것은 몇몇 사람의 아마추어적 신념에서 비롯된 목표라고 보는 것이 옳으리라고 생각한다. 문법에만 치우친 우리의 영어교육이 갖고 있는 문제는 오래전부터 주목의 대상이 되어왔다. 그렇다고 해서 그것을 우리 교육이 안고 있는 문제의 핵심이라고 보는 것은 균형 잡힌 시각이 아니다.

그것을 추진한 사람들이 의도한 바는 아니었겠지만, 영어 공교육 강화방안은 공교육 충실화가 실현될 수 있는 시기를 한층 더 늦추는 결과를 가져올 수 있다. 오직 비실용적인 영어 교육이란 문제에만 관심을 집중시킴으로써 공교육이 갖는 다른 절박한 문제들을 관심의 사각지대로 밀어놓아버렸기 때문이다. 요즈음 신문이나 방송을 보면 영어 교육 이외의 다른 교육문제에 대한 논의는 거의 실종상태에 있는 것을 발견할 수 있다. 국민의 관심이 온통 영어 교육에만 쏠려 있기 때문에 다른 문제들은 그 절박성이 더 심각함에도 불구하고 논의의 대상조차 되지 못하는 것이다.

우리 학생들의 영어실력이 향상되는 것은 분명 반가운 일이다. 그러나 이보다 훨씬 더 중요한 일이 얼마든지 있다. 그들의 전반적인 학력을 높이는 일도 중요할뿐더러, 그들을 올바르고 건전한 시민으로 키우는 일도 중요하다. 그들이 세계화의 흐름에 뒤떨어지지 않도록 만들어주는 것도 중요하고, 새로운 과학문명과 기술을 이해할 수 있는 능력을 배양하는 것도 중요한 일이다. 그들의 체력을 증진시키고 예술과 문화, 그리고 환경에 대한 이해를 높이는 일도 중요하다. 심지어는 어떻게 하면 행복한 삶을 꾸려갈 수 있는지에 대해서도 가르쳐줘야 한다.

이 많은 중요한 일들을 뒷전에 밀어놓고 오직 영어 교육에만 '올인'하는 것은 바람직한 전략이 아니다. 균형 잡힌 시각에서 여러 과제들의 우선순위를 원점에서부터 다시 검토해보는 것이 필요하리라고 본다. 우리 교육의 목표를 어디에 설정할 것이며, 이 목표를 어떤 방법에 의해 실현할 것인지에 대한 본질적인 검토가 있어야 할 것이라는 말이다. 지금처럼 영어 교육에만 정신이 온통 팔려 있는 상태에서는 균형 잡힌 시각에서 우선순위를 재검토하는 일이 어렵게 된다. 영어 공교육 강화방안과 관련된 최근의 사태 진전이 특히 우려되는 이유가 바로 여기에 있다.

맺음말

어떤 정책이 바람직한 효과를 낸다는 사실 그 자체만으로 그것의 타당성이 바로 입증되는 것은 아니다. 우선 그 정책의 수행에 얼마만큼의 비용이 드는지를 따져 거기서 나오는 편익이 비용을 충당하고도 남을 만큼 큰지 여부를 평가해보아야 한다. 그런데 편익이 비용보다 더 크다는 사실이 확인되었다 하더라도, 그것만으로 정책의 타당성에 대한 평가가 끝나지는 않는다. 그 정책보다 더 좋은 다른 대안이 없는지 확인해보는 과정이 반드시 필요하기 때문이다.

새 정부는 영어 공교육 강화가 국민의 전반적 영어실력을 높여줄 것이라는 긍정적 효과만 강조하고 있다. 그러나 이 정책의 수행에 드는 천문학적 규모의 비용에 대해서는 단지 그것을 동원하는 것이 가능하다는 말만 하고 있다. 객관적인 관점에서 비용과 편익을 비교한 결과가 어떻다는 말은 한 번도 들어본 적이 없다. 물론 교육 같은 문제를 엄격한 경제적 논리로만 접근할 수 없고 그래서도 안 될 일이다. 그렇지만 얼마만큼의 비용이 들지에 대해 아무런 생각도 하지 않는 것은 아주 무모한 일이다. 그 돈으로 할 수 있는 다른 많은 일들이 있기 때문이다.

또한 새 정부가 구상하고 있는 영어 공교육 강화방안이 영어실력을 향상시키는 데 가장 효과적인 방법이 될 수 있다는 점이 엄밀하게 입증된 바도 없다. 언어교육의 효율성에 관한 심도 있는 분석에 기초해 영어수업을 영어로만 진행하는 것이 가장 좋은 대안이라는 결론을 낸 것 같아 보이지 않는다. 몇몇 사람의 개인적 경험과 믿음에 기초해 그런 결론을 낸 것이라는 느낌을 강하게 받는다. 최소한 영어로 가르치는 영어수업이 가장 효과적인 방법이라는 비교실험의 결과 정도는 제시되어야만 이 정책의 타당성을 납득시킬 수 있다.

지금 단계에서 영어 공교육 강화방안이 실행에 옮겨질 때 우리 교육과 사회에 어떤 영향이 올지에 대해 아무도 자신 있게 예측할 수 없다. 새 정부 측에서는 온 국민이 외국인과 간단한 대화 정도는 할 수 있을 것이라고 자신하고 있지만, 이것 역시 실행이 되어보아야 알 수 있는 일이다. 영어 교육 이외의 다른 부분의 교육이 이로 인해 어떤 영향을 받을지는 더욱 짐작하기 힘들다. 또한 사교육 혜택을 받지 못하는 가난한 사람에게도 공평한 영어 교육의 기회를 제공한다는 것을 표방하고 있지만, 이들에게 한층 더 무거운 짐을 지우는 결과를 가져올 가능성이 크다.

이런 무지의 상태에서 영어 공교육 강화방안을 밀어붙이는 것은 매우 무모한 일이다. 충분한 사전 검토와 실험을 거친 후 사회 각계각층의 의견을 널리 수렴해 정책의 방향을 잡아나가야 한다. 새 정부 측은 바로 내일이라도 실천에 옮길 듯 서두르고 있는 모습인데, 그럴수록 우리의 불안감은 한층 더 커질 수밖에 없다. 졸속으로 시행된 정책 중 성공한 사례가 거의 없다는 것을 몰라서 이렇게 서두는 것인지 염려스럽기만 하다. 더군다나 교육정책처럼 1백 년을 내다보는 긴 안목이 필요한 경우에는 더욱 더 긴 준비기간이 필요하다.

260 어떤 정책이든 구상단계에서 한 점의 문제도 없는 완벽한 청사진을 만들 수는 없다. 그것을 구상한 사람들이 미처 예견하지 못한 숱한 문제점이 도사리고 있을 수 있다. 그렇기 때문에 사전에 충분한 논의를 거쳐 문제점을 보완해나가는 작업이 필요할뿐더러, 문제점이 너무나 많다고 판명될 경우에는 미련 없이 폐기해버리는 용기도 필요하다. 이런 논의과정에서 건전한 비판은 당연히 제기되어야 하는 것임에도 불구하고 '반대를 위한 반대'로 몰아붙인다면 우리 교육의 앞날은 어두워질 수밖에 없다. 지금이라도 마음의 문을 활짝 열고 우리 교육의 장래에 대해 허심탄회하게 논의할 수 있는 자세로 돌아가야 한다.

(2008.2.21)

영어강의가 대학교육을 망친다

세계화의 진전과 더불어 영어를 잘할 수 있는 능력이 점차 큰 중요성을 갖는 것은 부정할 수 없는 사실이다. 그러나 지금 우리 사회를 휩쓸고 있는 맹목적인 영어 사랑은 그 정도가 지나쳐도 한참 지나쳐 있다. 우리말도 제대로 못하는 어린애들을 영어 유아원으로 내모는 부모들을 보면 한심하기 짝이 없다는 생각이 든다. 그런 부모들을 보면 아예 그 애들을 미국 애로 키우지 왜 한국 애로 키우느냐고 묻고 싶은 충동을 느낀다.

요즈음은 우리 사회 어디를 보아도 우리말을 잘 배우고 잘 쓰자는 소리는 전혀 들리지 않는다. 영어를 잘 못하는 사람은 마치 이등국민이라도 되는 양 형편없는 푸대접을 받고 있는 실정이다. 미국에 오래 살면 백치라도 영어를 유창하게 할 수 있을 텐데도, 영어를 그럴듯하게 구사하면 쳐다보는 눈초리마저 금방 달라진다. 이렇게 우리말을 헌신짝처럼 여길 양이면 왜 우리말을 죽이려 든 일제에 항거해 그 고생스런 싸움을 벌였느냐는 생각까지 든다. 아예 우리말 쓰는 것을 불법화하고 태어날 때부터 영어만 쓰게 만들어 세계화의 역군이 되도록 만드는 것은 어떨까?

비효율적인 영어강의

그렇다고 영어 공부를 하지 말자는 얘기는 절대 아니다. 영어를 열심히 공부하는 것이 중요하다는 데 하등의 이의가 없다. 다만 영어를 공부하더라도 순리에 맞게 합리적인 방법으로 하자는 것이 내가 주장하고 싶은 점이다. 잘못된 방법으로 영어 공부를 시키고 있는 대표적인 사례가 대학에서의 영어강의다. 전국의 대학들이 영어강의의 비율을 경쟁적으로 높이고 있는 과정에서 우리 대학의 교육은 점차 멍들어가고 있다. 이런 어처구니없는 일이 눈앞에서 벌어지고 있는데도 대부분의 교수들은 그저 침묵으로 일관하고 있다.

영어로 강의하는 교수들에게 물어보면 강의의 효율이 현저하게 떨어진다는 점을 부정하지 않는다. 영어강의를 들은 학생들을 붙잡고 물어보면 강의를 듣고도 머리에 남는 게 별로 없다고 말하는 사람이 거의 대부분이다. 남의 나라 말로 의사소통을 하려면 어려움이 많은 것은 당연한 일이 아닌가? 우리말로 설명해도 알아듣기 힘들어하는 학생들이 영어로 설명한 강의를 이해하기란 '나무에서 물고기를 구하는 것'(緣木求魚)과 같이 어려운 일이다.

만약 원어민들이 영어로 강의를 한다면 강의의 효율은 조금이나마 높아질 수 있을 것이다. 최소한 영어로 의사를 표현하는 과정에서의 제약은 없을 것이기 때문이다. 그러나 현재 진행되고 있는 대부분의 영어강의는 외국어로서 영어를 배운 우리나라 사람이 담당하고 있는 실정이다. 아무리 유창하게 영어를 구사한다고 해도 외국어로서 배운 사람들은 어쩔 수 없는 한계를 갖고 있다. 말하고 싶은 모든 것을 자유자재로 표현할 수 없는 것은 당연한 이치다. 사정이 이렇기 때문에 영어강의는 그 출발점에서부터 문제를 안고 있는 셈이다.

　그렇다면 영어강의를 듣는 학생의 경우에는 이를 어느 정도로 소화할 수 있는 능력을 갖고 있을까? 우리 초, 중, 고등학교의 영어 교육이 얼마나 철저한지 몰라도, 대학에 갓 들어온 학생이 영어강의를 제대로 소화할 수 있는 능력을 갖추고 있기를 기대하는 것은 엄청난 환상이다. 강의 내용도 제대로 이해하기 어려운 터에 영어와도 씨름해야 하는 이들로서는 그야말로 고행의 연속일 것이 틀림없다. 강의 내용을 전혀 이해하지 못한 채 그저 눈만 껌뻑거리고 앉아 있다 나오는 학생이 거의 전부가 아닐까?

　간단한 계산을 해보면 영어로 진행되는 강의가 얼마나 비효율적인지 그 답이 금방 나올 수 있다. 어떤 강의를 통해 학생들에게 전달되어야 하는 지식과 정보의 양이 100이라고 가정하자. 원어민이 아닌 교수가 강의를 하는 과정에서 30%의 효율성 상실이 일어나고, 학생이 강의를 이해하는 과정에서 다시 30%의 효율성 상실이 일어난다고 치자. 그렇다면 영어강의를 통해 최종적으로 학생에게 전달되는 지식과 정보의 양은 $100 \times 0.7 \times 0.7$, 즉 49%에 지나지 않게 된다. 결론적으로 말해 영어강의는 우리말 강의에 비해 그 효율성이 절반에도 미치지 못한다는 뜻이다.

　왜 비효율적인 영어강의를 고집하느냐고 물으면 그렇게 해서라도 영어를 가르쳐야 한다는 대답이 나온다. 설사 영어강의를 통해 영어 실력이 약간 향상될 수 있는 장점이 있다 하더라도, 교육 내용의 부실화를 정당화하기에는 엄청나게 부족한 근거다. 대학은 학문을 전수하는 곳이지 영어학원이 아니다. 영어를 좀 더 잘하게 만들려고 철학,

역사학, 경제학, 정치학, 물리학 교육을 포기하는 것은 대학 스스로의 존재가치를 부정하는 어리석은 일이다. 영어강의를 통해 대학 교육의 본질이 얼마나 훼손되어가고 있는지 뼈저린 반성을 해야 한다.

나는 교수 개인의 판단에 의해 영어강의 쪽을 선택하는 것에 대해 별 이의가 없다. 사람마다 생각이 다를 것이기 때문에 영어강의를 하는 것이 더 좋다고 생각한다면 그 생각을 존중해주고 싶기 때문이다. 또한 유학 와 있는 외국 학생을 위한 영어강의가 필요하다는 점에 대해서도 긍정적인 생각을 갖고 있다. 그러나 학교 당국의 공식방침으로 영어강의를 일방적으로 밀어붙이는 것은 결코 바람직하지 못하다. 학생들에게 일정량 이상의 영어강의 수강을 의무화하는 것은 그야말로 비교육적인 처사가 아닐 수 없다. 더군다나 영어강의 의무조항이 들어간 신임교수 계약은 현대판 '노비문서'와 다를 바 없다.

사대주의와 허영심 버려야

우리 대학들이 천편일률적으로 영어강의 비율을 높이려고 안간힘을 쓰고 있는 배경은 무엇일까? '허영심' 말고는 다른 대답을 찾을 수 없다고 생각한다. 학생들이 정말로 좋은 교육을 받고 있는지에 대해서는 아무 관심도 없고, 그저 우리 대학은 이 정도로 국제화가 되어 있다는 것을 과시하려는 욕심밖에 없는 것처럼 보인다. 서울대학교를 포함해 그 어떤 대학도 영어강의의 실제 효과를 엄밀하게 검증하려는 노력을 조금이라도 기울인 바가 없다. 영어강의 비율이 높아지는 것은 그 자체가 개선이라는 맹목적인 태도로 일관해온 것을 부정하기 힘들다.

대학 당국의 입장에서 볼 때 영어강의 비율을 높여야 한다는 사회적 압력이 상당히 부담스러울 수 있다. 일부 무지한 언론이 주도한 맹목적인 사회적 분위기 탓에 영어강의 비율을 높이지 않으면 경쟁에서 뒤떨어진다는 인상을 줄 수도 있기 때문이다. 그러나 대학은 말 그대로 '지성의 전당'이 되어야 할 것이 아닌가? 시류에 무조건 영합할 것이 아니라, 지식인으로서의 판단과 교육자로서의 양심에 따라 행동해야 마땅한 일이다. 대학에 몸담고 있는 사람이라면 어떤 어려움이 있더라도 옳다고 생각하는 바대로 행동하는 용기를 가져야 한다.

우리 대학들은 자신이 안고 있는 모든 문제를 3불정책 탓으로 돌린다. 만약 그들이 요구하는 대로 3불정책이 정말로 폐지된다면, 그때는 어떤 곳에서 변명의 구실을 찾을지 의문이다. 그러나 3불정책을 탓하기 전에 스스로 발등을 찍는 행위를 하고 있지는 않은지 반성해야 옳은 일이 아닐까? 대학 신입생의 기초학력이 모자란다는 타령을 늘어놓는 사람들이 이들에게 불필요한 영어강의의 부담까지 안겨주는 것이 과연 옳은 일인지 묻고 싶다. 우리말로 가르쳐도 따라오기 힘든 터에 영어로 가르치겠다는 만용을 부리는 것을 보면 정말로 한심하다는 생각이 든다.

자기 대학의 영어강의 비율이 높다는 자랑을 늘어놓는 교수가 있다면 영어강의를 들은 학생들의 의견을 들어보라고 권하고 싶다. 그 알량한 영어강의 때문에 학생들이 얼마나 불필요한 고통을 겪고 있으며, 교육이 얼마나 황폐해져가고 있는지를 스스로 확인해보아야 한다. 나아가 대학 당국은 영어강의의 실제 효과가 어떻게 나오고 있는지에 대한 엄밀한 검증작업에 착수해야 한다. 과연 영어실력은 얼마나 향상되었으며, 실질적인 지식과 정보의 전달의 측면에서 발생한 손실은 얼마인지를 꼼꼼하게 따져볼 필요가 있는 것이다.

영어강의의 폐해 못지않게 심각한 문제는 우리말을 업신여기는 태도다. 소위 배웠다는 사람일수록 우리말에 대한 경멸이 더 심해지는 한심한 세태를 볼 수 있다. 귀국한 지 몇십 년이 지났는데도 토씨 빼놓고는 모두 영어를 사용해야 직성이 풀리는 것은 무슨 심보인지 모르겠다. 영어를 써야 멋있게 보인다는 오해를 하고 있는지 몰라도, 그런 얄팍한 태도로는 마음에서 우러나오는 존경을 받을 수 없다.

지식인이라면 우리말을 더욱 아름답고 세련되게 가꾸어나가는 작업에 앞장서야 하는 것이 마땅한 일 아닌가? 학문 용어를 우리말로 번역하는 것이 아무리 어렵다 해도 그것을 해내야만 우리 학문의 자생적 발전이 가능해지지 않을까? 영어는 우리에게 수단 이상의 의미를 갖지 않는데도 마치 그것이 궁극적인 목적인 양 호들갑을 떠는 것이 우리 지식인의 슬픈 모습이다. 그런 어줍지 않은 사대주의와 허영심으로 어린 세대들에게 과연 무엇을 보여주려고 하는지 심히 걱정스러울 따름이다.

(2007.4.14)

시장주의자의 고백

6

Quo
Vadis

독자에게
드리는 글

이명박 정부에 비판적인 글을 쓴 죄로 '좌빨'이란 칭호를 얻게 되었지만, 저는 스스로를 시장주의자로 생각하고 있습니다. 주류 경제학을 공부한 사람에게 시장의 힘에 대한 신뢰는 마치 등록상표와도 같다고 말할 수 있지요. 솔직히 말해 진보의 성향을 갖는다고 하기에는 시장의 힘에 대한 저의 신뢰가 너무 큰 편입니다. 그러니 어쩔 수 없이 시장주의자가 될 수밖에 없는 것입니다.

시장주의자로서의 제 면모를 가장 잘 보여주는 것이 〈한미 FTA, 걸어볼 만한 도박인가?〉입니다. 자유로운 무역에서 얻는 이득은 이것이 갖는 문제점을 상쇄하고도 남는다는 믿음이야말로 시장주의자에게는 최후의 보루와도 같은 것입니다. 이 글에서 저는 그 믿음을 그대로 드러냄으로써 스스로 시장주의자임을 고백한 셈입니다.

그런데 이 글은 두 나라 사이의 협상이 한창 진행 중에 있던 2006년에 쓴 것입니다. 그때는 한미 FTA가 바람직한지의 여부에 대해서도 많은 논란이 오가고 있었습니다. 협정의 구체적 내용을 예상조차 할 수 없었던 때였기 때문에, 원론적인 입장에서 자유무역협정의 득실을 논의하는 것이 고작일 수밖에 없었습니다. 그러니 지금의 시각에서 보면 알맹이가 빠져 있는 논의처럼 보일 수도 있습니다.

현재 상황에서 한미 FTA에 대한 제 입장이 무엇인지 궁금해 하시는 분이 있을지 모릅니다. 현 합의안이 투자자국가소송제 등 몇 가지 심각한 문제점을 갖고 있다는 지적이 제기되고 있습니다. 우리 측이 협상 과정에서 놓쳐서는 안 되는 중요한 것을 놓쳤을 가능성이 있습니다. 그러나 우리에게 일방적으로 불리한 불평등 협정이라고 보지는 않습니다.

한미 FTA의 전면적 부정보다는 문제점을 최대한 보완하는 방식의 해결책이 더 낫다고 생각합니다. 이 글을 쓸 때의 믿음, 즉 자유로운 무역에서 얻는 이득이 무척 크다는 믿음은 아직도 흔들림이 없습니다. 따라서 한미 FTA가 걸어볼 만한 도박이라는 결론은 수정할 필요를 느끼지 않습니다.

시장주의자인 제가 거리를 두고자 하는 것은 시장근본주의, 즉 시장의 힘에 대한 맹신입니다. 시장은 결코 완벽한 제도가 아닙니다. 미국의 금융위기에서 잘 드러났듯, 시장이 고삐 풀린 망아지처럼 날뛰도록 방치하는 것은 무척 위험한 일입니다. 저는 시장의 힘을 적절히 활용하되 어떤 선을 넘지 못하도록 견제하는 것이 올바른 길이라고 믿습니다.

〈미국 금융위기의 교훈〉은 시장근본주의자들에게 던지는 도전장입니다. 미국 금융위기를 통해 우리는 시장의 탐욕이 빚은 무서운 결과를 생생하게 목격했습니다. 그러나 시장근본주의자들은 금융위기가 정부의 실패로 인해 발생했다는 억지 주장을 하고 있습니다. 그들이 솔직하게 시장의 한계를 인정하도록 촉구하는 데 이 글의 목적이 있습니다.

〈말에게 억지로 물을 먹일 수는 없다〉, 〈짜증나는 차량 5부제〉에서도 저의 시장주의적 성향을 읽을 수 있습니다. 참여정부 때 쓴 글이지만 제가 전달하려는 메시지는 아직도 유효하다고 봅니다. 어떤 현안이 있을 때 정부는 규제를 통해 문제를 해결하려는 경향을 보입니다. 현 정부만 그런 것이 아니라 역대 정부가 모두 그런 경향에서 자유롭지 못했습니다.

일반적으로 규제보다는 가격 메커니즘을 이용하는 정책이 훨씬 더 효과적입니다. 정부가 거의 상식과도 같은 이 사실을 모를 리 없습니다. 결국 시장의 힘에 대한 불신으로 인해 규제를 선호하는 태도가 나오는 겁니다. 현 정부가 좋은 예지만, '시장친화'를 부르짖으면서 규제를 일삼는 태도는 사이비 시장주의라고 말할 수 있겠지요.

주택시장이나 교육문제와 관련해 정부 개입의 불가피성을 주장하는 것을 보고 제가 '큰 정부'를 선호한다고 생각하실지 모릅니다. 그러나 제가 언제, 어느 경우에서나 큰 정부가 바람직하다는 입장을 갖고 있는 것은 아닙니다. 〈도박, 마약 그리고 비만세〉가 그 좋은 증거라고 할 수 있습니다. 이 글에서 저는 정부가 '큰 형님'(big brother) 노릇을 하는 데 대해 강력한 이의를 제기하고 있습니다.

정부가 도박과 마약을 통제하는 것은 당연하다고 생각하는 사람이 많습니다. 그러나 본질적으로는 똑같은 도박과 마약인데 그대로 놓아두는 경우도 많습니다. 예를 들어 카지노, 복권, 경마 같은 것은 도박의 일종인데도 전혀 통제의 대상이 아닙니다. 이와 같은 일관성의 결여를 어떻게 정당화해야 할지 모르겠습니다.

또한 정부가 개인의 자유로운 선택에 시시콜콜 간섭하는 것도 문제가 될 수 있습니다. 사회적 문제를 일으키지 않는 한, 도박과 마약에도 자유로운 선택의 여지를 인정해야 하지 않을까요? 그렇게 시시콜콜 간섭하다가는 무엇을 먹고 무엇을 먹지 말 것까지 통제하는 단계에 이를 수 있습니다. 사실 비만세를 부과한다는 것은 이미 그 단계에 와 있다는 것을 뜻합니다.

이 글에서 저는 개인의 자유로운 선택에 호의적인 태도를 취하고 있습니다. 이 점에서 본다면 보수적 성향의 자유주의자(libertarian)에 가까운 입장이라고 말할 수 있습니다. 그래도 저를 '큰 정부'의 지지자라고 부를 수 있을까요? 저는 어떤 정책이 보수성향의 것인지 아니면 진보성향인 것인지에 대해 아무 관심이 없습니다. 정책은 그것이 갖는 합리성에 의해 궁극적 평가가 내려져야 한다는 것이 제 신념입니다.

이 장의 나머지 글들은 경제학자로서의 제가 수필을 쓰는 기분으로 쓴 글들입니다. 그렇기 때문에 여러분도 비교적 가벼운 마음으로 읽으실 수 있을 겁니다. 경제학자들은 수필을 써도 이렇게 골치 아픈 것만 쓴다고 말하실지 모릅니다. 경제학의 별명이 '우울한 학문'(dismal science)이라는 것을 알고 계시겠지요? 그러니 경제학자인 저도 늘 우울한 글만 쓸 수밖에 없다는 점을 이해해 주시기 바랍니다.

한미 FTA, 걸어볼 만한 도박인가?

　사람과 사람 사이의 교환이든 나라와 나라 사이의 교환이든, 교환은 이에 참여하는 모든 경제주체들에게 이익을 가져다준다. 물론 강압에 의해 억지로 교환에 응해야 하는 경우에는 손해를 보는 경우가 생길 수 있다. 그렇지만 모두가 자발적으로 교환에 참여하는 한 어느 누구라도 손해를 보는 일은 생길 수 없다. 합리적인 경제주체라면 손해를 보게 되는 교환에 결코 응할 리 없기 때문이다.

　교환은 오늘날 우리가 누리고 있는 물질적 풍요를 가능하게 해준 기본적 원동력이라고 말할 수 있다. 교환이 이루어지지 못하고 모두가 스스로 생산한 것만 소비해야 한다면, 우리의 물질적 생활은 그야말로 빈약하기 짝이 없는 것이 되고 만다. 얼핏 보기에 교환이라는 것은 우리 주변에서 언제 어디서나 볼 수 있는 지극히 평범한 행위에 불과할지 모른다. 그러나 교환은 우리 인간이 생각해낸 사회적 행위 가운데 가장 위대한 것 중 하나라고 말할 수 있다.

자유무역, 문제점 있으나 장점이 더 크다

교환에서 나오는 이득은 교환이 이루어지는 범위가 커질수록 한층 더 커진다. 가까운 이웃들 사이에서만 교환이 이루어진다면 거기서 나오는 이득이 별로 크지 않을 것이다. 비슷비슷한 물건들을 생산하는 사람들끼리 교환을 해보았자 별다른 이득이 생기지 않을 것이기 때문이다. 교환의 범위가 마을 사람들 전체로 넓어지면, 교환의 내용이 더욱 다양해지고 이에 따라 교환에서 생기는 이득도 훨씬 더 커지게 된다.

이와 같은 논리를 계속 적용해보면 세계의 모든 나라가 교환에 참여할 때 우리가 얻는 이득이 극대화될 수 있다는 결론에 이르게 된다. 국경의 존재에 구애 받지 않고 세계의 모든 사람들이 자유로이 물건을 사고파는 상황이 최선의 결과를 가져온다는 말이다. 바로 여기서 자유무역을 지지하는 강력한 논리적 근거를 찾을 수 있다. 자유무역에 대해 거부감을 갖고 있는 사람들이 많지만, 자유무역을 통해 교환의 이득을 극대화할 수 있다는 논리 그 자체를 부정하기는 어렵다.

물론 이론과 현실은 크게 다를 수 있다. 현실에서 자유무역이 많은 문제점을 안고 있다는 것은 누구나 다 잘 아는 사실이다. 모든 상품이 아무런 방해도 받지 않고 자유롭게 국경을 넘나드는 상황이 언제나 최선의 결과를 가져오지는 않는다. 설사 어떤 나라가 자유무역에서 이득을 얻을 수 있다 하더라도, 그것이 그 나라 국민 개개인의 경제적 복지 향상으로 이어질지의 여부는 별개의 문제다. 한 나라가 이득을 얻는다는 것이 그 나라의 모든 국민이 이득을 얻는다는 것을 뜻하지는 않기 때문이다.

자유무역의 이론적 토대가 되고 있는 비교우위이론은 두 가지 중요한 전제가 충족되어 있는 상황에서만 설득력을 갖는다. 하나는 어떤 나라가 비교우위를 갖고 있는 산업으로 특화하는 과정에서 생산자원의 이동이 순조롭게 이루어진다는 것이다. 예를 들어 우리나라가 IT산업으로 특화하려 한다고 할 때, 다른 산업들에서 사용되고 있는 노동과 자본 등의 생산자원이 별 문제없이 그 산업으로 흡수될 수 있다는 가정이다.

또 다른 중요한 전제는 자유무역에서 발생하는 분배상의 문제를 적절하게 처리할 수 있다는 것이다. 앞에서 말한 것처럼, 자유무역을 통해 모든 국민이 이득을 얻을 수 있는 것은 아니다. 전체적인 관점에서 보면 자유무역에서 이득을 얻는다 해도, 개인적으로는 손해를 보는 사람이 반드시 생기게 마련이다. 따라서 자유무역은 필연적으로 분배상의 문제를 일으키게 된다. 이 문제를 적절하게 처리하지 못한다면 이로 인해 발생하는 사회적 비용이 자유무역에서 나오는 이득보다 더 큰 결과를 빚을 수 있다.

이 두 가지 전제가 충족되는 것은 그리 쉽지 않기 때문에 현실은 비교우위이론이 그리고 있는 장밋빛 구도와 크게 다를 가능성이 있다. 따라서 자유무역이 과연 바람직한지에 대해 심각한 의문이 제기될 수 있다. 이와 같은 의문을 제기하는 것은 당연한 일이며 또한 바람직한 일이기도 하다. 단지 무역을 자유화한다고 해서 이득이 저절로 굴러 들어오는 것은 아니라는 점을 잊어서는 안 된다. 사실 정말로 중요한 것은 무역 자유화 그 자체보다 자유화를 한 이후의 상황에 어떻게 대처해 나가느냐다.

자유무역에 따르는 문제점이 있는 것은 사실이지만, 그렇다고 해서 자유무역을 포기해야 한다고 주장하는 것은 너무 성급한 결론이다. 이에 따르는 모든 문제에도 불구하고, 자유무역의 장점이 너무나도 크고 분명하기 때문이다. 자유무역이 나라를 망치는 지름길이라도 되는 듯 반대의 소리를 높이는 사람이 있는데, 이것은 균형 잡힌 생각이 아니다. 뿐만 아니라 자유무역에 대한 반대 의견에는 집단이기주의적인 요소가 섞여 있기 쉽기 때문에 이 점에 대해서도 각별한 주의가 필요하다.

농업 문제 해결이 한미 FTA의 전제조건

자유무역에 관한 지금까지의 논의를 우리 사회에서 크게 논란이 되고 있는 한미 FTA 문제에 그대로 적용할 수 있다. 한미 FTA는 최소한 우리나라와 미국 사이의 무역만이라도 완전히 자유화하자는 협정을 뜻한다. 따라서 자유무역에서 오는 이득이 생길 수 있는 반면에 앞에서 말한 여러 가지 문제점이 그대로 나타날 수 있다. 그렇기 때문에 한미 FTA에 찬성하는 의견이나 이에 반대하는 의견이 모두 나름대로 일리 있는 것이다.

한미 FTA의 구체적 내용이 무엇으로 드러나든 간에 한 가지 분명하게 예상할 수 있는 것이 있다. 이 협정의 체결과 더불어 그렇지 않아도 어려운 처지에 있는 우리 농업이 더욱 심각한 위협에 직면하게 되리라는 것이다. 우리의 영세한 농업이 압도적인 경쟁력을 갖춘 미국 농업의 적수가 되지 못한다는 것은 누구나 다 잘 아는 사실이다.

이론적으로 말하면 경제의 다른 부문에서 생긴 이득을 농업부문으로 이전해줌으로써 농민들이 입는 피해를 보상해줄 수 있다. 그러나 현실에서 이것을 실천에 옮기는 것은 말처럼 쉬운 일이 아니다.

사실 한미 FTA에 의해 누가 얼마만큼 큰 이득을 얻는지 파악하는 것 그 자체가 어려운 일이다. 자유무역에서 나오는 이득은 그 본질상 생산자와 소비자들에게 광범하게 분산되어 실현되는 것이 보통이기 때문이다. 자유무역으로 인한 손실은 그 당사자가 분명하게 드러나지만, 이득은 그렇지 못한 특징이 있다. 더군다나 이득을 얻는 당사자들은 자신이 이득을 얻고 있다는 사실 그 자체를 인식하지 못할 가능성이 크다. 그렇기 때문에 소득재분배를 통해 농업 문제를 해결하려는 방안은 대중적인 지지를 받기 어렵다.

한미 FTA 추진이 탄력을 받기 위해서는 무엇보다 우선 농업 문제를 어떻게 해결할 것인지에 대한 뚜렷한 청사진이 제시되어야 한다. 협정이 체결된 후 농민의 삶이 최소한 지금보다는 더 나아질 수 있다는 믿음을 심어주는 것이 중요하기 때문이다. 지금처럼 협정이 체결된 후 생존의 기반마저 무너질지도 모른다는 걱정을 해야 하는 처지에서는 몸을 던져 협정 체결 반대를 외칠 수밖에 없다. 이들에게 대승적 차원에서 국가 시책에 협조해달라고 부탁하는 것은 공염불에 지나지 않는다.

서비스산업은 경우가 다르다

농업과 더불어 어려움을 겪을 것으로 예상되는 또 하나의 부문이 바로 서비스산업이다. 막강한 경쟁력을 갖춘 미국의 서비스산업이 물 밀듯 밀려오면 우리 서비스산업이 고전을 하게 되리라는 것은 누구나 충분히 예상할 수 있다. 미국의 서비스산업이 세계 최강의 경쟁력을 갖추고 있는 반면 우리의 서비스산업은 그야말로 걸음마 단계를 벗어나지 못하고 있다. 우리 서비스산업의 경쟁력은 경제의 전반적 경쟁력 수준에도 못 미치고 있는 실정이다.

그러나 서비스산업을 농업과 똑같은 차원에서 논의하는 것은 매우 잘못된 일이다. 농업의 경우에는 좁은 국토에 많은 사람들이 몰려 살고 있는 우리로서 어찌해볼 도리가 없는 본질적인 핸디캡을 안고 있다. 그러나 서비스산업의 경우에는 그런 본질적 핸디캡이 존재하지 않는다. 문화적 배경이 중요한 역할을 하는 서비스산업의 성격상, 우리 시장에서는 우리 업체가 오히려 더 유리한 위치에 있다고 말할 수 있다.

서비스산업의 구성이 다양하기 때문에 일부 업종에서는 한미 FTA가 상당한 어려움을 가져다줄 수 있을지 모른다. 그러나 서비스산업 전반을 놓고 볼 때는 한미 FTA가 경쟁력 강화를 위한 좋은 기회가 될 수 있다. 그동안 '도토리 키 재기'식의 경쟁만 이루어지는 국내시장에 안주해온 탓에 우리 서비스산업의 경쟁력이 약해질 수밖에 없었다. 경쟁력이 강화될 때까지 보호장벽을 유지해주어야 한다는 주장은 영원히 보호장벽을 구축해달라는 주장과 전혀 다를 바 없다.

우리 경제의 입장에서 서비스산업의 경쟁력 강화는 한시도 늦출 수 없는 시급한 과제다. 세계경제의 진화과정에 비추어 볼 때, 지금과 같은 제조업 위주의 수출은 언젠가 한계에 도달할 것이 분명하다. 과거에는 제조업에서 경쟁력을 갖는 나라가 선진국이었지만, 이제는 서비스산업에서 경쟁력을 갖는 나라가 선진국이 되는 구도로 바뀌어가고 있다. 아니, 상당히 오래전에 이미 그런 구도로 바뀌었다고 말할 수 있다. 제조업 위주의 수출에 안주해 서비스산업의 경쟁력 강화를 소홀히 하다가는 세계경제의 흐름에서 뒤처지고 마는 결과가 빚어질 수 있다.

한미 FTA의 손익계산서

농업이든 서비스산업이든, 한미 FTA로 인해 손해를 보는 부문은 반드시 생겨날 수밖에 없다. 이 세상의 어떤 일에서도 그렇듯, 모든 사람이 이득을 보는 변화라는 것은 있을 수 없다. 그러나 경제의 어떤 부문이 어려움에 처할 것이라는 사실 그 자체만으로 한미 FTA를 거부하는 명분을 삼을 수는 없다. 이런 논리가 받아들여질 수 있다면 자유무역을 추구하는 그 어떤 합의도 이루어낼 수 없다. 문제의 핵심은 우리 경제 전체가 얻는 이득이 손해보다 더 큰지의 여부이며, 논의의 초점은 바로 여기에 맞춰져야 한다.

경제학자의 예측이 얼마나 정확한 것인지에 대해서는 나 자신도 별로 확신이 없다. 그러나 내가 본 대부분의 예측은 한미 FTA가 가져오는 이득이 손해보다 더 크다는 쪽으로 결론을 내고 있다. 사실 이것은 어느 정도 예상할 수 있는 결과인데, 무역을 자유화함으로써 생기는 손실이 이득보다 더 크다는 결과가 나오기는 본질상 어려운 점이 있기 때문이다. 한미 FTA에 반대하는 입장에 서 있는 사람이라 해도 이 결론을 뒤집기는 어려울 것으로 보인다.

협정 체결로 인해 어려움이 예상되는 부문, 특히 농업에 대한 적절한 대책이 마련된다는 것을 전제로 한다면, 한미 FTA를 반대해야 할 분명한 이유는 찾기 힘들 것으로 보인다. 물론 그 전제가 매우 큰 의문을 내포하고 있는 전제임을 인정하면서 하는 말이다. 그렇다고 해서 그와 같은 적절한 대책의 마련이 어려울 테니 아예 한미 FTA를 하지 말자고 하는 것은 합리적인 주장이 될 수 없다. 지금 이 단계에서는 한미 FTA가 갖는 잠재력에 기초해 이것의 타당성을 평가할 수밖에 없다.

많은 어려움이 따를 것으로 예상하면서도 한미 FTA에 끌릴 수밖에 없는 이유는, 우리 경제의 체질상 미국이라는 거대한 시장을 포기할 수 없기 때문이다. 우리처럼 수출에서 성장의 동력을 찾아온 나라의 입장에서 보면 미국시장을 최대한 활용할 수 있는 길을 모색하는 것이 무엇보다 중요한 과제가 된다. 경제의 규모나 구조의 측면에서 볼 때 미국이 자유무역협정 체결 대상으로서 이상적인 나라가 아닐지 모른다. 그러나 자유무역협정을 통해 미국 시장을 더욱 효과적으로 활용할 수 있는 길이 열린다는 점 그 자체는 부정할 수 없는 사실이다.

또 하나 생각해보아야 할 점은 한미 FTA를 하지 않기로 결정했을 때의 손익계산서다. 세계 각국이 경쟁적으로 자유무역협정 체결을 추진하는 상황에서 우리만 이 흐름에서 빠져 있는 데서 나오는 비용이 결코 만만치 않다. 그렇기 때문에 한미 FTA를 하는 경우의 이득이 별로 크지 않다 해서 하지 않는 경우의 손실 역시 작다고 말할 수는 없다. 이득을 얻는다는 적극적인 입장이 아니라, 손해를 줄인다는 소극적인 입장에서 볼 때도 한미 FTA에는 어느 정도 불가피한 점이 있다.

한미 FTA를 반대하는 사람들은 협정 체결과 함께 미국 상품들이 우리 시장을 휩쓸 것처럼 말하고 있다. 미국 상품들이 과거보다는 더 많이 진출하겠지만, 그렇다고 이들이 싹쓸이를 하는 일은 결코 생기지 않을 것이다. 우리 기업들의 경쟁 환경이 더욱 험난해지겠지만, 그것이 반드시 나쁘다고만 말할 수는 없다. 그와 같은 경쟁의 압력이야말로 우리 기업들이 현실에 안주하지 않고 더욱 높은 생산성과 효율성을 추구하게 만드는 자극제가 될 수 있기 때문이다. 심지어 농업같이 절대적으로 불리한 입장에 처해 있는 산업에서도 경쟁의 압력이 유용한 역할을 수행할 수 있다.

이 점과 관련해 몇 년 전 우리가 가전제품 시장을 개방한 경험을 다시 되새겨볼 필요가 있다. 그때 가전제품 시장 개방에 반대하는 사람들은 우리의 가전제품 산업이 궤멸의 위기를 맞을 것이라는 어두운 예언을 서슴지 않았다. 그렇지만 그 뒤의 경험은 그와 같은 예언이 전혀 근거가 없었음을 생생하게 입증해주고 있다. 현재 우리 가전업체들은 세계 최강을 자랑하던 일본의 가전업체와 맞상대를 할 수 있을 정도로 막강한 경쟁력을 갖추고 있다. 현실의 경험에 비추어 볼 때, 시장 개방이 국내 산업의 궤멸을 가져올 것이라는 우려는 별 근거가 없다.

지금은 승부를 걸어야 할 때

지금 우리 사회에서는 한미 FTA를 추진하는 과정에 대한 비판의 소리가 높은데, 이 점에 대해서도 좀 더 냉철한 자세가 필요하다고 본다. 우선 정부가 국민의 알 권리를 무시하고 협상을 비밀리에 진행하고 있다는 비판에 대해 생각해보기로 하자. 협상 과정에서 우위를 점하기 위해서는 자기가 가진 카드를 상대방에게 보여주지 말아야 한다. 비록 우리 국민에게 알려주는 것이라 하더라도 우리의 협상전략을 노출하는 것은 결코 바람직한 일이 되지 못한다.

협상이 끝나고 본격적인 체결 절차에 들어갈 때는 모든 것을 정직하게 국민에게 알리고 협조를 구해야 한다. 그 단계에서 하나라도 감추는 부분이 있다면 엄격하게 그 책임을 물어야 할 것이다. 그러나 협상이 진행 중에 있는 상황에서 모든 것을 알려주고 협상에 임하라는 요구는 우리 스스로의 손발을 묶자는 말이나 다름없다. 물론 협상이 진행 중에 있을 때라도 어느 정도의 여론 수렴은 해야 하겠지만, 모든 것을 투명하게 밝히는 것은 어려운 일이다. 일단은 정부를 믿고 맡겨두는 수밖에 없다는 점을 인정해야 한다.

또 하나 생각해볼 점은 협상이 진행되는 과정에서 미국의 요구 하나하나에 민감한 반응을 보이는 것이 바람직한 일이냐는 문제다. 협상 과정에서는 누구든 전략적으로 이런저런 요구를 늘어놓게 마련이다. 상대방이 수긍할 수 있는 요구만 내놓는 사람은 협상을 자기에게 유리한 방향으로 이끌어갈 수 없다. 우리가 수긍하지 않을 것을 뻔히 알면서도 전략적인 이유에서 내세우는 요구사항이 분명히 섞여 있을 것이다. 이런 것에까지 민감한 반응을 보이면서 전반적인 분위기를 거부의 방향으로 몰고 가는 것은 그리 바람직하지 못한 일이다.

지금 이 단계에서 한미 FTA가 우리 삶에 어떤 영향을 미칠지를 자신 있게 예측할 수 있는 사람은 하나도 없다. 구체적인 협정의 내용이 무엇이며 협정이 발효된 후에 어떤 일들이 일어날 것인지에 따라 그 영향이 크게 달라질 것이기 때문이다. 지금 이 단계에서는 장밋빛 청사진이나 암울한 예언 그 어느 것도 객관적인 입증이 불가능하다. 찬성하는 쪽과 반대하는 쪽이 마치 홀로 진실을 알고 있는 것처럼 떠들어대고 있지만, 그렇게 될 수 있는 가능성을 확실한 사실인 양 과장하고 있을 뿐이다.

그러나 한 가지 조심스럽게 예측할 수 있는 것은, 적절한 후속조치가 마련되기만 한다면 자유무역에서 오는 이득이 상당히 클 것이라는 점이다. 이 점에서 볼 때 한미 FTA는 충분히 걸어볼 만한 가치가 있는 도박이라는 판단에 이르게 된다. 사전적으로 보면 그 성패가 불분명하다는 의미에서 모든 정책은 도박의 요소를 포함하고 있다. 기업의 투자계획 역시 불확실한 미래에 대한 일종의 도박이라고 말할 수 있는데, 시장경제의 놀라운 역동성의 근원을 바로 이 위험부담 행위에서 찾을 수 있다는 것은 누구나 다 잘 아는 일이다.

한미 FTA를 거부하고 예전처럼 살면 아무 문제가 없는데 왜 위험한 도박을 하느냐는 반론이 나올 수 있다. 현상을 유지하는 것이 안전한 방법일지 모르지만, 그런 안일한 태도로는 획기적인 발전의 계기를 잡을 수 없다. 지난날을 뒤돌아보면 결정적인 순간에 과감한 승부를 걸었던 덕택에 오늘의 우리가 있을 수 있음을 새삼 깨닫게 된다. 성패가 불분명한 정책에 나라의 운명을 맡길 수 없다면, 자연적인 도태의 길을 걸을 수밖에 달리 도리가 없다.

다시 한 번 강조하지만, 한미 FTA라는 도박에서 승리를 거머쥐는

데 관건이 되는 것은 농업 등 어려움을 겪게 될 부문에 대한 적절한 대책이다. 그것을 마련하지 못한다면 자유무역으로부터 얻는 이득은 '빛 좋은 개살구'에 지나지 않는다. 우리 경제가 비약적으로 발전하는 계기를 잡기는커녕, 양극화의 심화로 치유하기 힘든 상처만 남기는 결과를 가져올지도 모른다. 지금 우리가 진정으로 고민하고 해법을 찾기 위해 머리를 맞대야 할 것은 바로 이 점이라고 말할 수 있다.

(2006.11.28)

283

미국 금융위기의 교훈

1990년대 초 동유럽 사회주의 체제의 붕괴는 좌파 지식인들에게 엄청난 충격을 안겨주었다. 그러나 그들이 모두 사회주의체제의 실패를 순순히 받아들인 것은 아니었다. 일부 좌파 지식인들은 동유럽 국가들이 단지 사회주의를 표방했을 뿐이라는 점을 강조하려고 노력했다. 그렇기 때문에 동유럽 사회주의 정권의 붕괴는 진정한 사회주의체제의 붕괴를 뜻하는 것이 아니었다는 것이 그들의 논리였다.

그런 안간힘에도 불구하고 사회주의체제는 구제될 수 없었다. 동유럽 국가가 진정한 사회주의체제를 갖고 있었는지의 여부를 떠나, 사회주의적 계획경제의 한계가 너무나도 명백하게 드러났기 때문이다. 동유럽의 실험을 통해 계획경제로는 시장경제의 효율성을 도저히 따라잡을 수 없다는 사실이 한 점 의심의 여지없이 밝혀졌다. 이제 사회주의적 계획경제는 역사의 뒤안길로 사라져버리고 말았다.

그 일이 있은 지 거의 20년이 흐른 지금, 정반대의 방향에서 그때와 비슷하게 안간힘을 쓰는 사람들을 발견하게 된다. 전 세계를 공포에 떨게 만들고 있는 미국발 금융위기가 시장의 실패를 뜻하는 것이 아니라고 강변하는 시장근본주의자들이 바로 그들이다. 흥미로운 것은 한국에서 미국의 시장경제를 두둔하는 목소리가 더 크게 들린다는 점이다. 막상 미국의 지식인들은 시장의 실패로 인정하는 분위기인데, 한국의 일부 지식인들이 오히려 손사래를 치며 이를 부정하고 있다.

미국발 금융위기가 시장근본주의자들에게 준 충격은 동유럽 사회주의체제의 붕괴가 좌파 지식인에게 준 충격 못지않게 컸을 것이 분명하다. 그들이 언제나 입이 닳도록 칭송해온 미국식 시장경제체제가 보기 좋게 암초에 걸리고 말았기 때문이다. 모든 일에서 정부라는 걸림돌을 빼내기만 하면 시장이 번영을 가져다줄 것이라는 그들의 믿음은 호된 시련에 직면하게 되었다.

그러나 미국식 시장경제체제를 본받아야 한다고 열 올려오던 한국의 시장근본주의자들은 충격을 딛고 '시장 구하기'에 팔을 걷어붙이고 나섰다. 그동안 자신들이 줄곧 주장해오던 것을 생각해보면 시장의 실패를 선뜻 인정하기 힘들기도 할 것이다. 엄청난 용기의 소유자가 아니라면 자신의 잘못된 믿음을 선뜻 인정하기 어려울 테니까 말이다. 그래서 그들은 미국의 금융위기가 사실은 '정부의 실패'를 뜻한다는 소설을 쓰기로 작정한 모양이다.

그들이 쓴 소설의 플롯은 하나에 그치는 것이 아니다. 이 사람은 이 플롯, 저 사람은 저 플롯이란 식으로 금융위기를 정부의 실패로 보아야 하는 갖가지 이유를 대고 있다. 그들 말만 들어보면 그것이 정부의 실패라고 볼 수 있는 증거가 한둘이 아닐 정도로 많은 것 같아 보인다. 그렇지만 그중 이렇다 할 설득력을 갖고 있는 근거는 아무것도 없다. 시장 살리기를 위한 그들의 안간힘이 애처롭게 보일 따름이다.

미국의 금융위기가 사실은 정부 실패의 결과라고 주장하는 사람들이 내세우는 첫 번째 근거는 금융감독의 실패다. 놀랄 만큼 빠르게 진화하는 금융기법에 맞춰 감독기능을 세련화해나갔어야 하는데 그렇지 못했기 때문에 금융위기가 온 것이라는 논리다. 즉 이번의 위기는 금융당국의 무능 때문에 빚어진 일이며 시장의 잘못은 아무것도 없다는 주장이다.

이 주장이 설득력을 갖기 위해서는 감독당국이 월가(Wall Street)를 통제하려는 의지가 강했음을 입증해야 한다. 고삐 풀린 말처럼 날뛰는 금융기관들을 통제하려고 무진 애를 써왔다는 구체적 증거를 제시할 수 있어야 한다는 말이다. 그러나 이런 증거를 제시하기는 무척 어렵게 보인다. 감독당국이 월가를 통제하지 못해서가 아니라 통제하지 않았기 때문에 위기가 빚어진 것에 거의 틀림이 없다.

비록 민주당의 클린턴 행정부가 8년 동안 집권했다고 하나 레이거노믹스의 유산은 최근까지 미국사회 곳곳에 뿌리를 박고 있었다. 정부가 시장에서 손을 떼야 한다는 생각은 마치 진리인 양 아무 도전도 받지 않고 미국 사람들의 머리를 지배해왔다. 더군다나 지난 8년 동안 부시 행정부는 거의 종교적 열정에 가까운 신념으로 시장의 자율을 확장해왔다. 이 엄연한 현실을 무시하고 금융위기를 감독당국의 무능 탓으로 돌리는 것은 얼토당토않은 논리다.

정부 실패로 보아야 하는 또 다른 근거를 연방준비제도(이하 연준)의 방만한 통화정책에서 찾는 사람도 있다. 그들은 연준의 그린스펀(A. Greenspan) 의장이 장기간에 걸쳐 낮은 이자율과 풍부한 유동성의 기조를 유지해온 것이 문제의 핵심이라고 지적한다. 그들의 주장에 따르면 이번의 금융위기는 그린스펀 거품의 후유증이라는 것이다.

통화당국의 잘못된 판단이 문제였을 뿐 시장이 잘못한 것은 하나도 없다는 논리다.

연준이 통화정책의 고삐를 느슨하게 유지해왔다는 것은 분명한 사실이다. 그로 인해 주택시장 거품이 생겼다는 점도 인정해줄 수 있다. 그러나 단순히 주택시장 거품 붕괴만이 문제였다면 미국경제 전체가 흔들거릴 정도의 충격이 발생했을 리 없다. 막강한 미국의 금융산업이 주택대출 몇 % 정도의 부실로 붕괴 직전의 위기에 몰린다는 것은 상상하기 어려운 일이다. 자산화(securitization)란 이름으로 서브프라임 모기지를 뻥튀기하고 거기에 거듭 몇 층의 모래탑을 쌓아올린 금융산업의 자충수로 인해 금융위기가 빚어진 데 의심의 여지가 없다.

금융위기가 정부 실패의 결과라는 논리의 세 번째 근거는 미국 정부가 서브프라임 고객에게 주택대출을 강요한 데서 문제가 발생했다는 것이다. 이 때문에 금융기관은 할 수 없이 신용도가 떨어지는 고객에게 주택대출을 해줄 수밖에 없었다고 주장한다. 시장근본주의자들은 이 논리를 통해 두 마리 토끼를 동시에 잡는 효과를 노리고 있다. 금융위기의 원인을 정부의 잘못으로 돌리는 동시에, 그들이 싫어하는 진보적 정책까지 싸잡아서 비판하는 효과를 거두려는 것이다.

그들이 손가락질 하고 있는 것은 '지역 재투자법'(Community Reinvestment Act)다. 이 법률은 1977년에 제정되고 1995년에 그 내용이 대폭 강화되었다. 이 법률이 제정된 1977년은 카터 행정부, 그리고 내용이 강화된 1995년은 클린턴 행정부가 집권하고 있을 때였기 때문에 진보적 정책의 일환이라고 보는 것은 무리가 아니다. 신용이 나쁜 고객에게도 주택대출을 해주도록 의무화한 이 법률은 가난한 사람에게도 내 집 마련의 꿈을 실현할 수 있게 해주려는 의도에서 만들어졌다.

이 법률이 금융위기의 단초를 제공한 것은 움직일 수 없는 사실이다. 그 법률이 없었다면 은행들은 신용이 좋은 고객만을 골라 주택대출을 해주는 관행을 바꾸지 않았을 것이기 때문이다. 이런 의미에서 그 법률에 어느 정도의 책임을 지우는 것은 가능하다고 본다. 그러나 이 법률의 도입 하나만으로 주택대출의 기본구도가 바뀌었다고 보기는 힘들다. 더군다나 이로 인해 막강한 미국 금융제도의 기반이 흔들리게 되었다고 주장하기는 더욱 힘들다.

한마디로 말해 금융위기가 정부의 실패에 기인한다는 주장은 제멋대로 붙인 아전인수식 논리에 불과할 뿐이다. 서브프라임 주택대출로 인해 만들어진 불똥이 전 세계를 뒤덮는 큰불로 번진 핵심적 원인이 시장의 맹목적인 탐욕에 있다는 것은 자명한 사실이다. 그리고 시장에 대한 적절한 감독과 통제가 없는 한 위기의 재발은 불가피하다는 점에 대해서도 공감대가 형성되어 있다. 20년 전 좌파 지식인들이 사회주의체제를 되살릴 수 없듯, 시장근본주의자들의 눈물겨운 노력에도 불구하고 시장 만능의 사고방식은 설 자리를 잃어버리고 말았다.

우리 사회의 보수적 지식인들이 금융위기를 정부의 실패로 몰아가려는 의도는 너무나도 분명하다. 그들이 줄기차게 외쳐온 미국식 모형의 모방이 뜻하지 않은 암초에 부딪히게 되었기 때문이다. 현 정부의 주도하에 바로 그 목표가 이루어지기 일보 직전에 이런 일이 일어났으니 당혹스럽기 짝이 없을 것이다. 그러나 사슴을 가리켜 말이라 부른다 해서 말이 되는 것은 아니다. 이와 마찬가지로 명백한 시장 실패의 사례인데 온갖 이유를 갖다 붙여 정부의 실패라고 강변한다 해서 진실이 바뀌는 것은 결코 아니다.

지금이라도 우리 경제의 진로에 대해 다시 생각해볼 필요가 있다. 시장의 기능을 활성화하는 것은 기본적으로 옳은 방향이지만, 정부가 마땅히 수행해야 할 역할까지 떼어내려는 것은 아닌지 심각한 반성이 필요하다. 미국의 사례를 통해 시장이 결코 만능은 아니라는 사실이 드러난 이상, 이에 대한 적절한 감독과 통제의 방안을 논의해야 한다.

요즈음처럼 시장이 빠른 속도로 진화하는 상황에서는 감독업무가 한층 더 복잡하고 어려워진다. 그렇다고 해서 손을 놓아버린다면 제2, 제3의 위기가 닥치는 것은 시간문제라고 할 수 있다. 오히려 더욱 긴장의 끈을 조여 시장이 고삐 풀린 망아지 꼴이 되는 것을 막도록 노력해야 한다. 지금과 같은 상황에서는 감독당국이 조금만 방심해도 시장이 통제불능의 상태로 접어들 수 있기 때문이다.

이제 시장이 만능이라는 신화는 깨져버린 상황이다. 한때 세계를 사로잡았던 대처리즘(Thatcherism)과 레이거노믹스의 마력도 서서히 빛이 바래가고 있다. 새 술을 담으려면 새 자루가 필요하듯, 새로운 경제상황에 알맞은 새로운 운영방식을 찾아야 한다. 모든 것을 시장에 내맡기는 것이 최선의 방책이라는 구시대의 맹목적 도그마는 과감하게 집어던져야 한다. 바로 이것이 우리가 미국의 금융위기에서 얻어야 할 교훈이라고 생각한다.

(《시사IN》, 2009.1.5)

말에게 억지로 물을 먹일 수는 없다

"말을 물가로 끌고 갈 수 있어도 억지로 물을 먹게 할 수는 없다"는 속담이 있다. 이는 정책을 담당하는 사람들이 마음속 깊이 새겨두어야 할 말이다. 정부가 어떤 정책을 추진할 때 가시적인 성과를 내려고 서두르는 바람에 무리수를 두는 경우가 종종 있다. 그런 현명치 못한 짓을 하지 말라는 경고로 이 속담을 마음속에 꼭 새겨둘 필요가 있다.

언제부터인가 '사오정'이니, '오륙도'니 하는 말들이 나돌다가, 요즈음에는 '삼팔선'이라는 말까지 나도는 형편이다. 이를 보면 우리 사회에 불어닥친 조기퇴직의 열풍을 사람들이 얼마나 심각하게 받아들이고 있는지 잘 알 수 있다. 한창 일할 나이인 삼사십대에 퇴직을 강요받을 때 그 심정이 어떨 것인지는 구태여 말할 필요조차 없다. 더군다나 자식들 교육 때문에 씀씀이는 가장 커져 있을 때 퇴직을 당하게 되니 그 타격은 이만저만이 아닐 것이다.

정년 연령의 법제화는 잘못된 방법

이 문제가 엄청난 사회적 파장을 가져오자 최근 정부(* 이 글에서의 정부는 '참여정부'를 뜻함)는 극약처방 하나를 내놓았다. 법률로 정년을 60세로 못 박아놓겠다는 것이 바로 그것이다. 이 정년 규정을 일반 기업에 고용된 사람에게까지 적용한다고 하니, 극약처방 치고 그 단위가 이만저만 높은 것이 아니다. 기업이 누구를 고용하느냐에 대해서까지 정부가 간섭을 하겠다는 의미를 함축하고 있기 때문이다.

조기퇴직의 문제가 매우 심각하다는 것은 아무도 부정하지 않는다. 따라서 정부가 깊은 관심을 갖는 것을 칭찬해주는 사람이 있을지언정 비난하는 사람은 아무도 없다. 그러나 문제는 방법의 선택이 잘못되었다는 데 있다. 지금 정부가 추진하고 있는 정년 연령의 법제화는 내켜하지 않는 말에게 억지로 물을 먹이려는 정책의 대표적 사례의 하나다.

기업이 고용에 관한 결정을 내리는 데 적용하는 원칙은 너무나도 단순하다. 어떤 사람이 기업의 수익성에 기여하는 바가 임금보다 크면 고용하고, 그 반대면 고용하지 않는다. 이윤극대화를 추구하는 기업으로서는 이 원칙 이외의 다른 원칙이 있을 수 없다. 그리고 기업의 목표가 이윤극대화에 있다는 것은 알려진 비밀에 속한다. 기업이 어떤 사람을 고용하는 것이 바람직하지 않다고 판단한다면 그것으로 끝일 뿐이다.

기업의 사회적 책임에 대해 말하는 사람이 많지만, 사회복지의 차원에서 고용 여부를 결정하라고 요구하는 것은 무리가 아닐 수 없다. 현실적 여건은 설사 법률로 정년을 60세에 고정시켜놓는다 해도 이렇다 할 효과를 거두기 어렵게 되어 있다. 만약 어떤 사람이 수익성에 도움이 되지 않는다고 판단되면 기업은 무슨 구실을 붙여서든 그를 몰아낼 것이다. 정년 규정은 법률상으로만 존재하고 실제로는 아무 효과도 내지 못하는 것으로 귀결될 가능성이 크다.

물론 법률을 엄격하게 적용해 60세까지 정년이 보장되도록 강제할 수는 있다. 그러나 이런 결과가 빚어지면 경제에는 오히려 더 나쁜 영향을 미치게 된다. 60세 정년을 강제하는 과정에서 기업의 수익성, 나아가 경쟁력이 크게 손상될 것이기 때문이다. 뿐만 아니라 젊은 사람들이 오히려 일자리 찾기에 어려움을 느끼게 되는 등의 심각한 부작용이 일어날 것을 예상할 수 있다.

다시 한 번 강조하지만, 법률로 정년을 못 박아놓는 것 같은 강제적인 수단으로는 결코 바람직한 효과를 거둘 수 없다. 그렇게 하면 확실한 효과를 얻을 수 있을 것 같지만, 실제로는 정반대의 결과가 나올 가능성이 있다. 나이가 조금만 들어도 기업이 고용을 꺼리는 현상이 나타날 가능성이 크기 때문이다. 앞에서 정부의 무리한 개입이 바람직하지 못한 결과를 빚는다고 말한 바 있는데, 바로 이런 경우에 딱 들어맞는 말이다. 조급하게 서둔다고 해서 원하는 결과가 나오지 않는 것이 경제의 기본 원리다.

시장기구의 힘을 활용해야

이 문제를 해결하는 올바른 방법은 오직 하나밖에 없다. 그것은 기업이 자발적으로 그 연령층의 사람들을 고용할 수 있는 여건을 만들어주는 것이다. 비록 시간이 조금 걸릴지 몰라도, 이것만이 부작용 없이 확실하게 효과를 낼 수 있는 유일한 방법이다. 이를 위해서는 지속적인 교육, 훈련 프로그램을 통해 나이 든 근로자들이 최신 지식과 기능을 습득할 수 있도록 도와주어야 한다. 한편 경직적인 연공서열제가 문제가 된다면 이것을 유연화하는 방안도 생각해볼 필요가 있다. 한 가지 분명한 것은 기업이 고용하려들지 않는 사람을 억지로 떠맡기는 것처럼 불합리한 정책이 없다는 사실이다.

지금 우리 경제가 심각한 어려움에 처해 있다는 얘기들을 많이 한다. 그리고 정부의 무능으로 인해 경제가 이 지경에 이르렀다고 비판하는 사람들이 많다. 그렇지만 모든 문제의 책임을 정부에 묻는 것은 정당한 평가가 될 수 없다고 본다. 지난 선거에서 누가 대통령이 되었어도 어느 정도의 어려움은 있었을 것이기 때문이다. 그러나 현 정부의 몇 가지 정책적 실수가 상황을 더욱 악화시키는 데 한몫을 한 것은 부정하기 힘들다.

지금 보는 것처럼 직접규제의 방식으로 문제 해결을 시도하는 것이 미숙한 정책의 대표적 예라고 할 수 있다. 아파트 가격 안정대책의 일환으로 주택거래신고제를 실시한 것도 또 다른 예가 될 수 있는데, 이런 직접규제의 남발은 시장기능을 약화시키는 부작용을 낳게 된다. 우리 정부가 직접규제를 즐겨 사용해온 것은 어제 오늘의 일이 아니다. 그렇지만 현 정부의 정책담당자들은 직접규제의 접근방식을 특히 더 선호한다는 느낌을 받는다.

정부는 경제라는 말을 물가로 끌고 가는 데 그 역할을 국한해야 한다. 물을 억지로 먹이려 한다고 해서 먹을 리도 없거니와, 옥신각신하는 과정에서 더 많은 문제가 발생하게 된다. 시장기구가 때때로 문제를 일으키는 것은 사실이지만, 그렇다고 해서 정부가 섣불리 이를 대신하려 해서는 안 된다. 이런 무모한 시도는 경제를 더욱 어려운 상황으로 몰고 갈 뿐이다. 경제가 어려울수록 시장기구의 힘을 존중하고 이를 적절히 활용해 문제를 해결하려는 기본 철학을 더욱 굳게 지켜야 한다.

(2006.6.11)

짜증나는 차량 5부제

솔직히 말해 나는 그동안 서울시가 시행하는 요일제 차량 운행이라든가 정부가 실시하는 5부제에 대해 시큰둥한 태도를 취해왔다. 에너지를 절약하고 환경을 깨끗하게 만들자는 취지야 나 역시 100% 동감하는 바다. 그러나 요일제나 5부제는 그런 목표를 달성하기 위한 합리적인 조처가 될 수 없고, 오히려 사람들에게 불편함만 가져다주는 정책이라고 믿기 때문에 그런 태도를 취해온 것이다.

스스로 선량한 시민정신의 소유자를 자처하는 사람으로서, 좋은 목표를 갖고 있는 시책에 비협조적인 태도를 취하는 것은 매우 부담스런 일이다. 남들은 모두 협조하고 있는데 자기만 협조하지 않는 태도를 보이는 것이 이기적인 행태일 수 있다는 자괴감에 사로잡힐 수 있기 때문이다. 더군다나 나처럼 어린 학생을 가르치는 입장에 선 사람이라면 그 심정이 더욱 복잡할 수밖에 없다.

그러나 경제학자는 정부의 정책에 잘못된 점이 있을 때 그것을 단호하게 지적해야 할 의무를 갖고 있다. 내면에서 나를 괴롭히는 도덕적 딜레마에 사로잡혀 아무 말도 하지 못한다면 그것은 학자로서의 도리가 아니다. 용기를 내어 말하건대, 요일제나 5부제는 바람직한 시책이 결코 될 수 없다. 한마디로 말해 이것은 그럴듯한 외관으로 문제의 본질을 흐리는 무책임한 정책의 단적인 예일 뿐이다.

나는 이미 오래전부터 요일제나 5부제 같은 직접규제 방식이 바람직하지 못한 정책임을 주장해왔다. 에너지 절약이 필요한 긴급 상황이라면, 세금 인상 같은 가격중심적 접근법을 채택하는 편이 훨씬 더 효과적이다. 그런데도 기회 있을 때마다 그와 같은 직접규제 방식을 들고 나오는 것은 경제논리에 어두운 대중을 기만하려는 의도로밖에 생각되지 않는다. 이런 직접규제는 무언가 일을 하고 있다는 것을 보이기 위한 전시성 행정의 대표격이라고 말할 수 있다.

내가 새삼스레 5부제에 시비를 걸게 된 동기는 나도 이 제도의 직접적인 영향을 받게 된 데 있다. 며칠 전부터 우리 대학도 5부제를 적극적으로 실시하려는 듯, 교문 앞에서 5부제 위반 차량을 단속하기 시작했다. 지금은 점잖은 방식으로 주의를 환기하지만 반복해서 위반하는 차량에 대해서는 엄격한 제재를 가하겠다는 안내문을 돌리고 있었다. 이를 계기로 그동안 요일제나 5부제에 대해 취해오던 시큰둥한 내 태도는 노골적인 짜증으로 바뀌게 되었다.

서울대학교가 국립인지라 정부의 시책을 그대로 따를 수밖에 없다는 사정은 충분히 이해한다. 그러나 우리나라 최고의 지성의 전당이라는 곳에서 적절하지 않은 정책이 맹목적으로 집행되고 있는 광경은 짜증을 자아내기에 충분했다. 과연 이 정책이 정말로 효과를 거둘 수 있다는 믿음에서 사람들을 불편하게 만들고 있을까? 아니면 그런 믿음도 없는데 남들이 모두 하고 그렇게 하라는 말까지 들었으니 할 수 없이 그 일을 하고 있는 것일까?

나는 종전의 10부제에 비해 최근 시작된 5부제가 더욱 나쁜 정책이라고 생각한다. 10부제는 모든 자동차들이 적용대상인 반면, 5부제는 정부 부서에 출입하는 자동차만을 대상으로 한다는 점에 주의할 필요가 있다. 이렇게 적용 대상을 제한함으로써 국민의 반발을 회피하면서 최대한으로 생색을 내는 효과를 거두고 있다. 이 점에서 볼 때 5부제는 매우 정직하지 못한 정책이라고 말할 수 있다.

상식이 있는 사람이라면 일주일에 한 번 정부 부서에 출입을 제한하는 조처가 에너지 절약에 이렇다 할 효과를 내지 못할 것임을 잘 알 것이다. 우리나라 전체 에너지 사용량 중 자동차 운행에 소비되는 것의 비중은 그리 크지 않다. 그리고 전체 자동차 중에서 정부 부서에 출입하는 자동차의 비율은 그야말로 미미한 수준에 불과하다. 게다가 출입이 금지된 자동차는 부근의 주차장에 머물러 있을 가능성이 매우 크다. 그러니 실제로 5부제를 통해 절약되는 에너지의 양은 그야말로 '새 발의 피' 이상이 결코 될 수 없다.

나는 이 정책의 진정한 목적은 공무원들이 에너지 절약에 앞장을 서고 있다는 인상을 주는 데 있다고 본다. 그렇게 함으로써 에너지 문제가 심각한데 정부는 무엇을 하고 있느냐는 비판을 피해갈 수 있기 때문이다. 만약 에너지 절약이 절체절명의 긴급한 과제라면 이런 안이한 정책은 발붙일 틈조차 없을 것이 분명하다.

흥미로운 점은 공무원이 에너지 절약에 앞장선다는 인상을 주기 위해 민원인까지 볼모로 잡히는 결과가 빚어졌다는 사실이다. 각자 볼일을 보기 위해 자동차를 운전해 간다는 점에서 보면, 백화점을 찾는 사람과 구청을 찾는 사람 사이에 아무런 본질적인 차이가 없다. 그런데 왜 하필이면 구청을 찾는 사람만 에너지 절약 정책에 협조를 해야 할까? 이 상황을 더욱 우스꽝스럽게 표현할 수도 있다. 왜 내가 백화점에 갈 때는 에너지 절약 정책에 협조하지 않아도 되는데 구청에 갈 때는 그 정책에 협조해야 할까? 별로 효과도 없는 정책으로 쓸데없이 불편만 초래하고 있는 셈이다.

진정으로 에너지를 절약하고자 한다면 좀 더 본격적인 정책을 도입해야 한다. 우리나라 산업의 고질적인 에너지 다소비 구조를 혁신할 구체적인 청사진이 필요하다. 에너지가 많이 사용되는 곳에서 실질적인 개선이 이루어져야 진정한 절약효과를 기대할 수 있기 때문이다. 이 점에서 이렇다 할 개선을 이루지 못한 채 시민정신만을 부르짖는 것은 국민을 우롱하는 일이다.

또한 진정으로 대도시의 공기를 맑게 만들기를 원한다면 무엇보다 우선 노후화된 디젤 자동차 문제를 해결해야 한다. 시커먼 매연을 뿜으며 거리를 활보하는 디젤 자동차를 그대로 둔 채 요일제나 5부제를 실시하는 것은 아무런 의미도 없다. 도대체 그런 정책으로 차량의 통행량이 얼마나 줄었는지 알기나 하는지 모르겠다. 정부가 무언가 하고 있다는 인상을 주는 데는 성공했을지 몰라도 실질적인 환경 개선효과는 거의 없었다고 해도 과언이 아니다.

볼일이 있어 정부 부서를 찾았는데 5부제 때문에 들어가지 못한 사람은 그 순간 짜증을 느낄 것이 분명하다. 아무리 동기가 좋다 하더라도 자유를 제약하는 데 대한 반발이 생기지 않을 수 없기 때문이다. 더군다나 아무런 실효도 거두지 못하는 시책 때문에 자유를 제약 받았다는 사실을 알면 짜증은 분노로 바뀔 것이다. 매일 아침 학교 문앞에 놓인 5부제 안내판을 볼 때마다 나 역시 억누를 수 없는 짜증에 휩싸이게 된다.

(2006.5.17)

도박, 마약 그리고 비만세

 카지노는 되고 인터넷 도박은 안 된다?

야구선수 출신의 인기 연예인이 인터넷 도박과 관련해 처벌을 받게 되었다는 보도가 나왔다. 그 사람뿐 아니라 현역 야구선수 몇 명도 비슷한 혐의로 처벌을 받는다고 한다. 그 기사를 읽는 순간 그들이 인터넷 도박으로 사기를 쳐 순진한 사람들의 돈을 뺏어간 줄 알았다. 그러나 기사를 아무리 자세히 읽어보아도 그런 사실은 없는 것이 분명했다. 알고 보니 그들은 인터넷 도박으로 엄청난 돈을 잃은 피해자에 불과했다.

쉽게 예상할 수 있는 일이지만, 인터넷 도박을 해서 돈을 딸 확률은 거의 '0'에 가깝다고 한다. 어떤 이유로 인터넷 도박에 빠지게 되었는지 모르지만, 그들이 지금까지 피땀 흘려 모은 돈을 순식간에 날려버렸을 가능성이 크다. 말만 도박이지 사실은 사기에 가까운 방법으로 순진한 사람의 돈을 뺏어가는 것이 바로 인터넷 도박인 셈이다.

이런 인터넷 도박 사이트를 개설한 사람들을 찾아 처벌하는 것은 당연한 일이다. 그러나 그들에게 속아 큰돈을 날린 사람을 처벌하는 것은 쉽게 납득이 가지 않는다. "넘어진 사람의 얼굴을 발로 찬다"는 표현이 있는데, 바로 이 경우를 두고 하는 말같이 들린다. 다시는 도박에 빠지지 않도록 정신 치료를 받도록 강제한다면 몰라도 처벌을 한다는 것은 어딘가 사리에 맞지 않는 일 같다는 느낌이 든다.

나는 법률을 잘 모르지만, 도박이 미풍양속을 해친다는 이유에서 금지하고 있을 것이 분명하다. 그러나 '미풍양속'이란 것이 과연 무엇인지 엄밀하게 정의할 수 있을까? 예컨대 옷을 전부 벗고 거리로 나오면 미풍양속을 해치는 것이 분명할 테지만, 실 같은 팬티 하나만 걸치고 다니는 것은 어떨까? 미풍양속이란 규범에는 애매한 부분이 너무나 많은 것이 사실이다. 그렇기 때문에 미풍양속이란 것은 어떤 사람의 행위를 처벌하는 합당한 기준이 되기 힘들다.

더욱 납득하기 힘든 점은 현실에서 정부가 도박을 부추기고 있는 사례가 많다는 사실이다. 경마, 경륜, 복권, 카지노 — 이 모든 것들이 본질적으로는 도박 행위의 일종이다. 경주마에 돈을 거는 사람과 인터넷 바카라 게임을 하는 사람 사이에는 아무런 차이가 없다. 일확천금의 허황된 꿈을 안고 돈을 걸지만 결국 다 날려버리고 만다는 점에서 모두 똑같은 사람들이다. 그러나 경마장에 간 사람은 경찰의 보호를 받고 인터넷 도박을 한 사람은 처벌을 받는다는 것은 형평성에 어긋나는 처사다.

정부가 합법적으로 인정한 도박 행위에서는 세금을 걷는 반면, 인터넷 도박의 경우에는 그렇지 못하다는 차이가 있기는 하다. 그렇다면 세금을 내는 도박은 무죄지만 세금을 안 내는 도박은 유죄라는 말인가? 만약 세금의 납부 여부가 불법 여부를 가르는 기준이라면, 처벌 대상은 도박판을 차려놓고 돈을 벌면서 세금을 내지 않는 사람들이 되어야 한다.

정부가 온정적 간섭주의(paternalism)의 견지에서 도박을 금지하고 있을 가능성이 크다. 그런 건전하지 못한 행위로 재산을 날려버리는 것은 바보 같은 짓이니 하지 말라는 식으로 말이다. 그러나 우리가 건전하지 못한 행위를 하는 경우가 오직 도박 하나뿐인가? 일관성이 있으려면 정부가 생각하기에 건전하지 못한 모든 행위를 금지해야 한다. 그러나 그렇게 하면 정부가 국민의 일거일동에 시시콜콜 간섭하는 결과를 가져오게 된다.

실제로 사람들의 일상적인 행위 중에는 건전치 못한 것이 너무나도 많다. 뻔히 알면서도 그런 일을 하기도 하고, 어떤 경우에는 몰라서 그런 일을 하는 경우도 있다. 그러나 스스로 판단할 수 있는 능력을 갖춘 성인이라면 모든 일을 자신의 책임하에서 하도록 내버려둘 수밖에 없다. 정부의 독단적 판단에 의해 개인의 자유로운 선택에 간섭하는 행위는 한층 더 심각한 문제를 일으킬 수 있기 때문이다. 남의 자유를 침해하는 결과를 가져오지 않는 한 개인의 자유는 최대한으로 존중되어야 마땅하다.

작은 돈을 걸고 내기를 하면 괜찮지만, 큰돈을 걸고 내기를 하면 불법이라는 해석도 애매하기 짝이 없다. 큰돈과 작은 돈을 구분하는 객관적 기준을 어떻게 설정할 수 있을까? 신문에 내기 골프 때문에 처벌을 받는 사람들에 관한 기사가 나올 때마다 떠오르는 의문이다. 지금 우리 사회에서 도박 행위에 대한 처벌은 이처럼 애매한 기준에 의해 이루어지고 있다. 애매한 기준에 의한 처벌이 마음속에서 우러나는 순응을 가져오지 않으리라는 것은 두말할 나위도 없다.

결론적으로 말해 도박 행위를 한 사람에 대한 처벌은 개인의 자유를 침해할 소지를 안고 있다. 도박을 해서 돈을 잃는다 해도 그것은 어디까지나 자신의 자발적 선택이다. 사람들은 자발적 선택에 의해 자신에게 해를 입히는 행위를 수없이 많이 하고 있다. 정부가 '큰 형님'이 아닌 다음에야 그런 행위를 일일이 말리고 다닐 수 없다. 유독 도박과 관련해서는 왜 자발적 선택이 존중되어서는 안 되는지 그 이유를 듣고 싶다.

도박과 관련해 정부가 해야 할 일은 억울한 피해자가 나오지 않도록 막는 것이다. 인터넷 도박 사이트의 경우에도 피해자를 처벌하기에 앞서 그것을 만든 사람들을 검거해 처벌했어야 한다. 그 의무를 제대로 못한 정부가 피해자를 처벌한다는 것은 어딘가 사리에 맞지 않는다는 느낌을 지울 수 없다.

담배는 되고 대마초는 안 된다?

요즈음은 우리 사회에도 이런저런 마약을 사용하는 사람의 숫자가 상당히 늘어난 것 같다. 사회 저명인사나 연예인들이 마약을 사용하다 적발되었다는 언론 보도가 점차 늘어나는 추세다. 마약 사용은 자신의 건강을 해칠 뿐 아니라, 범죄의 증가 같은 사회적 문제도 유발한다. 그렇기 때문에 정부가 마약 사용을 엄중하게 단속하는 것은 매우 당연한 일인 것처럼 보인다.

그러나 마약 사용에 대해 정부가 단속 일변도로 나가는 것이 과연 타당한지는 다시 생각해볼 문제다. 무엇보다 우선 생각해보아야 할 점은 마약 사용의 단속이 개인의 자유와 상충될 가능성은 없는지 여부다. 비록 건전한 것은 아니지만, 마약도 그것을 소비하는 사람에게 즐거움을 준다는 점에서 보면 여느 소비재나 다를 바 없다. 단지 건전하지 않다는 이유 하나만으로 정부가 그것의 소비에 간섭하는 것에는 분명 문제가 있다.

물론 마약 사용자가 환각상태에 빠져 남에게 해를 끼친다면 이것은 전혀 다른 성격의 문제다. 정부는 시민들의 안전을 위해 남에게 해를 끼치는 마약 사용자를 엄격하게 통제해야 한다. 이 경우라면 선택의 자유보다는 시민의 안전이 훨씬 더 중요한 고려사항이 되어야 마땅하다. 나의 자유가 남의 자유를 뺏는 결과를 가져올 경우, 그런 자유는 결코 허용되어서는 안 된다.

사실 어떤 물질이 마약인지의 여부를 가리는 기준 그 자체가 명확한 것은 아니다. 예를 들어 담배는 마약이 아닌 반면 대마초는 마약이라고 구분하지만, 이 두 물질이 우리 몸에 미치는 영향은 단지 정도의 차이일 뿐이다. 어느 정도까지를 마약이라고 구분할 것인지에 대한 객관적, 과학적 기준은 있을 수 없고, 따라서 담배는 마약이 아니고 대마초는 마약이라는 구분은 자의적일 수밖에 없다.

만약 그것을 사용하는 사람의 건강에 해롭다는 이유로 어떤 물질의 사용을 통제한다면, 대마초보다 담배가 더 우선적인 통제대상이 되어야 할지 모른다. 지금까지 알려진 바에 따르면, 담배는 만병의 근원이라 할 만큼 건강에 해로운 물질이다. 이에 비해 대마초가 가져다주는 건강상의 피해는 상대적으로 가볍다고 알려져 있다. 흡연자를 그대로 놓아두면서 국민의 건강을 위해 마약을 단속한다고 말하는 것은 별 설득력이 없다.

　세계 어느 곳에서나 사교와 풍류를 위해 없어서는 안 될 존재로 인정받고 있는 술과 마약 사이의 구분 역시 모호하기는 마찬가지다. 술이 가져다주는 환각작용과 대마초가 가져다주는 환각작용 사이에서 어느 쪽이 더 강한지 자신 있게 말하기 힘들다. 또한 건강에 미치는 악영향의 측면에서 볼 때도 술 쪽이 더 나쁠 가능성이 크다. 대마초를 많이 피워 죽었다는 사람 얘기는 못 들었어도, 술을 너무 많이 마셔 죽었다는 사람 얘기는 심심치 않게 들을 수 있다.

　사회의 안전이란 측면에서 본다면, 당연히 대마초보다 술이 더 우선적 단속대상이 되어야 마땅하다. 음주운전이 그 대표적 사례지만, 술에 의해 남에게 피해를 주는 경우는 한둘이 아니다. 이에 비해 대마초에 취한 사람이 남에게 피해를 입힌 사례는 지극히 적다. 그런데도 대마초를 단속하고 술은 단속하지 않는 것을 어떤 근거에서 정당화할 수 있을지 그저 궁금할 따름이다.

　술, 담배가 완전히 합법화된 현실에서 대마초처럼 아주 약한 성격의 마약 사용까지 불법적 행동으로 통제하는 것은 일관성을 결여한 처사일 수 있다. 일관성을 유지하기 위해서는 술, 담배까지 불법화하거나, 아니면 사회의 안전에 위협을 주지 않는 범위 내에서 마약 사용을 허용해야 한다. 논리적 일관성을 결여한 정책은 국민의 자발적 협조를 이끌어낼 수 없다.

　약한 성격의 마약을 제한적으로 합법화하는 것은 몇 가지 긍정적 효과를 가져다줄 수 있다. 우선 현재 마약 밀매상들이 얻고 있는 이득을 조세로 흡수할 수 있다는 점을 들 수 있다. 마약을 통해 조세수입을 얻는다는 사실에 대해 거부감을 느낄 수도 있겠으나, 담배나 술을 통해 얻는 조세수입이 결코 적지 않다는 점을 상기해볼 필요가 있다. 오히려 마약에 대한 세율을 높임으로써 그 소비를 효과적으로 통제할 수 있는 길이 열릴 수도 있다.

또한 마약의 제한적 합법화는 불법거래와 연관된 여러 문제들을 한꺼번에 해결할 수 있다는 점도 있다. 예를 들어 조직폭력배의 자금줄을 끊어 더 이상 성장하지 못하게 막는 역할을 할 수 있다. 또한 마약 제조 과정을 엄격하게 통제함으로써 불순물로 인해 발생할지도 모를 건강상의 위협을 막을 수 있는 장점도 있다. 지금처럼 마약이 지하에서 밀조되는 상황에서는 마약 사용자가 더욱 심각한 건강상의 위협에 노출될 수 있다.

지금 당장 대마초 같은 마약을 합법화해야 한다고 주장하는 것은 결코 아니다. 우리 사회의 분위기에서 이를 수용하기에는 때가 이르다는 것을 너무나도 잘 알고 있다. 그러나 이에 대한 논의 그 자체를 두려워할 필요는 없다고 생각한다. 지식인이라면 우리 사회에서 당연한 일처럼 여겨지고 있는 것들에 대해서도 의문을 제기해볼 수 있는 용기를 가져야 한다. 모든 마약을 불법화한 조치가 너무나도 당연하다고 생각하는 사람이 많겠지만, 엄밀하게 따져보면 그 근거가 그리 명확하지 않다.

삼겹살에 비만세 부과?

정부가 개인의 자유로운 선택에 간섭하는 것이 타당한지와 관련해 논란이 일어날 수 있는 또 하나의 이슈가 바로 비만세(obesity tax) 문제다. 1994년 미국 예일대학 심리학 교수 브라우넬(K. Brownell)은 비만을 일으키는 가공식품에 7%에서 10%에 이르는 세금을 부과할 것을 제의했다. 건강에 해로운 식품의 소비를 억제하는 한편, 거기서 나오는 조세수입으로 건강에 좋은 식품에 보조금을 주자는 아이디어였다.

이 제안이 나오기 전에도 미국의 여러 주들이 비만세의 성격을 갖는 세금을 징수해오고 있었다. 예를 들어 아칸소, 테네시, 버지니아 주 등이 청량음료에 부과해온 세금이 일종의 비만세 성격을 갖고 있었던 것이다. 최근에는 디트로이트 시가 햄버거나 핫도그 같은 식품에 비만세를 부과하겠다는 의도를 밝혀 논란을 일으킨 적이 있다. 또한 뉴욕 주는 2009년도 예산안에 설탕을 사용한 청량음료에 15%의 비만세를 부과해 4억 4백만 달러를 거둬들이겠다는 계획을 발표했다.

이 비만세가 과연 바람직한 것인지에 대해서는 의견이 첨예하게 엇갈리고 있다. 대체로 공중보건을 담당하는 사람들은 이 조처가 비만을 획기적으로 줄이는 효과를 낸다는 점에서 환영하고 있다. 반면에 주로 빈곤층이 그 부담을 떠안게 되기 때문에 공평하지 못한 세금이라는 점에서 반대하는 의견도 만만치 않다. 이에 부정적 입장을 갖고 있는 사람은 구체적으로 어떤 식품을 비만세 부과 대상으로 삼아야 하는지도 문제가 될 수 있음을 지적하고 있다.

좀 더 본질적으로 우리는 다음과 같은 의문을 제기해볼 수 있다. 즉 식품의 선택 같은 개인적 문제에 정부가 개입하는 것이 과연 타당한 일이냐는 의문이다. 다시 말해 내가 좋아서 햄버거를 먹고 콜라를 마시는데 누가 뭐랄 수 있느냐는 것이다. 아무리 몸에 좋다고 해도 싫다는 사람에게 채소와 과일만 먹고 살라고 강요할 수는 없는 일이다. 물론 세금을 부과한다는 점에서는 앞에서 논의한 도박이나 마약보다는 간섭의 정도가 덜하다고 볼 수 있다. 그러나 개인의 자유로운 선택에 간섭한다는 사실 그 자체에는 아무 차이가 없다.

비만이 순전히 개인적 차원의 문제가 아니고 사회적 차원의 문제이기도 하기 때문에 비만세의 부과가 필요하다고 주장하는 사람이 있다. 비만한 사람의 비율이 늘어나면 그만큼 보건을 위한 사회적 지출이 늘어나기 때문에 사회가 비만에 관심을 갖는 것은 당연하다는 논리다. 따라서 예방적 조처의 성격을 갖는 비만세의 부과가 필요하다고 주장한다.

비만 문제에 약간의 사회적 성격이 있다는 것은 부정하기 힘들다. 그러나 무엇을 먹고 먹지 않는지는 기본적으로 개인적 차원의 문제다. 설사 자기 몸에 해로운 것을 먹는다 해서 제3자가 이를 말릴 권리를 갖는 것은 아니다. 물론 아끼는 사람이 그렇게 하지 말라고 할 수는 있는 일이다. 그러나 정부가 이 선택에 어떤 형태로든 간섭하는 것은 문제가 될 수 있다.

국민이 건전하지 못한 행동을 한다 해서 정부가 간섭하기 시작한다면 과연 어디까지 가야 할까? 비만을 일으키는 음식이 햄버거, 핫도그, 콜라에 그치는 것은 아니다. 갈비도 비만의 원인이 될 수 있고, 삼겹살과 소주도 비만의 원인이 될 수 있다. 심지어는 밥과 빵도 너무 많이 먹으면 비만을 일으킬 수 있다. 정부가 삼겹살에 세금을 매기고 국민이 먹는 밥의 양까지 지켜보고 있어야 하느냐는 의문이 제기될 수 있다.

　도박에 손을 대지 않고, 마약은 입에 대지도 않으며, 건강에 좋은 음식만 먹는 것이 건전한 생활이라는 데 아무 이의가 없다. 그리고 모든 국민이 이런 건전한 생활 방식을 채택하도록 정부가 이끌어주고 격려해주는 것은 바람직한 일이다. 그러나 세금이나 처벌 같은 수단을 통해 간섭하는 것은 다시 한 번 생각해보아야 할 문제다. 겉보기에 그럴듯하다고 해서 꼼꼼히 따져보지 않고 그냥 지나치면 안 된다. 정부가 하는 일 하나하나를 세밀하게 분석해 과연 그 일을 해야 할 당위성이 있는지를 검증해볼 필요가 있다.

(2009.1.8)

멋진 사나이들

자본주의의 진정한 영웅

2년 후 경영 일선에서 물러나겠다는 빌 게이츠의 말을 듣고 정말로 인생이 무엇인지 아는 멋진 사나이라는 생각이 들었다. 36조 원이나 되는 어마어마한 돈을 자선사업에 기부하겠다는 의사를 밝힌 워렌 버핏을 보면서 "이 사람도 정말 멋쟁이구나"라는 감탄이 나왔다. 더불어 이런 멋진 사나이들을 길러낸 미국 사회가 한층 더 부러워졌다. 배금주의가 주름잡는 미국 사회일 것 같지만, 실제로는 이런 멋이 살아 있는 건전한 사회인 것이다(우리 사회가 어떤지는 구태여 생각해보지 않기로 했다).

우리 상식으로 볼 때, 게이츠가 경영 일선에서 물러난다는 것은 말이 되지 않는 소리다. 오히려 마이크로소프트사를 대대손손 물려주어 게이츠 가문의 영광을 만천하에 떨쳐야 한다. 왜 그런 말을 하느냐고? 우선 게이츠는 자신의 머리 하나만으로 그런 큰 사업을 일군 사람이다. 정부의 도움을 하나도 받지 않았을 뿐 아니라, 이권을 챙겨 사업을 확장해온 것도 아니다. 그가 마이크로소프트사로 떡을 만들든 죽을 만들든 간섭할 권리를 가진 사람은 아무도 없다.

또한 쉰 살을 갓 넘긴 그는 아직도 몸과 마음이 건강하기 때문에 조기 은퇴는 어불성설이다. 위대한 창업자라면 알츠하이머도 문제가 될 수 없고, 숨넘어가기 직전까지 지휘봉을 놓지 말아야 한다. 더군다나 그동안 수많은 인재들을 참모진으로 영입해왔을 테니 총수라는 이름만 걸어놓고 있으면 마이크로소프트사는 저절로 굴러갈 것이 분명하다. 가끔 회사에 들러 몇 가지 중요한 명령만 내려놓으면 되기 때문에, 자선사업을 하고 싶다 해서 총수직을 내놓을 필요가 전혀 없다.

그런데도 게이츠는 우리 상식을 깨는 통쾌한 결정을 내려버렸다. 보잘것없는 특권조차 버리기 아까운 것이 인지상정이다. 자신의 온 인생을 걸어온 마이크로소프트사의 경영권을 남에게 넘겨준다는 것은 웬만한 용기로는 되지 않는 일이다. 또한 자신이 그동안 함께 일해 온 동료에 대한 무한한 신뢰가 없이는 감히 내릴 수 없는 결정이다. 창업자로서, 경영자로서, 나아가 인간으로서 무엇을 더 바랄 것이 있을까? 탐욕과 불신이 판치는 세상에서 그는 한 줄기 청량한 바람이다.

워렌 버핏이 어떤 인물인지 잘 모르는 사람은 그를 돈만 밝히는 노인 정도로 여긴다(게이츠 역시 오래전에는 그를 그런 사람으로 생각했다고 고백한 바 있다). '투자의 귀재'라는 별명은 돈이 되는 것이면 무엇이든 하려드는 사람의 이미지를 풍긴다. 그러나 전 재산의 85%나 되는 36조 원의 거금을 자선사업에 쾌척한 그에게 돈을 밝힌다는 말을 하는 것은 이만저만 실례가 아니다. 온갖 부정한 방법으로 돈을 끌어 모은 사람이라도 그렇게 좋은 목적을 위해 쓴다면 용서를 받고도 남았을 것이다. 나는 버핏이 돈을 버는 과정에서 부끄러운 짓을 했다는 말을 한 번도 들은 적이 없다.

내가 버핏을 멋쟁이 중의 멋쟁이로 꼽는 또 하나의 이유는 그 돈의
대부분을 게이츠재단에 기부하려 한다는 사실이다. 자신의 자선재단
이 없는 것도 아닌데 게이츠재단이 좀 더 잘 쓸 것 같다는 이유 하나
만으로 그 큰돈을 선뜻 내놓는 것을 보면 그는 정말로 통이 큰 사나이
다. 자신이 기부한 돈으로 지은 건물에 자기 이름이 너무 작게 표시되
어 있다고 짜증을 내는 사람도 있다. 그런 사람에게까지 고맙다고 머
리를 조아리면서 그저 돈만 많이 기부해주십사고 빌어야 하는 세상이
다. 쩨쩨함과는 거리가 먼 버핏의 사나이다운 배포에 저절로 고개가
숙여진다.

게이츠와 버핏의 돈 버는 재주는 진정 하늘이 내린 재주다. 오직 자
신의 창의성 하나로 그 큰돈을 버는 모습을 보아도, 그 돈을 통 크게
쓰는 모습을 보아도 그렇게 생각할 수밖에 없다. 그들을 현대 자본주
의 사회의 진정한 영웅이라고 치켜세워도 감히 이의를 제기할 사람은
없으리라. 자본주의 사회는 바로 이런 영웅들을 통해 그 찬란한 꽃을
피울 수 있다. 모든 수단을 다 동원해 돈만 끌어 모으려는 천박한 수
전노는 자본주의 사회의 진정한 주역이 될 수 없다.

상속세 폐지 반대론도 멋있어

나는 상속세 폐지 방침에 감연히 반대하고 나선 게이츠와 버핏에 또
한 번의 찬사를 보내고 싶다. 상속세 폐지로 가장 큰 덕을 볼 사람들이
반대하고 나서는 모습은 아름답기까지 하다. 우리 같은 서민이 반대
하고 나서 보았자 배 아파 반대한다는 비아냥거림을 듣기 십상이다.

그런 사람들이 반대해주어야 정말로 반대론의 명분이 선다. 부자들이 상속세를 내는 것은 자기 자식도 살리고 사회도 살리는 길이라는 그들의 주장에는 설득력이 넘쳐흐른다. 그들은 단지 돈만 많은 것이 아니라, 이 사회가 어떻게 돌아가야 하는지에 대한 명쾌한 해답까지 갖고 있는 것이다.

지금 우리 사회에서는 상속세가 경제의 활력을 좀먹는다는 주장이 점차 힘을 얻고 있다. 내친 김에 눈엣가시 같은 존재인 상속세의 등골을 뽑아버렸으면 하고 바라는 사람이 많은 것 같다. 이런 사람들이 천편일률적으로 내거는 명분을 보면 터무니없다는 생각을 하게 된다. 가업을 자식에게 상속하려는 욕망은 우리 사회의 고유한 특성이기 때문에 그것을 존중해주어야 사람들이 신이 나서 열심히 돈을 벌려 한다는 것이다. 그럴듯하게 들릴지 모르지만, 설득력이 하나도 없는 억지 논리다.

가업을 자식에게 상속해주고 싶은 욕망이 우리뿐 아니라 어느 사회든 없을 리 만무하다. 이웃 나라 일본만 해도 우동가게, 과자가게, 음식점을 몇십 대에 걸쳐 이어온 사례가 있을 정도로 가업 계승의 전통이 강하지 않은가? 서구 사회 역시 과거에 그런 전통이 없었을 리 없다. 그러나 오늘날의 거대 기업은 우동가게 같은 가업이 아니다. 아무리 소질 없는 자식이라 해도 어릴 때부터 곁에 두고 훈련을 시키면 훌륭한 우동을 만들 수 있다. 그러나 거대한 기업을 경영하는 능력은 문제가 다르다. 그렇기 때문에 선진화된 사회는 효율성을 위해 기업을 상속해주는 전통을 스스로 정리했던 것이다.

설사 가업 계승이 우리 사회의 독특한 문화 혹은 전통이라 할지라도, 이것을 계속 유지하는 것이 바람직한지는 별개의 문제다. 우리의 문화나 전통이라 할지라도 바람직하지 않다면 당연히 바꿔나가야 한다. 이런 창조적인 파괴의 과정이 없으면 사회가 건전한 발전을 해나갈 수 없다. 기업 계승의 문화를 감안해 상속세를 대폭 완화해야 한다고 주장하는 사람은 무엇보다 먼저 왜 이런 문화가 존속되는 것이 바람직한지를 설득력 있게 입증해야 한다. 막연하게 상속세 완화만을 부르짖는 것은 현실과 타협하는 안일한 자세에 지나지 않는다.

314   진정한 기업가 정신은 상속세의 존재 여부와 무관하다. 상속세가 존재하든 존재하지 않든 게이츠와 버핏은 왕성한 기업가 정신을 발휘할 것이고, 가장 능력 있는 사람에게 기업의 경영권을 물려줄 것이며, 또한 주위의 어려운 사람들을 위해 애써 번 돈을 아낌없이 쓸 것이다. 그런 건전한 정신, 아름다운 정신을 북돋우려 하지 않고 엉뚱하게 문화와 전통 타령만 늘어놓는 모습은 한심스럽기까지 하다. 우리는 왜 게이츠와 버핏 같은 진정한 영웅들을 가질 수 없는 것일까?

(2006.6.29)

부자를 괴롭히는 나라

"우리나라는 부자를 괴롭혀 내쫓는 나라다." 얼마 전 한 보수적 정치인이 자못 분개한 어조로 한 말이다. 무슨 동기로 그 말을 했는지 몰라도, 지도층을 자처하는 사람이 그렇게 분별없는 말을 해서는 안 된다. 아무 근거도 없이 그런 과격한 발언으로 계층 간의 갈등을 조장해서야 되겠는가? 정치인이라면 오히려 갈등이 일어나지 않도록 다독거리는 데 힘써야 마땅한 일이다.

그 말이 나온 때가 마침 삼성 특검에 대한 관심이 고조되고 있었던 때라 더욱 미묘한 여운을 남겼다. 그는 삼성에 대한 특검수사를 부자 괴롭히기의 한 예로 들고 있었다. 그렇다면 아무 죄도 없는 삼성이 부자라는 단 한 가지 이유로 특검수사의 대상이 되었다는 말이다. 정말로 한심한 현실 인식이 아닐 수 없다.

내가 알기로 우리나라에서 괴롭힘을 받아 쫓겨나간 부자는 한 사람도 없다. 우리 사회에서 부자들이 괴롭힘을 당하고 있다는 말 자체가 잘못된 것이다. 부자라고 해서 특별한 불이익을 받는다는 것은 상상하기조차 힘든 일이다. 부자들이 괴롭힘을 당하고 있다는 주장은 불순한 정치적 의도에서 날조된 신화일 따름이다.

따지고 보면 우리나라는 오히려 부자들이 살기 좋은 편에 속한다. 우리 사회에는 부자에 대한 증오범죄라는 것이 거의 존재하지 않는다. 강·절도 범죄의 피해자는 부유층보다 빈곤층에서 더 많이 볼 수 있다. 세금만 하더라도 우리는 부유층의 부담이 상대적으로 가벼운 편이다. 또한 집과 땅만 사놓으면 돈을 버니 부자가 재산 불리기에도 너무나 좋은 나라다.

우리 사회에 어느 정도의 반(反)부자 정서가 존재하는 것은 사실이다. 부자들을 부러워하면서도, 인간적으로는 좋지 않게 생각하는 사람들이 꽤 많다. 그러나 아무 이유 없이 그저 잘된 사람을 시기하는 마음에서 그런 반부자 정서가 만들어진 것은 결코 아니다. 어떤 사람 혹은 계층에 대한 인상은 직접 보고 느낀 그대로 형성되기 마련이다.

손꼽히는 부자들이 횡령, 배임, 탈세 같은 비리로 물의를 일으키는 것이 바로 우리 사회다. 부유층의 탈세율이 유달리 높을 뿐 아니라, 그 자제들의 병역면제율도 이상하게 높다. 새 정부에 승선한 부자들 중 떳떳하지 못한 방법으로 재산을 모은 사람이 적지 않은 것으로 드러났다. 성인군자가 아닌 다음에야, 이런 것을 뻔히 보면서도 그들을 좋아할 수 없다.

물론 이런 부정적 유형의 부자는 극히 일부분에 지나지 않는다. 대다수의 부자들이 남의 모범이 될 수 있는 훌륭한 사람들이다. 그들 처지에서 보면 반부자 정서가 억울하기 짝이 없는 일일 것이다. 그러나 부자를 무조건 감싸려는 태도는 이들에게 득 될 것이 하나도 없다. 부자를 싸잡아서 비난하게 만드는 빌미를 제공하게 되기 때문이다.

일부 지식인과 언론은 부에 대한 무조건적인 존경심을 가질 것을 요구한다. 그러나 사람들은 오직 깨끗한 부에 대해서만 존경심을 갖는다. 그렇기 때문에 부자들 스스로 처신을 깨끗이 하는 것만이 존경을 얻을 수 있는 유일한 길이다. 부에 대한 존경심을 가져야 한다는 외침은 공허한 메아리일 따름이다.

우리나라가 부자들을 괴롭혀 내쫓는 나라라는 말에는 '죄 없는' 부자들이 박해를 받는다는 뜻이 숨겨져 있다. 이는 사실과 동떨어진 잘못된 인식이며, 쓸데없는 갈등을 부추길 위험성을 안고 있다. 이 그릇된 현실 인식에서 벗어나지 못하는 한 사회 통합의 길은 멀 수밖에 없다. 진정한 사회 통합을 원한다면 올바른 현실 인식을 얻기 위한 노력부터 시작해야 한다.

(〈한겨레〉, 2008.5.5)

교통사고 쌍방과실의 진실

머칠 전 집 부근에서 자동차를 운전하다가 작은 접촉사고를 당했다. 맞은편에서 오던 차가 주변을 살펴보지 않고 급히 유턴을 하다가 내 차 뒷부분을 들이받은 것이다. 나는 당연히 상대방의 과실이라고 생각했기 때문에 보험회사에 연락도 취하지 않았다. 그런데 현장에 나온 상대방 보험회사 직원은 쌍방과실이라고 주장하는 것이었다. 분명히 상대방이 내 차를 들이받은 사고인데 어떻게 내 과실이 있다고 하는지 도저히 이해가 가지 않았다.

내 보험회사가 나를 대변해 과실이 없다고 주장해주기를 기대할 수밖에 없었다. 그런데 나를 담당한 직원은 내 설명이 채 끝나기도 전에 쌍방과실 판정이 불가피하다는 점을 설득하기 시작했다. "1960년대에 만들어진 교통관련법에 불합리한 점이 많지만 아직 그대로입니다. 그 법에 따르면 이 사고는 쌍방과실로 인해 빚어진 것입니다." 그는 이런 식으로 나를 설득하려들었다.

쌍방과실로 판정이 나면 자신의 회사가 수리비 일부를 부담해야 될 텐데 왜 오히려 나를 설득하려드는지 알 수 없었다. 나를 위해서가 아니라 자기 회사를 위해서라도 끝까지 싸워야 마땅한 일인데도 말이

다. 처음에는 그 직원이 불성실해 자기 회사의 이익에 반하는 행동을
한다고 의심했다. 그러나 얼마 안 있어 그 속에 감추어진 진실이 무엇
인지를 바로 깨닫게 되었다. 그는 완벽하게 자기 회사의 이익을 대변
하는 행동을 하고 있었던 것이다.

쌍방과실은 이윤 창출의 좋은 기회

319

우리나라에서는 웬만한 교통사고를 모두 쌍방과실로 처리한다는
말을 예전부터 많이 들어왔다. 교통신호를 위반했다거나, 뒤에서 들
이받았다거나 하는 명백한 상황을 제외하고는 모두 쌍방과실로 처리
한다는 것이다. 미국에서 운전해본 경험에 따르면, 쌍방과실로 처리
되는 경우가 우리처럼 많지 않았다. 아주 모호한 경우가 아니면 누구
에게 과실이 있는지가 명확하게 가려지는 편이었다. 우리의 이런 교
통문화의 근저에 보험업계의 이해관계가 교묘하게 깔려 있다는 사실
을 이번 기회에 절실하게 깨닫게 되었다.

어떤 보험회사의 입장에서 보면, 자신의 고객에 아무 과실도 없는
데 부분적으로 책임을 져야 하는 것은 부당한 일이다. 고객의 과실이
없는데도 자신의 주머니에서 보험금을 지급해야 할 이유가 전혀 없기
때문이다. 따라서 보험회사는 쌍방과실 처리가 부당하다고 생각되면
격렬하게 항변해야 마땅한 일이다. 그렇지만 보험회사들은 스스로의
선택에 의해 대개의 사건을 쌍방과실로 처리하고 있는 것처럼 보인
다. 이번에 새삼 깨닫게 된 것이지만, 보험업계는 오히려 쌍방과실 처
리 방식을 적극적으로 선호하고 있음이 분명하다.

보험업계가 쌍방과실 처리 방식을 선호하는 이유는 그것이 이윤 창출의 좋은 기회를 제공하기 때문이다. 구체적으로 계산해보지 않았지만, 대부분의 교통사고를 쌍방과실로 처리하는 관행으로 인해 우리나라 보험회사들이 얻는 이득은 막대한 수준이라고 짐작한다. 문제의 핵심은 쌍방과실 판정으로 인해 보험료 할증의 불이익을 당하는 소비자의 숫자가 두 배로 늘어난다는 데 있다. 보험회사는 가만히 앉아서 바로 그만큼의 이득을 챙길 수 있게 되는 것이다.

이런 결과가 나타나는 이유를 알아내기란 그리 어렵지 않다. 내가 최근 경험한 교통사고를 예로 들어 생각해보기로 하자. 나는 상대방에게 모든 책임이 있다고 생각하는데 두 보험회사는 80 : 20으로 책임을 나누기로 합의했다. 만약 상대방이 모든 책임을 지게 된다면 그 사람만 보험료 할증의 불이익을 받게 된다. 그러나 나도 20%의 책임을 져야 하기 때문에 보험료 할증의 불이익에서 자유로울 수 없다. 쌍방과실 판정으로 인해 보험료 할증의 불이익을 안게 되는 운전자의 숫자가 두 배로 늘어난 것이다.

이번 사건만으로 국한해서 보면, 내 보험회사가 져야 할 필요가 없는 보험금 부담을 진 셈이다. 그러나 다른 사건에서는 처지가 뒤바뀔 것이기 때문에 어느 한 보험회사만 계속 손해를 보는 일은 일어나지 않는다. 이번에는 이쪽, 다음번에는 저쪽 식으로 가다 보면 쌍방과실 판정으로 인한 보험회사의 추가적 부담은 한 푼도 없는 결과가 나타난다. 그러나 보험료를 몇십 %씩 할증해 몇 년씩이나 받는 데서 오는 이득은 두 배로 늘어난다. 보험회사 입장에서 이보다 더 반가운 일이 어디 있을까?

소비자만 봉이 된다

교통사고의 각 당사자를 대표하는 두 보험회사는 적대적인 입장을 취할 것이라는 게 우리의 상식이다. 상대 보험회사가 책임을 지지 않으면 우리 회사가 져야 하니까 무슨 수를 써서라도 상대방에게 책임을 넘기려 할 것이 당연하기 때문이다. 그런데 현실을 보면 두 보험회사의 직원들이 적대적이기는커녕 상당히 친밀하게 지내는 것 같은 느낌이다. 두 보험회사 직원이 쌍방과실로 처리하자고 흔쾌히 합의한 후 정답게 악수하고 헤어지는 모습을 상상하기는 그리 어렵지 않다.

따지고 보면 보험회사들이 소비자들에 대해 공동전선을 구축하고 있는 셈이다. 쌍방과실로 처리하자고 합의하는 것은 소비자들에게서 더 많은 보험료를 거둬들이려는 목적의 담합이다. 말하자면 그들은 경쟁자들이 아니라 동업자들인데, 동업자들끼리 아옹다옹 다툴 필요가 없다는 것은 두말할 나위도 없다. 쌍방과실로 처리하기로 합의한 두 보험회사 직원이 악수하고 헤어지는 것은 너무나도 당연한 일이다.

쌍방과실 처리 방식으로 인해 보험회사가 얻는 이득은 바로 소비자의 주머니에서 나온 돈이다. 하늘에서 떨어진 돈을 보험회사가 챙겨 가는 것이 아니다. 미국에 비해 우리나라의 쌍방과실 판정이 더 많다는 것은 미국 소비자들에 비해 우리 소비자가 보험료의 추가적 부담을 떠안고 있음을 뜻한다. 소비자의 권익 보호라는 측면에서 우리 사회가 그만큼 뒤떨어져 있다는 말이다.

또 한 가지 주목해야 할 점은 쌍방과실 처리 방식이 소비자들 사이에 부담 재분배 효과를 낸다는 사실이다. 쌍방과실로 처리하지 않아야 할 것을 그렇게 처리한다는 것은 실제로는 사고의 책임이 없는 운전자에게 일부의 부담을 떠안긴다는 것을 뜻한다. 이는 반대로 사고의 책임을 전적으로 져야 할 운전자의 부담을 가볍게 만들어준다는 뜻이기도 하다. 즉 운전습관이 좋은 운전자에게 돈을 거두어 운전습관이 나쁜 운전자에서 보조를 해주는 셈이다. 이와 같은 부담의 재분배가 공평하지 못한 것은 물론, 효율성에도 나쁜 영향을 미치게 된다. 좋은 운전습관을 기르려는 노력을 저해할 것이기 때문이다.

만약 법원이 적극적으로 책임 소재를 가려준다면 이 문제가 어느 정도 해결될 수 있을 것이다. 그러나 이것은 현실적으로 기대하기 힘든 일이다. 비교적 적은 금액이 관련된 민사 사건에서 법원이 적극적인 책임 규명에 나설 가능성이 그리 크지 않기 때문이다. 더군다나 쌍방과실 처리 방식은 고의 사고를 예방하는 효과를 갖는다는 편리한 구실까지 준비되어 있는 상황이다. 한마디로 말해 법원이 이 문제 해결에 큰 도움이 될 가능성은 없다고 보아야 한다.

보험회사는 바로 이 점을 이용해 쌍방과실 처리 방식을 이윤 창출의 기회로 적극 활용하고 있다. 쌍방과실 판정의 진실은 바로 이것이다. 소비자만 봉이 되고 마는 결과가 빚어지지만, 이런 불합리한 상황은 전혀 시정될 기미조차 보이지 않는다. 이 문제와 관련해 아무도 소비자의 이익을 대변해주지 않고 있을 뿐 아니라, 소비자 자신도 피해자라는 사실을 모르고 있기 때문이다.

(2008.10.18)

희망이 가득 찬 사회를 꿈꾸며

우리 경제의 위기는 아직도 현재진행형으로 계속되고 있습니다. 지금 상황은 1997년 말의 상황보다 훨씬 더 어려워 보입니다. 그때는 위기가 동북아 지역에만 국한되어 일어났고 나머지 지역의 경제는 건강한 기조를 유지하고 있었습니다. 그렇기 때문에 우리 상품의 수출에 아무 문제가 없었고, 위기 극복에 필요한 자금을 끌어오기도 비교적 쉬웠습니다. 그때는 정말로 죽을 지경이었지만, 지금에 비하면 여러 가지 측면에서 훨씬 더 나은 상황이었습니다.

미국이 극심한 침체기에 들어갈 조짐을 보이는 데다가 중국마저 고도성장에 제동이 걸리는 모습을 보이고 있어 우리를 불안하게 만듭니다. 그동안은 그런대로 수출이 잘되어 버텨왔지만, 이제는 그것마저 어려운 상황이 될 것 같은 조짐입니다. 주위를 아무리 돌아보아도 우리에게 희망을 줄 만한 그 어느 것도 찾아보기 힘든 형편입니다. 우리를 더욱 불안하게 만드는 것은 이런 어려움이 상당히 오랫동안 계속될지도 모른다는 사실입니다.

일본은 아직도 '잃어버린 10년'의 수렁에서 빠져나오지 못하고 있습니다. 미국이 지금의 금융위기의 수렁에서 빠져나오는 데 몇 년이

나 걸릴지 아무도 장담하지 못합니다. 미국이 수렁에서 허우적거리고 있는 한 다른 나라들도 함께 허우적거리고 있을 수밖에 없습니다. 수출의존도가 엄청나게 큰 우리로서는 걱정스러운 전망이 아닐 수 없습니다. 온 국민이 한마음이 되어 위기 극복에 팔을 걷어붙이고 나선다 해도 희망이 잘 보이지 않는 어두운 상황입니다.

한마음으로 뭉쳐도 어려운 상황에서 우리 사회는 갈래갈래 찢어질 조짐을 보이고 있습니다. 타협과 포용의 정치는 어디로 사라져버리고 갈등과 대립의 정치가 판을 치고 있습니다. 이전의 정부가 해놓은 것은 모두가 대못이고 척결의 대상이라는 옹졸한 마음보가 소통을 가로막고 있습니다. 교과서의 사소한 서술까지 모두 자기 마음에 들 때까지 고쳐야 한다는 아집이 쓸모없는 감정의 대립을 불러오고 있습니다.

양극화 문제는 날로 심각한 양상을 띠어가고 있는데, 정부는 아랑곳하지 않고 부자 편들기에 여념이 없습니다. 부자를 더 부유하게 만들어주어야 경제가 빠르게 성장한다는 것은 구시대의 낡은 패러다임입니다. 이 패러다임에 기초를 둔 레이거노믹스는 초라한 성적표를 남기고 역사의 뒤안길로 사라지고 말았습니다. 레이거노믹스의 잔광을 되살리려 안간힘을 쓴 부시 행정부는 미국 국민을 불행의 구덩이로 몰아넣고 말았습니다. "8년으로 충분하다"(Eight is enough)라는 구호가 왜 한순간에 미국 국민의 마음을 사로잡았을까요?

사람은 실패를 통해 배워나가는 법입니다. 그러나 실패를 통해 무언가 배울 수 있으려면 실패를 인정하는 겸허한 마음을 가져야 합니다. 실패를 실패로 인정하지 않고 성공이라고 우기는 사람은 아무것도 배울 수 없습니다. 누가 보아도 지난 1년 동안의 현 정부는 결코 성공작이라고 말하기 힘듭니다. 그러나 정부와 정부를 편드는 사람은 이를 선선히 인정하려들지 않습니다. 바로 이 점이 가장 걱정스러운 부분입니다.

현 정부에 대한 제 비판이 때때로 신랄한 어조를 띠고 있는 것은 사실입니다. 아무리 신랄하게 비판하고 있다 하더라도, 그 밑에는 살기 좋은 사회를 만드는 방법을 함께 생각해보자는 충정이 깔려 있습니다. 헐뜯는 데 목적이 있었던 것이 아니라, 온 국민의 사랑을 받을 수 있는 정부로 거듭 태어나도록 돕자는 데 제 목적이 있었습니다. 그렇다면 제 비판에 대해 섭섭하게 생각할 것이 아니라 오히려 고마워해야 마땅한 일이 아닐까요?

제가 이 자리를 빌려 대통령과 현 정부에 대해 간곡하게 부탁하고 싶은 것이 하나 있습니다. 그것은 자기를 지지하는 사람들의 말보다 지지하지 않는 사람들의 말을 더 열심히 듣도록 노력해달라는 것입니다. 누구의 지지를 받아 대통령으로 뽑혔든 간에 일단 뽑히면 온 국민의 대통령으로 일하게 되는 것입니다. 자신을 지지하지 않는 사람들까지 끌어안을 수 있어야 온 국민을 대표하는 진정한 지도자가 될 수 있습니다. "누구를 위한 정부냐?"는 물음이 나오게 해서는 안 됩니다.

또 하나 부탁하고 싶은 것은 성급하게 모든 것을 뜯어고치려 하지 말아달라는 것입니다. 쓸모없는 대못을 뽑는 것은 좋지만 막상 뽑고 났을 때 뽑아서는 안 될 대못임이 드러나는 경우가 있습니다. 좌파의 잔재를 쓸어낸다는 명분으로 모든 것을 쓰레기통에 처넣으면 실제로는 유용한 역할을 하던 것까지 내치는 결과를 빚을 수 있습니다. 사회의 모든 제도는 서로 미묘하게 맞물려 있기 때문에 단순한 논리로 접근해서는 안 됩니다.

개혁이라는 것이 말처럼 쉬운 일은 아닙니다. 그동안 정부가 바뀔 때마다 개혁한답시고 온 사회를 벌집 쑤시듯 뒤집어놓았지만 정작 나아진 것은 별로 없었습니다. 현실의 벽이 그만큼 높다는 말입니다. 그렇기 때문에 사전에 철저한 토론과 검증을 거쳐 진정한 개혁을 가져올 수 있는지 여부를 따져보아야 합니다. 자신과 다른 생각을 가진 사람들의 의견에 겸허하게 귀 기울여야 균형 잡힌 판단을 할 수 있다는 것은 두말할 나위도 없습니다.

이 책에 실린 많은 글들이 '다른 생각을 갖는 사람'들의 의견을 대변하고 있습니다. 지금 우리 사회에서는 이런 사람들의 목소리를 듣기가 너무나 힘든 형편입니다. 목소리를 낸들 언론이 이를 제대로 전달해주지 않기 때문에 듣기가 더 힘들 수밖에 없습니다. 그래서 저만이라도 목소리를 높여 부르짖어보자고 '홈페이지 저널리즘'의 길을 선택했습니다. 누가 보든 안 보든 무조건 글을 써서 제 홈페이지에 올려보기로 작정한 것입니다.

많은 사람이 읽어주는 것 같지는 않았지만, 제 글이 가끔씩 사회적 반향을 불러일으키는 데 힘을 얻어 계속 글을 써나갔습니다. 교수가 사회문제에 관심을 갖고 가끔 발언을 할 수는 있는 일입니다. 그러나 그것이 본업이 되어서는 안 된다고 믿습니다. 지난 1년 동안 나는 본말이 전도된 생활을 하고 있지나 않은가라는 걱정을 하면서 살았습니다. 사실 제 인생에서 짧은 기간 동안 그렇게 많은 사회평론적 성격의 글을 쓴 적이 없었습니다.

저는 연구실에 파묻혀 연구를 하고 강의실에 들어가 가르칠 때 제일 행복하다고 느낍니다. 제가 교수라는 직업에 한 점의 불만도 없이 만족하고 사는 이유가 바로 여기에 있습니다. 솔직히 말해 사회적 문제와 관련된 활동을 할 때는 매우 피곤하고 불편한 심정이 됩니다. 그런 의미에서 본다면 저에게 지난 1년은 그 어느 때보다 피곤하고 불편한 한 해였습니다.

제 소망은 다른 생각 없이 연구와 교육에 전념하는 생활로 돌아가는 것입니다. 제가 무슨 말을 해야 할 필요가 전혀 없는 상황이 되기를 간절하게 바라고 있습니다. 정부를 향한 비판에는 바로 이런 날이 하루라도 빨리 찾아오기를 바라는 제 염원이 담겨져 있습니다. 저와 생각을 같이 하는 사람뿐 아니라 달리 하는 사람도 모두 이 염원을 함께 갖고 있으리라고 믿습니다. 이 어려운 시절에 모두가 한마음이 되어 희망이 가득 찬 사회를 만드는 데 힘을 모을 수 있기를 꿈꾸어봅니다.

쿠오 바디스 한국 경제

첫판 1쇄 펴낸날 2009년 4월 15일
6쇄 펴낸날 2009년 7월 30일

지은이 이준구
펴낸이 김혜경
문학교양팀 이재현 이진 김미정 이정규 백도라지
디자인팀 서채홍 윤정우 전윤정 김명선 지은정
마케팅팀 모계영 이원영 이주화 강백산
홍보팀 윤혜원 오성훈 이경환
경영지원팀 임옥희 김순상

펴낸곳 (주)도서출판 푸른숲
출판등록 2002년 7월 5일 제 406-2003-032호
주소 경기도 파주시 교하읍 문발리 파주출판도시
    529-3번지 푸른숲 빌딩, 우편번호 413-756
전화 031)955-1400(마케팅부), 031)955-1410(편집부)
팩스 031)955-1406(마케팅부), 031)955-1424(편집부)
www.prunsoop.co.kr

ⓒ푸른숲, 2009
ISBN 978-89-7184-811-1 (03320)

* 잘못된 책은 구입하신 서점에서 바꾸어 드립니다.
* 본서의 반품 기한은 2014년 7월 31일까지입니다.

이 도서의 국립중앙도서관 출판시도서목록(CIP)은 e-CIP 홈페이지(http://www.nl.go.kr/cip.php)에서
이용하실 수 있습니다. (CIP제어번호: CIP2009001091)